الخدمة الاجتماعية في المجتمع العربي المعاصر

الدكتور فيصل محمود الغرايبه

قسم العلوم الاجتماعية

كلية الآداب - جامعة البحرين

الطبعة الثانية

2008

دار وائل للنشر

رقم الايداع لدى دائرة المكتبة الوطنية : (2007/7/2254)
الغرايبه ، فيصل
الخدمة الاجتماعية في المجتمع العربي المعاصر/ فيصل محمود الغرايبه.
- عمان ، دار وائل ، 2007 .
(223) ص
ر.إ. : (2007/7/2254)
الواصفات: الخدمات الاجتماعية / المجتمع العربي
* تم إعداد بيانات الفهرسة والتصنيف الأولية من قبل دائرة المكتبة الوطنية
****

رقم التصنيف العشري / ديوي : 362.1
ISBN 978-9957-11-720-7 (ردمك)

* الخدمة الاجتماعية في المجتمع العربي المعاصر
* الدكتور فيصل محمود الغرايبه
* الطبعـة الثانية 2008

* جميع الحقوق محفوظة للناشر

دار وائـل للنشر والتوزيع
* الأردن - عمان - شارع الجمعية العلمية الملكية - مبنى الجامعة الاردنية الاستثماري رقم (2) الطابق الثاني
هـاتف : 00962-6-5338410 - فاكس : 00962-6-5331661 - ص. ب (1615 - الجبيهة)
* الأردن - عمـان - وسـط البـلد - مجمـع الفحيص التجـاري- هـاتف: 00962-6-4627627
www.darwael.com
E-Mail: Wael@Darwael.Com

الفصل الرابع

مجالات ممارسة الخدمة الاجتماعية 131

أولاً: الخدمة الاجتماعية في المجال الأسرى 134
ثانيا: الخدمة الاجتماعية في المجال التعليمي 142
ثالثاً: الخدمة الاجتماعية في المجال الطبي الصحي 145
رابعاً: الخدمة الاجتماعية لذوي الاحتياجات الخاصة 148
خامساً: الخدمة الاجتماعية مع الشباب 155
سادساً: الخدمة الاجتماعية في المنشآت الإنتاجية 163
سابعاً: الخدمة الاجتماعية في مجال الدفاع الاجتماعي 166
ثامناً: الخدمة الاجتماعية في المجال البيئي 178
تاسعاً: الخدمة الاجتماعية مع المتفوقين 181

الفصل الخامس

الأنشطة المساندة لممارسة الخدمة الاجتماعية 185

تمهيد

ربما لا توجد مهنة تثير الجدل حولها مثلما تثيره مهنة الخدمة الاجتماعية، سواء من قبل ممارسيها أو المتعاملين معها، وكذلك لا يوجد تخصص على المستوى الجامعي يتعرض للنقاش حول كيفيته ومراميه مثلما يتعرض تخصص الخدمة الاجتماعية من قبل اساتذته ودارسيه ومن سواهم من الاساتذة والطلبة .

يدور هذا الجدل عن الخدمة الاجتماعية كمهنة حول طبيعة ممارستها وضرورتها في الهيكل الوظيفي للمؤسسات ودورها تجاه الناس والمجتمع ومدى أهمية هذا الدور وجدواه ، وما هي الصورة المثلى لهذه الممارسة المهنية ، في كل مجتمع وعصر ، مثلما أن الخدمة الاجتماعية كتخصص يطرح للنقاش حول أطره ومناهجه وطبيعته النظرية والعملية ويتجاوز النقاش هذه الامور الى حد لزوم هذا التخصص وضرورة وجوده في الجامعات أو خارجها أو اعتباره تخصصاً اكاديميا أم تخصصا عملياً يمكن أن يكتسب بالممارسة الممزوجة بالرغبة والاستعداد الشخصي.

وحيث أن هذا الموضوع ما يزال يشغل أذهان العاملين في المهنة ، فإن ذلك يعني بأنهم ما يزالوا يشعرون أن ما خاضوا فيه من قبل من كتابات وتفسيرات ودفاع عن الخدمة الاجتماعية ، يفتقر الى صدى القناعة عند الآخرين ، أو الى حيز التفهم والاستيعاب عند المتعاملين مع هذه المهنة . وكذلك فان هذا الموضوع يثير التساؤلات عند الآخرين عندما يعبر عن نفسه في ممارسة المتطوعين للخدمة الاجتماعية بالمبادرة الشخصية والمحاولة الذاتية بعيداً عن الأطر النظرية أو القواعد القيمية والتقنية لممارستها، كما يعبر عن نفسه عندما تشاء الرغبة أو الصدفة أن يتولى موظف مهما كان تخصصه الاكاديمي أو تأهله المهني مسؤولية الاشراف الاجتماعي في مؤسسة تهتم بالجانب الاجتماعي للمستفيدين من خدماتها أو المتعاملين معها .

ويضيف واقع الممارسة للخدمة الاجتماعية الى ذلك، تلك الاختيارات الشخصية والاعتبارات الذاتية التي تلعب دوراً في ممارستها ومزاولتها كمهنة، حيث لم تصل المعرفة الخاصة بهذه الممارسة الى حيز التنظير العلمي الذي يمكن تجريده وتعميمه، وبما لا يسمح ببلورة نظرية للممارسة ، وهو ما ترك المجال للاجتهادات الشخصية للممارس، الذي يصعب عليه التقيد بمفاهيم محددة ومصطلحات متفق عليها، الأمر الذي يهيىء ظروفاً تغيب عنها المنهجية العلمية للممارسة، التي توضح الاساليب والادوات وتعين الممارس على تحقيق هدف مهنته، والمتمثل برفع مستوى الاداء عند الناس ، ولذلك وجد الممارس نفسه أمام مخارج غير مقننة تتصل بطبيعة الموقف وسط تفاعلات العناصر التي تمخض عنها ذلك الموقف .

هذه نقطه أولية في محيط العمل بالخدمة الاجتماعية ، فإذا ما أثرنا الى جانبها نقطة أخرى حول النماذج المتاحة للممارسة المهنية للخدمة الاجتماعية ، فاننا نكشف عن تعددية غريبة من هذه النماذج، منها ما يسعى الى ايجاد حل لمشكلة أو الى موقف قابل للحل ، دون الاستغراق في صياغة تشخيص موضوعي للحالة. ومنها ما يستفيد من معطيات التربية التي تقول ان السلوك يكتسب في مراحل عمر الانسان ، مما يسهل تعديله أو تغييره باستخدام تقنيات وتعاملات مؤثرة في ذلك، ومنها ما يركز على رغبة الانسان في العيش ، هذه الرغبة الواضحة التي تدفعه الى الاهتمام بنفسه من حيث النمو والتطور ، وعلى هذا الاساس يمكن أن يستخدم الاخصائي الاجتماعي هذه الناحية في مساعدة الافراد ليواجهوا مشكلاتهم بنجاح .

كما نرى من بين النماذج الحديثة ما يعتمد على التدخل السريع سهولة وعفوية الى الانشغال بالحلول الجزئية المبتسرة دون التمعن أو التركيز على أي من البعدين الافقي الذي يشكل امتداد الفرد مع مجتمعه ببنائه ووظائفه ،أو العامودي الذي يرسم صورة الفرد الحالية وارتباطها بماضيه وخبراته السابقة .

ولعل نموذج جاك روثمان هو ابرز النماذج التي تتوافق مع الاتجاهات الحديثة للخدمة الاجتماعية والتي تنادي بتدخلها المهني لاتمام التغيير الهادف المنظم على المستوى

المجتمعي، وذلك على ثلاثة محاور الاول هو التنمية المحلية والثاني هو التخطيط الاجتماعي والثالث هو العمل الاجتماعي .

إذ يركز هذا النموذج في محوره الاول على جهود رفع مستوى الأحوال المعيشية في المجتمع المحلي باستثارة أبنائه ، ليفعلوا ذلك بأنفسهم ، ومن خلال المنظمات والهيئات القائمة في المجتمع ، ويركز النموذج في محوره الثاني على منهجية التخطيط الهادف للوقاية من المشكلات أو العلاج منها ، بشكل يكمل جهود المواطنين بجهود الخبراء المتخصصين في مناحي التخطيط المختلفة ، حيث يقدم الاخصائي الاجتماعي خبراته في دراسة المجتمع وجمع المعلومات عنه وتحليلها، بما يكفل اعداد خطط مناسبة للتغلب على المشكلات وتنظيم إشباع الحاجات الانسانية ، ويركز هذا النموذج في محوره الثالث على إعادة توزيع الموارد والسلع والخدمات ، بصورة عادلة تساوي بين المواطنين ، بحيث تؤمن للفئات المحرومة ظروف العيش المناسبة .

إلا أن فكرة "السببية/ الوظيفية " رغم ما يطرح من نماذج للتدخل المهني تشكل تحدياً أمام الخدمة الاجتماعية ، وهي تحمل في طياتها إنشغالاً عما إذا كان على الاخصائيين الاجتماعيين أن يساعدوا الناس المتعاملين معهم على تقبل الاوضاع الاجتماعية والتكيف معها ، أم أن عليهم أن يساعدوا هؤلاء الناس في تحدي تلك الاوضاع ، وفي أن يحاولوا تغييرها نحو الافضل ، وبذلك يكونون قد ساهموا في تغيير المجتمع ككل .

يمكن القول هنا ، أن الخدمة الاجتماعية وبفضل مفكريها واساتذتها قد بدأت بالتخلي التدريجي ، وان يكن بطيئاً ، عن ذاك التدخل المهني الذي يركز على "السببية"، مقابل التركيز على "الوظيفية" ، والذي يتمثل بالاتجاه نحو التغيير الاجتماعي، وذلك منذ ستينيات القرن العشرين ، مع عدم التخلي بصورة كلية عن الاطار التقليدي المركز على السبب . ولكن ما ان هل عقد الثمانينيات من القرن الماضي، حتى طورت المهنة توجهاتها المركزة على التغيير الاجتماعي من خلال السياسات الاجتماعية التي تضعها القيادات السياسية والتشريعية والفكرية في المجتمع الكبير ، وترسم لهذا المجتمع أهدافه الاستراتيجية بعيدة

المدى ، والتي ينبغي أن يصل اليها في خضم مواجهته للتحديات ، وعلى أساس تقني واسع يتجاوز حدود التنمية المحلية .

لقد دافع الموجهون الجدد للخدمة الاجتماعية عن توجههم ، على أعتبار أن تطبيق السياسة الاجتماعية لحل المشكلات ومواجهة التحديات يمكن الاخصائيين الاجتماعيين من تناول القضايا الفردية للناس بشكل منظم ومتوافق ، يتوازى مع العمل على تنفيذ السياسات والبرامج المجتمعية التي هي في اساسها احتياطي الخدمات والموارد المتوفرة في المجتمع ، وذلك لكي يقوموا بتطوير الاجراءات واستراتيجيات التدخل المهني لمصلحة هؤلاء الناس .ونتيجة لهذا التوجه فان الاخصائيين الاجتماعيين الذين ادركوا ابعاد السياسات الاجتماعية قد توفرت لديهم قدرات متميزة لدراسة أثار السياسات الاجتماعية وقياس جدواها وانجازها ونقل الملاحظات عنها لاصحاب القرار .

غير أن حقيقة الاتصال الوثيق بين السياسة الاجتماعية والخدمة الاجتماعية، يشكل تحدياً للشكل التقليدي للخدمة الاجتماعية ، وللاطار التقليدي للسياسة الاجتماعية كذلك ، إذ أنه أبرز طريقة جديدة للخدمة الاجتماعية تعنى بالبعد الاجتماعي السياسي في حياة الناس والمجتمع ، هذه الطريقة التي يعتبرها التقليديون انحرافاً بالاهداف الاساسية للخدمة الاجتماعية تفقد فيه هذه المهنة الكثير من خصائصها التي نمت وتطورت على أساسها .

لقد استند الاتجاه التجديدي الى النظرية الاجتماعية العامة ، سواء كانت تعلي شأن الفرد أم كانت تصهر الفرد في الشأن العام للمجتمع،في إعداد تصوراته عن المستقبل الأفضل للمجتمع والاطار المناسب للتركيبة الاجتماعية فيه... تلك التصورات التي يمكن للمجتمع من خلالها وضع السياسة الاجتماعية المناسبة لبرنامج العمل الاجتماعي وأطر التدخل المهني للخدمة الاجتماعية ، تراعى فيها التفاعلات الحادثة داخل المجتمع ، وما ينجم عنها من علاقات هادفة ، وما ينشأ عنها من مشكلات مصاحبة ، تتمكن السياسة الاجتماعية في ضوئها من نقل الافكار والتطلعات الى واقع ملموس ومواجهة فعلية .

ولكن هل يعني ذلك أن تتخلى الخدمة الاجتماعية عن دورها على المستوى الفردي، وعن دورها على المستوى الجماعي المحدد، وان تركز اهتمامها أو تضع جل الاهتمام في العمل على مستوى المجتمعات ... لا بل على مستوى المجتمعات الوطنية (أو القومية) ومن خلال مساهمتها في وضع السياسات الاجتماعية كاطار شمولي واحد يضم مختلف المعالجات الاجتماعية لقضايا المجتمع ومشكلاته ؟

لا اعتقد أن الاجابة ستكون بالايجاب على هذا السؤال، كما أن الاجابة لا تدل، وان كانت بالنفي، على أن الخدمة الاجتماعية ستبقى على منوالها التقليدي.. ولكننا نرى أن الاجابة ستبقي الباب مفتوحاً لمزيد من الاهتمام على المستوى المجتمعي الوطني والمتمثل بوضع السياسات الاجتماعية ورسم الخطط المبنية عليها، وهي المنبثقة أصلاً عن رغبات واحتياجات مواطني المجتمع بشكل حقيقي ... أي ليست مفروضة ولا مرتجلة ولا تحلق بالفضاء ، بعيداً عن الواقع المعاش والظروف المحيطة ، على أن يوازي ذلك معالجة الثغرات داخل بناء المجتمع، والتعامل مع الوظائف المؤداه في المجتمع ، وتجاه العائد الاجتماعي فيه سواء كانت المعالجة في نطاق العمل مع الافراد أو في نطاق العمل مع الجماعات الصغيرة، وهكذا تشكل روافد للهدف الاستراتيجي العام الذي يتمثل بتنمية المسؤولية الاجتماعية وتقوية الاداء الاجتماعي .

وهذا الأمر ليس غريباً على الخدمة الاجتماعية التي تؤكد في قيمها على مبدأ التكافل الاجتماعي كصيغة للاعتماد المتبادل بين الناس ، وكتعبير فعلي عن ديمقراطية المسؤولية الاجتماعية في المجتمع ، هذا التكافل الذي يتشكل من الايمان بكرامة الانسان وحقه بالعيش الآمن المستقر الذي لا يهدده فيه مهدد ولا ينغصه عليه أي منغص ، وإذا ما ادركنا أن تحقيق اسباب العيش الآمن الهانئ المستقر لن يتم في فراغ ، ولن تنجز بالإفراد ، فان الاعتماد المتبادل يصبح ضرورة حتمية لا هرب منها ولا ابتعاد عنها ، وهذه هي صيغة المسؤولية الاجتماعية التي تذوب فيها الفردية وتختفي عندها الانانية ، تحت حرارة العمل الجمعي وفي تجلي روح الفريق. ولا يتأتى ذلك إلا بإتاحة الفرص الحقيقية لتحمل المسؤولية والمشاركة مع الآخرين فيها.

أما المجتمع الذي يسعى إلى تحقيق المسؤولية الإجتماعية فهو مطالب بازالة ما يحول دون الأداء الإجتماعي لأعضائه أو لمواطنيه، وبادئا ذي بدء من تأكيد قدراتهم الفردية بإشباع إحتياجاتهم المختلفة والمتعددة، وإبعادهم عن شبح العوز والحرمان والاهمال ، وتبديد مخاوف الظلم والاحباط وحجب الفرص.

إن حس العدالة كأساس للإستقرار وإستنبات الإستقرار كشرط للأداء والعطاء والنماء أمور ليست بعيدة عن الإنسان عبر عصوره وفي مختلف مجتمعاته البشرية، وقد عكس كبار المفكرين الإجتماعيين وعلماء الإجتماع هذه المدركات، عندما صور دوركهايم مثلا المجتمع بمجموعة من المعايير الأخلاقية والقيم التي تربط بين أعضائه، وتحقق التضامن الإجتماعي بينهم ، وكشف عن أن مشكلات المجتمع الرأسمالي ليست إقتصادية وإنما أخلاقية أساسا ، إذ لايجعل من الفقر مشكلة إلا الوعي بالظلم وعدم العدالة ، وهو ما يهز الإستقرار والأمن الإجتماعيين. ولهذا فإن إعادة توزيع الثروة والملكية، أو الأخذ بالإقتصاد منحى أكثر شعبية وأقل إحتكارية، لا يحل تلك المشكلة الإجتماعية الأخلاقية ، والتي لاتحل إلا بخلق ظروف الوئام الإجتماعي والإنسجام الأخلاقي.

كان ميردال قد نبه إلى أنه ليس ثمة مشكلة إقتصادية أو إجتماعية أو سياسية أو سكانية، إذ أن هناك مشكلات تتداخل فيها كل تلك الجوانب والأبعاد، كما نبه إلى الصراعات الإقتصادية والتنافس التجاري التي افضت إلى حالة من التسيب والفساد في ظل أصحاب النفوذين الإقتصادي والسياسي.

أما بارسونز فقد جعل من التكيف والتكامل ركنان أساسيان في إستمرارية المجتمع ونمائه، إلى جانب تحقيق الأهداف والمحافظة على هويته الذاتية التي تميزه، وكأنه يرسم الدعائم الإقتصادية والسياسية والثقافية للمجتمع، والتي ينبغي الحرص عليها ليستمر وفيا للأجيال المتعاقبة .ومن هذا الباب تكون برامج الخدمات الإجتماعية بما فيها تدخل الخدمة الإجتماعية أنشطة تعمل على تحقيق التكيف والتكامل في المجتمع ، بما يزيد من التوافق والتضامن بين أعضائه.فإن للتضامن بين المواطنين تعزيز للإنتماء للوطن والمجتمع ،

وتحقيق للتوازن الذي يحد من الصراع بين الأفراد . أما التكامل في المجتمع فإنه يقلل من التباين والتناقض بين فئات المجتمع وشرائحه.

وإذا كانت فكرة الإصلاح الاجتماعي من أبرز ما طرح حول السياسات الاجتماعية وخاصة من خلال تيتمس رائد الفكر الإصلاحي وراسم السياسات الاجتماعية في بريطانيا، فإن هذه الفكره لم تتدارك حقيقة تجاهلها للسياق البنائي الاجتماعي في تركيزها على معالجة الأوضاع الطافية على السطح بشكل ترميمي غير متعمق، بما لم يوفر فرصة إستيعاب الأبعاد والآفاق ، راضية بما تحققه من معالجة للمشكلات ،ومكتفية بإزالة المعوقات أو تخفيف التوترات والضغوطات التي يتعرض لها المواطن ، تصب جهدها على النتائج والغايات دون أي إهتمام بالوسائل والأساليب ، وكأنما الغاية عندها تبرر الواسطة.

أما في المجتمع العربي، فإن الجدل الذي يدور حول الخدمة الإجتماعية فإنه ينسجم مع ذاك الذي يثار في العالم من حولنا ، وخاصة من خلال الأبحاث والمؤلفات الغربية الاوربية منها والأمريكية، ومن خلال كتابات عدة تنادي بتوسيع الإهتمام المهني للخدمة الإجتماعية بقضايا التنمية على الصعيدين الوطني والمحلي، من مبدأ أن الإنسان هدف التنمية وأداتها، فمن باب أولى أن يكون للخدمة الإجتماعية دور في ترجمة هذا الشعار إلى واقع ملموس، بحيث تضمن أن تكون أهداف الخطط التنموية لخير الإنسان وسعادته، وأن تقابل حاجاته وطموحاته وتهيئته لمواكبة العصر واللحاق بأسباب الحضاره الحديثة ، وتضمن أن يكون هذا الإنسان صاحب الفعل التنموي الذي يمتلك الخبرات والقدرات المناسبة لتحقيق الأهداف ويتمتع بمزايا المواطنة المخلصة لبلده والإنتماء الصادق لأمته والوفاء لمستقبلها،مقابل تقليص الإهتمام بالحالات الفردية، بحصرها في الجهود التربوية للمؤسسات الإجتماعية والتربوية ، التي تسعى إلى الوقاية من الإنحراف أو الى معالجة ظروف سوء التكيف والعجز في الأداء، ويدعم المنادون بالتوجه التنموي للخدمة الإجتماعية قناعاتهم بالفكرة التي تقول بأن تعلم الانسان صيد السمك خير من الف مرة من أن تقدم سمكة واحدة لوجبة واحدة، وتترك مستقبله لفرص سانحة قادمة.

وثمة جدل من نوع آخر يدور في المؤتمرات والمؤلفات العربية التي تناقش أوضاع الخدمة الإجتماعية في المجتمع العربي ، يطرح أفكارا حول تأصيل الخدمة الإجتماعية وتوطينها سواء في الإطار القومي أو في الإطار الإسلامي ، وهي التي إنقسمت (أي هذه الأفكار) بين محاولة وضع المعطيات العالمية للخدمة الاجتماعية في إطارها القومي بما يتناسب مع الواقع الإجتماعي والثقافي العربي ويكون جهدنا فيه أقلمة أو توطينا، وبين التخلي عن تلك المعطيات التي أتتنا بها الأفكار الأكاديمية الغربية،ونستنبط من معطيات عقيدتنا الدينية ما يفيدنا في تحقيق أسلمة الخدمة الإجتماعية، لا سيما وإن الإسلام قد دخل ميدان الرعاية الإجتماعية من أوسع الأبواب، في خضم نشره لمبادىء العدل والمساواة وكرامة الإنسان.

ومهما يكن من أمر، فإن في الإطار النظري العالمي للخدمة الإجتماعية ما يفيد جميع الممارسين لهذه المهنة والمتخصصين في مختلف المجتمعات ، فهي قد قامت على أسس علمية موضوعية، لم تنسى أن تضع بإعتبارها الفروق الفردية والإختلافات الثقافية والظروف المجتمعية، ولم تهمل مطالبتها للقائمين بها أن يدركوا حقيقة المجتمع الذي يعملون فيه،وطبيعة الناس الذين يتعاملون معهم، لأن الخدمة الإجتماعية لا تستطيع أن تتنكر لإرثها العلمي العالمي وإنجازاتها الفكرية على إمتداد الزمان والمكان في العالم الإنساني، الذي تصبح فيه الأفكار والمنجزات الثقافية والحضارية ملكا للإنسان في كل مكان من أجل حياته ومستقبله. مثلما انها (أي الخدمة الإجتماعية) لا تتوقف على مستوى التنظير بإعتبارها مهنة تسعى إلى إحداث التغيير المنشود في حياة المجتمع من أجل سعادة أعضائه وسلامة أوضاعهم وضمان مستقبلهم، وهي تنقل لممارسيها مجموعة من القيم الإنسانية والمثل الأخلاقية التي تؤكد حق الإنسان وواجبه في بناء مستقبله بالجهد الجماعي المشترك وبالإعتماد الجماعي على الذات.

وعلى هذا الأساس حاولت في هذا الكتاب أن أعرض لجوانب الخدمة الإجتماعية كإطار للتدخل المهني في المجتمع العربي المعاصر له فلسفته ومبادئه وقيمه التي تجمع بين الأصالة والمعاصرة وله طرقه وأساليبه وأدواته التي تنطلق من قاعدة علمية راسخة،ومن مراعاة

لظروف مجتمعنا العربي المعاصر، وله ميادينه ومجالاته التي تغطي مختلف مفاصل المجتمع وقضاياه ومشكلاته. هذا في الوقت الذي شعرت فيه المجتمعات العربية بحاجتها لجهود مهنية اجتماعية تتعامل مع الإنسان العربي في مختلف مواقعه الانتاجية وادواره الاجتماعية، حيث لم يعد بالامكان تجاهل الجوانب الاجتماعية والثقافية والنفسية مقابل الاهتمام الكلي بالجوانب المادية والبيولوجية والأمور الخدمية، مما يخلّ بالطبيعة التكاملية لحياة الإنسان وبما يؤثر على قدراته وعطائه وتفاعله في الحياة المجتمعية الواحدة وتنبهت العديد من الجامعات العربية إلى ضرورة تدريس هذا التخصص فيها.

راجيا أن أكون قد وفقت بتقديم ما هو مفيد لتقدم الخدمة الإجتماعية،ولأداء ممارسيها ومساهمتهم في تنمية المجتمع العربي المعاصر والوصول إلى المستقبل المنشود.

والله الموفق وبه نستعين

فيصل غرايبة

الفصل الأول

المفهوم والفلسفة والأهداف

لعل من المستحسن قبل الخوض في الجوانب المختلفة لمهنة الخدمة الاجتماعية أن نحاول وضع مفهومها في إطاريه العلمي والعملي من خلال تحديده بصوره نظرية أولاً وبصورة إجرائية ثانياً. ولننطلق من هذا المفهوم في تتبع التطورات التي عاشتها الخدمة الاجتماعية على الصعيد العملي .

ولكي تكتمل لنا الصورة عند هذا الحد ، فانه ينبغي علينا أن نتعرض الى فلسفة الخدمة الاجتماعية التي تشكل الجوهر الذي يتبلور فيه المفهوم وتتضح فيه الرؤية . هذه الرؤية التي يحددها بعدان هما البعد البنائي الذي يتكون من المقومات والبعد الوظيفي الذي تمثله الاهداف ، هذان البعدان اللذان يحددان بالضرورة إطار التدخل المهني للخدمة الاجتماعية .

وعلى هذا الأساس سوف يقوم الفصل الأول على ستة محاور، يعرف المحور الأول الخدمة الاجتماعية ، ويتتبع المحور الثاني تطورها ، ويناقش المحور الثالث فلسفتها، ويحدد المحور الرابع أهدافها ، ويعين المحور الخامس مقوماتها، ويرسم المحور السادس إطارها .

أولاً: التعريف بالخدمة الاجتماعية

يختلف تعريف الخدمة الاجتماعية من مجتمع الى آخر ومن زمن الى زمن آخر ، وذلك تبعاً لاختلاف ثقافة المجتمع الذي تمارس فيه الخدمة الاجتماعية. حتى أن محاولات التعريف العلمية تواجه عادة بحالة من اختلاط المفاهيم وتداخلها. مثل مفاهيم الخدمة الاجتماعية والعمل الاجتماعي والرعاية الاجتماعية والإشراف الاجتماعي ، هذه الحالة التي يمكن أن يلمسها الباحث عندما يشرع في التنقيب عن تعريف للخدمة الاجتماعية ويقارنه في ما هو في أذهان الناس عامة أو حتى المهتمين بوجه أو أكثر من أوجه العمل الاجتماعي ، وخاصة إذا كانوا يعملون في مجالاته كموظفين وليسوا من المتخصصين في الخدمة الاجتماعية على الصعيد الأكاديمي .

ولكن الباحثين في الخدمة الاجتماعية قد دأبوا على الرجوع الى عدد من التعريفات التي بلورها الرواد الأوائل في تدريس الخدمة الاجتماعية والتدريب عليها والبحث فيها ، لكي يستخلصوا منها في النهاية العناصر المشتركة والعناصر غير المشتركة فيما بينها، ويضعوا في ضوئها تعريفاً إجرائياً للخدمة الاجتماعية .

وإذا حاولنا البدء من بواكير النشأة ، فإننا نجد تعريف (**هدسون**) في 1925الذي يعرف الخدمة الاجتماعية بأنها خدمة تعمل على مساعدة الفرد أو الأسرة التي تعاني من مشكلات ، بغية الوصول الى وضع سوي ملائم ، وتعمل كذلك على إزالة المعوقات التي تحول دون أن يستثمر الأفراد قدراتهم إلى أقصى حد ممكن .

ولما كان هذا التعريف من أقدم التعريفات ، فأنه لم يعتبر الخدمة الاجتماعية مهنة كما أصبحت تعتبر فيما بعد ، بل أعتبرها نوعاً من الخدمة . وبالإضافة الى هذا التعريف أكتفى بالإشارة الى الجانب العلاجي فقط .. أو هكذا كانت في ذلك الوقت، ولم يتجاوز ذلك الى الجانبين الوقائي والإنمائي واللذين أصبحا أكثر أهمية وتركيزاً فيما بعد . فضلاً عن أن هذا التعريف والذي صدر في حقبة لم تعرف فيها إلا طريقة العمل مع الأفراد ، لم يشر الى اهتمام الخدمة الاجتماعية بالجماعات والمجتمعات كما الأفراد.

وإذا انتقلنا الى عقد الأربعينات من القرن العشرين نجد أن (**ستروب**)قد عرف الخدمة الاجتماعية 1948بأنها (فن) لتوصيل الموارد المختلفة الى (الفرد والجماعة والمجتمع) بقصد ان يشبعوا من خلالها احتياجاتهم ، وأشار في تعريفه إلى أن هذا الفن (أي الخدمة الاجتماعية) يستخدم طريقة علمية لمساعدة الناس على مساعدة أنفسهم .

وما دامت الخدمة الاجتماعية (فن) حسب هذا التعريف فهي تعتمد على مهارة من يقوم بأدائها . ولما كان هذا التعريف قد أعد في حقبة عرفت طريقتين ثانية وثالثة للخدمة الاجتماعية تعمل إحداها مع الجماعات وتعمل ثانيها مع المجتمعات، فإن هذا التعريف لم يغفل نطاق الخدمة الجماعية والمجتمعية . كما أنه أورد جملة تعكس توجه الخدمة

الاجتماعية وتلخص فلسفتها الديموقراطية بالاعتماد على الذات وتحقيق المشاركة وهي (مساعدة الناس على مساعدة أنفسهم)

وجاء التأكيد على البعدين الوقائي والتنموي للخدمة الاجتماعية متأخراً، وذلك في تعريف (سبيورن) 1975 الذي اعتبر الخدمة الاجتماعية طريقة لمساعدة الناس على الوقاية من المشكلات الاجتماعية وتطوير أداء الناس لوظائفهم الاجتماعية بالإضافة الى علاج المشكلات الموجودة .ونوه في تعريفه الى أنها تؤدى من خلال مؤسسات وبأساليب علمية وبتقنيات فنية لتحقيق أهدافها .

وينسجم هذا التعريف مع تعريف الجمعية الأمريكية للأخصائيين الاجتماعيين الذي صدر عام 1970، وعرف الخدمة الاجتماعية بأنها أنشطة مهنية تساعد الأفراد والجماعات والمجتمعات المحلية لكي تزيد من قدراتها في أداء وظائفها الاجتماعية ولكي توفر الظروف المناسبة لتحقيق هذا الهدف .

واللافت في هذا التعريف, أنه اعتبر الخدمة الاجتماعية مجموعة أنشطة مهنية, بمعنى أن لها من يقوم بها ومؤهل للقيام بها وفقاً لأسس ومعايير متفق عليها في هذه المهنة .

والغريب أن لا تغيير يذكر على فحوى التعريفات التي صدرت فيما بعد مثل تعريف (ماري وارتز) 1991 الذي لخص الخدمة الاجتماعية بما يؤديه الأخصائيون الاجتماعيون من خدمات مباشرة وغير مباشرة للأفراد والأسر والجماعات لتحسين نوعية الحياة والحد من المشكلات أو مواجهتها ، وفقاً للقيم الاجتماعية والمعارف المهنية .

إذا ما انتقلنا الى المنطقة العربية ,فأن محاولات بلورة تعريف أو تحديد لمفهوم الخدمة الاجتماعية, قد بدأت تظهر في المؤلفات العربية عن هذا الموضوع, وكانت في معظمها تلك التي نشرت في مصر, ودرست في معاهد الخدمة الاجتماعية, والتي كانت مصر سباقة الى فتحها منذ الأربعينات, وكان الرواد فيها ممن عادوا من أمريكا وقد تخصصوا في الخدمة الاجتماعية على مستوى الماجستير أو الدكتوراه . إلا أنها ازدادت ازدهارا وتأطيراً في

الستينات، حتى أصبحت تتيح مواصلة التعليم العالي فيها ، رفدت كليات ومعاهد الخدمة الاجتماعية في سائر الأقطار العربية بكوادر اكاديمية .

كان من بين تلك التعريفات تعريف (**البطريق**) 1969 والذي وصف الخدمة الاجتماعية بأنها خدمة فنية لمساعدة الناس أفرادا أو جماعات ليحققوا علاقات اجتماعية مرضية حتى تصل بهم الى المستويات التي تتناسب مع رغباتهم وقدراتهم بحدود إمكانيات المجتمع وظروفه .

ويتضمن هذا التعريف عناصر وردت في تعريفات أجنبية سابقة كالتأكيد على المهارة المهنية في عبارة خدمة فنية ،وأنها ذات اهتمامات على المستويين الفردي والجماعي ،وأن أهدافها تنصب على إقامة علاقات اجتماعية تتناسب مع الرغبات والقدرات والإمكانيات .

كما كان من بينها تعريف (**شمس الدين**) 1975الذي اعتبر الخدمة الاجتماعية علماً وفناً, لمساعدة من لديه صعوبة في التكيف أو لمن هم في حالة تكيف سليم, حتى لا يصبحوا في حالة سوء تكيف, وذلك على يد الأخصائي الاجتماعي في المؤسسة الاجتماعية لتنمية القيم والرفاهية الاجتماعية .

وفي هذا إشارة الى الاهتمامات العلاجية والوقائية والتنموية للخدمة الاجتماعية، وأهميته للامتهان فيها على يد المتخصصين فيها ومن خلال المؤسسات التي تتولى تقديمها للأفراد والجماعات .

وتبعه تعريف (**كمال**) 1973 الذي اعتبر الخدمة الاجتماعية طريقة علمية لخدمة الإنسان، كما أعتبرها نطاقاً اجتماعياً يقوم بحل مشكلات الإنسان وتنمية قدراته، وهذا النظام يعين النظم الاجتماعية في قيامها بدورها، مثلما يعمل (أي نظام الخدمة الاجتماعية) على إيجاد نظم اجتماعية يحتاجها المجتمع لتحقيق رفاهية أفراده .

وهذه أول إشارة الى اعتبار الخدمة الاجتماعية نظاماً اجتماعيا يساعد النظم الاجتماعية الموجودة في المجتمع, ويعمل على إيجاد نظم اجتماعية جديدة, وذلك لتحقيق المزيد من رفاهية الناس .

أما (**عثمان**) 1982 فاعتبر الخدمة الاجتماعية خدمة فنية, هدفها مساعدة الناس لتحقيق علاقات إيجابية بينهم, ومستوى أفضل من الحياة في حدود قدراتهم ورغباتهم .

ويتميز هذا التعريف بالإشارة الى أن تحقيق علاقات إيجابية بين الناس من أهداف الخدمة الاجتماعية ، وبالإضافة الى رفع مستوى الحياة في ضوء رغبات الناس وقدراتهم.

وأما (**السيد**) فقد قدم تعريفاً 1999 أحدث نسبياً يتفق مع ما سبقه من حيث أن الخدمة الاجتماعية مهنة تعتمد أساساً علمياً ومهارياً ،وهي تهدف الى تنمية القدرات واستثمارها. ويتميز هنا بالإشارة الى أن الخدمة الاجتماعية تدعم الحياة الاجتماعية بما يتفق مع أهداف التنمية والمعتقدات الإيمانية . بمعنى أن هذه المهنة تتكيف مع أهداف المجتمع ومعتقداته .

وكنت قد عرضت لمفهوم الخدمة الاجتماعية 1993 على أنها أداء مهني له أثر في إحداث التغيير الاجتماعي المرغوب والموجه ، وفق أساليب علمية ذات صله بمشاكل الناس أفراداً وجماعات ومجتمعات وبدون تمييز أو انحياز ، هدفها من ذلك تحقيق مستوى أرقى من التطور وحجم أكبر من الرفاهية لهؤلاء الناس .

وفي نفس العام أوردت (**عبد الباقي**) تعريفاً لمفهوم الخدمة الاجتماعية باعتبارها نشاطاً منظماً يهدف الى مساعدة الفرد والأسرة لسد حاجاتهم وتحسين وضعهم ، وفقاً لحاجاتهم العائلية (الأسرية) ضمن رغبات مجتمعاتهم ،وأنها مهنة ترتكز على قواعد علمية ومهارات في العلاقات الإنسانية تساعد الفرد والأسرة والمجتمع للحصول على الاكتفاء الذاتي والاستقلالية .

والجديد في هذا التعريف أن الخدمة الاجتماعية تساعد الفرد والأسرة والمجتمع للحصول على الاكتفاء الذاتي والاستقلالية . أما اعتبارها نشاطاً منظماً وتحسين الوضع وتوافق الحاجات مع رغبات المجتمع ، فإنها أفكار قد سبق أن تعرض إليها السابقون .

ولكن ليس من المفيد دائماً أن يأتي التعريف الجديد بأفكار جديدة بصورة كلية ، ولكن العكس قد يكون هو الأصح في كثير من الحالات ،وذلك تأكيداً لدور المهنة وترسيخاً لأهدافها داخل المجتمع ، ولكن الجديد المرغوب إذا ما حصل فانه إذا ما شكل إضافة تطويرية جوهرية في أساليب المهنة وفي أهدافها وأبعادها .

والاهم من كل ما سبق, أن تصبح الخدمة الاجتماعية مفهوماً مدركاً في أذهان العموم داخل المجتمع ومنتشراً في طبقاته في مختلف مؤسسات المجتمع وأجهزته.وإن كان يقع هذا العبء على المتهنين الممارسين والباحثين والأكاديميين منهم ،فأنه ما يزال يشكل تحدياً لا لإدراكه على الصعيد النظري والفهم الشخصي, ولكن للاعتراف به كنظام اجتماعي مفيد للمجتمع, وكمهنه ينبغي أن يفسح المجال لها, فضلاً عن التشجيع على ممارستها, والقيام بدور فاعل ذي أثر في مختلف قطاعات المجتمع ونظمه الاجتماعية .

ثانياً : تطور الخدمة الاجتماعية كمهنة

على الرغم من أن "الرعاية الاجتماعية " و"الخدمة الاجتماعية "مفهومان مختلفان ، إلا أن نشوء الخدمة الاجتماعية كمهنة وكتخصص أكاديمي، تم في غمرة ازدهار برامج "الرعاية الاجتماعية " عندما صدرت في عدة دول أوروبية تشريعات اجتماعية جعلت من الرعاية الاجتماعية حقاً من حقوق المواطن فيها، وذلك في معالجة سريعة وجذرية في نفس الوقت لما أفرزته الثورة الصناعية من مشكلات اجتماعية, كالفقر والانحراف وتشغيل النساء والأطفال وارتباك العلاقة بين العامل ورب العمل وحدوث إصابات أثناء العمل ، في حين انتشرت أفكار الثورة الفرنسية حول العدالة والحرية والمساواة وأخذت تفعل مفعولها في أذهان الناس, وتدعو الكتاب والمفكرين والعلماء بصورة تلقائية انجذابية الى فهم الإنسان, بتلمس

احتياجاته الحقيقة وإدراك ضرورة سدّها لدرء الأخطار والوقاية من المشكلات, وتوفير أكبر قدر من السعادة والاطمئنان للمواطنين .

ولذلك نرى أن مختلف المؤلفات بالخدمة الاجتماعية تبدأ حديثها عن هذه المهنة أو هذا التخصص بالحديث عن الرعاية الاجتماعية, وكأن الخدمة الاجتماعية حلقة متطورة أو صيغة متجددة عن الرعاية الاجتماعية, في حين أن الخدمة الاجتماعية مهنة وتخصص أكاديمي وأن الرعاية الاجتماعية مجموعة برامج. ويبرر ذلك أحيانا بأن الخدمة الاجتماعية (عملياً) هي مجموعة برامج . ولكن علينا أن ندرك رغم هذه الحقيقة العملية عن الخدمة الاجتماعية أنها قامت وتطورت لتساند القطاعات والنظم الاجتماعية في المجتمع ، لتتمكن من إيصال خدماتها وتحقيق تأثيرها الذي تعمل من أجله في المجتمع . وإلاّ لماذا تعمل الخدمة الاجتماعية من خلال المدرسة والمستشفى والسجن والمصنع مثلاً, وهي بالأصل ليست مؤسسات للرعاية الاجتماعية حقيقة .

ومهما يكن من أمر نستطيع أن نميز في نشوء الخدمة الاجتماعية وتطورها أربعة مراحل رئيسية ، الأولى منها تلك المرحلة التي أخذت فيها ترسم الطرق الفنية وتمارس من خلال مؤسسات اجتماعية ،ركزت على تشخيص الحالة, والتمهيد لذلك بدراسة صاحب المشكلة ذاتياً وبيئياً ، واسترشد العاملون في هذا الميدان بأفكار ماري رتشموند والتي تضمنها كتابها (التشخيص الاجتماعي) 1917 والذي شكل ولادة للخدمة الاجتماعية للأفراد وهو ما صار يعرف فيما بعد ب(خدمة الفرد) والتي أخذت تستفيد من النظريات النفسية لفهم الإنسان، وخاصة ما جاء في أفكار سيجموند فرويد .

وقد انتشرت أفكار فرويد في أمريكا ، وأعجب بها القائمون في خدمة الفرد وخاصة في مستشفيات وعيادات الطب النفسي ، لاسيما تلك الأفكار القائمة على تخليص المريض من الضغوط النفسية ليتأهل للتكيف الاجتماعي مع ذاته ومع الآخرين، فصارت أساساً من أسس العمل مع الأفراد ، كما اصبح التحليل النفسي .. نظرية وأسلوبا من متطلبات المنهج الدراسي للأخصائيين الاجتماعيين .

من هنا حصل التقارب بين خدمة الفرد كطريقة أولى ووحيدة للخدمة الاجتماعية وبين التحليل النفسي كطريقة في الطب النفسي . لاسيما وان الممارسين لهذه الطريقة لم يجدوا تعارضاً بين ما طرحته ماري ريتشموند من قبل حول التشخيص الاجتماعي, وبين ما تطرحه مدرسة التحليل النفسي حول الأنماط اللاشعورية للسلوك .

وقد استفيد من هذه الطريقة في العمل مع الأفراد من تداعيات الحرب العالمية الأولى وما تمثل بالصدمة التي عانى منها الكثير من الجنود ،ومن موجة الكساد الاقتصادي التي أعقبت الحرب, وما تمخض عنها من معاناة للعمال اقتضت رعايتهم اجتماعياً تحت مظلة التأمين الاجتماعي, والتي امتدت لتشمل العمال والمسنين والعاطلين عن العمل وكذلك الأطفال ممن لا عائل لهم أو من ذوي العاهات . حيث ثبت أن المساعدات المادية لا تكفي وحدها في حل المشكلات التي تحتاج الى تدخل اجتماعي ونفسي لتوجيه الأفراد وبالاستفادة من نواحي القوة والضعف في شخصياتهم وقدراتهم الذاتية .

وهكذا اتسمت المرحلة الأولى من مراحل نشوء الخدمة الاجتماعية بالسمة النفسية وأصبحت رديفاً للتحليل النفسي وشريكاً في الفريق الطبي النفسي ، حتى أنه أطلق على هذه المرحلة اسم (المرحلة النفسية) والتي أقرت أن العلة في الفرد لا في المجتمع . تلك المرحلة التي عرفت فيها مؤلفات هاملتون وجاريت .

ولكن تطور العلوم الاجتماعية وبروز طريقتين للخدمة الاجتماعية للعمل مع الجماعات والمجتمعات المحلية ، جعل من الباحثين والعاملين بالخدمة الاجتماعية يستندون الى خلفية علمية نظرية مستمدة من علوم الاجتماع والاقتصاد والسياسة والقانون الى جانب علم النفس ، حيث أخذوا يدركون أن العلة لا تكمن في الفرد وحده ,وإنما تتعداه الى محيطه وأن تنمية الشخصية وتطويرها لا يتم بالجهود الفردية وحدها وإنما تتعداها الى المجتمع بنظمه ومؤسساته المتعددة . ناجمة عن الازدحام والتلوث والمساكن العشوائية والهجرة من الريف الى المدينة والنزعة الفردية واللهاث حول المصالح الخاصة والكسب المشروع تارة وغير المشروع تارة أخرى ، بما يجره من انقياد الى الرذيلة والفساد وما الى ذلك .

وسط هذه الأجواء ومن بين التفاعلات التي جرت فيها ، وجدت الخدمة الاجتماعية نفسها خارج إطار التجدد, وأن عليها أن تعتمد أساليب جديدة وتطرق ميادين حديثة تتواكب مع روح العصر وسعي المجتمعات لتجديد نفسها للعيش في واقع جديد .

فبدأت الخدمة الاجتماعية تعمل على تنمية علاقة الفرد بالمجتمع وإذا كان هناك من مشكلات أو أزمات ، فأن الانتباه ينصرف الى العلاقة بين الناس والتعامل فيما بينهم وعدم الانتباه الى الفرد ذاته بقدر الانتباه الى أدواره الاجتماعية المرتبطة مع أدوار غيره، والنظر الى مستقبله بدل النظر الى ماضيه . ومن خلال هذه التوجهات صار هناك نبذاً لمفهومي التشخيص والعلاج واللذين كانا مقتبسان من الممارسة الطبية، وذلك على اعتبار أن التشخيص والعلاج في خدمة الفرد متلازمان لا متعاقبان كما هو في الطب، كما أن العلاج في الطب يقدم دون مشاركة المريض في تحديده بينما هو في الخدمة الاجتماعية عملية تقرير مصير عن طريق التبصر .

هذا على الصعيد الفردي ، أما على الصعيد الجماعي فالمسؤولية الاجتماعية أصبحت أكثر إلحاحا لينهض المواطنون بعمل جماعي لإحداث تغيير بيئي في محيطهم يدرأ عنهم أخطار المشكلات والأزمات. وما الجماعات هنا إلا مدرسة تعلم ضرورة التغيير وأسس التغيير ومنطلقاته ، وبالتالي إعداد المواطنين القادرين على تحمل المسؤولية وأداء الواجب الاجتماعي .

واعتبر "**كابلان**" و"**هوليس** " وسواهما أن التعامل مع العوامل الذاتية دون العوامل الاجتماعية في مساعدة الانسان حتى على المستوى الفردي, هو بمثابة التعامل مع شق واحد من المعادلة مقابل اهمال الشق الآخر. حتى أن علماء النفس بدءاً من العقد الرابع من القرن العشرين بدأوا يهتمون بالأنا الواقعية (أي الانسان بصلته بالمجتمع) ولم يعودوا يركزون على الهو (التي تتجاهل الصلة بالمجتمع).

تبعاً لذلك بدأت خدمة الفرد تعنى بالتفاعلات بين الفرد والآخرين, وهي تعمل لمساعدة الفرد في تجاوز مشكلاته وتحقيق تكيفه ونموه . اما خدمة الجماعة التي بدأت تزدهر في هذه المرحلة, وتهتم بالتفاعل الاجتماعي, فلم تقم أساساً على التعامل النفسي الذاتي (الفردي), حيث كانت تحقق أهدافها في وقاية الإنسان وتطوير شخصيته من خلال العمل مع الجماعات , وبرزت فيها كتابات **تريكر** لتزيد القناعة باهمية هذه الطريقة .

وهكذا اتضح في الاداء المهني للخدمة الاجتماعية مساره الزمني المتتابع تقود كل خطوة فيه إلى الخطوة التالية . وعلى هذا الغرار برزت الطريقة الثالثة للخدمة الاجتماعية التي تعمل مع المجتمعات المحلية, ومن خلال مراكز ومؤسسات الرعاية الاجتماعية في العقد الرابع من القرن العشرين, مستفيدة من التقدم المهني والعلمي الذي احرزته طريقة خدمة الجماعة . وأصبح ينظر فيها على أنها طريقة للعمل بين الجماعات باعتبار أن المجتمع المحلي يتألف (من وجهة نظر الرعاية الاجتماعية) من جماعات متعددة يربط بينها هدف مشترك في تطوير المجتمع وتنميته , كما نادت بذلك كتابات (**نيوزتتر**) و(**ماكيلان**).

وما أن بدأ عقد الستينات من القرن العشرين ، حتى وجد العالم نفسه أمام عدة مشكلات اجتماعية تأخذ بالانتشار في مختلف المجتمعات المتقدمة منها والمتخلفة، والفقيرة منها والغنية ، عندما انعكست عليها منجزات الحضارة وتوجهات المدينة، فقد أصبح الفقر ظاهرة بارزة تبعاً لتفشي البطالة، واصبح التحضر يخلف أزمات ومشكلات .

وحيث أن التوجه أصبح واسع الأفق والإطار ، فأنه آن للخدمة المجتمعية أن تزدهر وتبرز في مقدمة الجهود المهنية للخدمة الاجتماعية فهي تعيد تنظيم المجتمع بجهود أبنائه وتحدث التنمية والتطوير فيه بالمشاركة العامة الحرة المفتوحة وفي إطار العدالة الاجتماعية ، ويكون دور الأخصائي الاجتماعي في هذه الحالة منشطاً للناس ومطالباً باحتياجاتهم ووسيطاً بينهم وبين مصادر الخدمات ومفاوضاً معهم مراكز اتخاذ القرار.

لقد كانت هذه المرحلة من مراحل تطور الخدمة الاجتماعية؛ بحق مرحلة التجديد والإصلاح لمسار التدخل الاجتماعي ، تلك المرحلة التي برز فيها **روثمان، جارقن ،برلمان.**

لم يتوقف التجديد عند هذا الحد ، بل أن الخدمة الاجتماعية رأت نفسها، وهي تقوم بدور الداعم المساند للنظم الاجتماعية، أن عليها أن تبحث في بيئة النظم الاجتماعية ووظائفها، وهي تبذل جهودها لحل المشكلات وتنمية القدرات ووقاية المجتمع من الانحرافات والأمراض الاجتماعية ،وأدركت أن عليها وهي ماضية بهذه الجهود أن تسعى لتغيير بعض النظم أو لإيجاد نظم جديدة تستطيع أن تقابل احتياجات الناس وخاصة الفئات الأكثر حرماناً أو الأشد إحتياجاً, وبذلك تخلت الخدمة الاجتماعية عن ذلك الدور التقليدي في مساعدة الأفراد على التكيف مع ظروف الحياة بدون بذل أي جهد للتغيير فيها .

ويقترح أصحاب هذا الاتجاه الذي اعتبر اتجاهاً راديكالياً تجديدياً أن تنشأ منظمات غير حكومية للمطالبة بمزايا أكثر وفرص للمستفيدين من الخدمات الاجتماعية المختلفة ، ينبري له قادة اهليون يشكلون حلقة الوصل بين المواطنين والجهات المعنية ،ويقومون بإثارة الوعي في أوساط الرأي العام حول المطالب الإنسانية المشروعة في المجتمع. وتمثل هذه المرحلة من مفكرى الخدمة الاجتماعية المجددين كل من ، **كلوراد** ، **والتون** ، **تايلور** .

ثالثاً : فلسفة الخدمة الاجتماعية

تقوم جهود الخدمة الاجتماعية بالعمل مع الإنسان فرداُ أو جماعة أو مجتمع على محورين : الأول المساعدة على التكيف مع ظروف المجتمع واستخدام الطاقات الذاتية الى أقصاها . والثاني المساعدة على أحداث التغيير المطلوب لتلبية الاحتياجات الأساسية للأفراد والمتطلبات الملحة للمجتمعات .

ولكن قيام جهود الخدمة الاجتماعية على هذين المحورين لا يلغي نظرتها الشمولية الى الإنسان ،والتي ترى من خلالها أن المشكلات التي يواجهها أو المعوقات التي تحد من نشاطه

وعطائه هي نتاج تفاعل عوامل ذاتية (شخصية) وعوامل بيئية (اجتماعية) وإن اختلفت درجة تأثير أي صنف من هذه العوامل ، إلا أنها متداخلة ومترابطة بالحقيقة .

تنادي الخدمة الاجتماعية في ضوء ذلك ،بالعمل الفريقي الذي يوحد الجهود وينسق الخدمات ويركز البرامج ويحقق التكامل بين الأنشطة لمختلف القطاعات والأجهزة،ما دامت تتعامل مع الإنسان بمختلف الأوضاع والمستويات ،وما دامت تلك القطاعات والأجهزة تأخذ دورها ونصيبها في خدمة الإنسان حسب تخصصاتها واهتماماتها .

وتتحرى الخدمة الاجتماعية درجة الدافعية مع العاملين بها ، وهي تتوخى أن تكون دافعية الأخصائي الاجتماعي بأقصى درجة, بدءاً من رغبته في التخصص في الخدمة الاجتماعية واستعداده المسبق لممارستها ، ومضيه في ذلك الذي يعبر فيه عن حماسه لتعلم الخدمة الاجتماعية والتدرب عليها ، والسعي للحصول على الخبرة فيها وتراكم هذه الخبرة وصولاً الى المهارة المطلوبة والمتطورة للتعامل مع الناس أفرادا وجماعات ومجتمعات .

ويتجلى نجاح الأخصائي الاجتماعي في عمله بنجاحه في إقامة علاقة مهنية سليمة ومتنامية ووثيقة مع العملاء -أفراداً وجماعات ومجتمعات- وهي التي تجعله يكسب ثقتهم وتدفعهم للانفتاح عليه بالتعامل ، ليدلوا بما لديهم وليسمعوا الى ما لديه ويسير الطرفان جنباً الى جنب بكل تلقائية وبكل اندفاع الى حل المشكلة أو الى إحلال الأوضاع الإيجابية المنتجة محل الأوضاع السلبية المعرقلة، وبشكل يشعر العملاء معها بأنهم يخططون لأنفسهم ولمستقبلهم ولمصلحتهم، ضمن المصلحة العامة للمجتمع ،وفي إطار القيم العليا السائدة فيه.

رابعاً: أهداف الخدمة الاجتماعية

انطلاقا من الفلسفة التي تستند إليها ، بلورت الخدمة الاجتماعية لنفسها أهدافاً تسعى إليها من خلال عمليات التدخل المهني ، وقد أخذت هذه الاهداف طابعاً مختلفاً بين أن تسعى لعلاج الحالات والمشكلات والأزمات ،أو أن تقي الناس من الوقوع بالمشكلات والأزمات ، أو أن تساعد في تهيئة الأجواء المناسبة وتسهم في تنمية الأفراد والجماعات ليعيشوا بمنأى عن المشكلات والأزمات بقدر الإمكان، حيث يصبحوا قادرين على التكيف الاجتماعي وعلى أداء أدوارهم الاجتماعية من غير صعوبات أو معوقات ذاتية أو بيئية .

فعلى الصعيد العلاجي تعمل الخدمة الاجتماعية على إعادة تأهيل الأفراد أو الجماعات أو المجتمعات ليصبحوا أكثر قدرة على القيام بأدوارهم الاجتماعية، ولذلك فأن التدخل المهني العلاجي للخدمة الاجتماعية يأخذ أبعاداً تقوم على دراسة المشكلات وتشخيصها ووضع الخطط والبرامج العلاجية المناسبة لمواجهتها للقضاء عليها أو للحد من تأثيراتها السلبية على الأقل ، كما تعد برامج تأهيل جسماني أو تأهيل مهني أو تأهيل نفسي / اجتماعي للأفراد، ليتاح لهم استثمار قدراتهم واستخدام طاقاتهم الى أقصى قدر ممكن .

وتتدخل الخدمة الاجتماعية علاجياً لتوفير المساعدات المادية أو العينية للمحتاجين إليها في إطار مواجهة المشكلات والأزمات الطارئة، مثلما تتدخل في إنشاء مؤسسات ومراكز علاجية للفئات الاجتماعية المنحرفة أو المعاقة لتقويم انحرافها أو تجاوز إعاقتها .

أما على الصعيد الوقائي فتعمل الخدمة الاجتماعية على ما من شأنه وقاية الأفراد من الوقوع في المشكلات والأزمات الاجتماعية، وتزيل من أمامهم ما يدفع بعضهم الى الانحراف من جديد, بعد أن يتم علاجه وإعادته الى السيرة الطبيعية المقبولة في الحياة الاجتماعية .

تتدخل الخدمة الاجتماعية وقائياً عن طريق نشر الوعي العام, وتحسين مستوى المعيشة, وتطوير ظروف البيئة, وتغيير أنماط السلوك, بما يساعد الأفراد والجماعات والمجتمعات على استثمار قدراتهم واستخدام طاقاتهم الذاتية للتكيف والإنتاج والإبداع.

وتهدف الخدمة الاجتماعية من تدخلها الوقائي الى التعرف على الظروف والأسباب المنشئة للمشكلات الفردية والاجتماعية من خلال الدراسات والمسوح، ولا تكتفي بمجرد التعرف عليها فقط , ولكن تتعدى ذلك الى وضع الخطط المناسبة للقضاء عليها، ومن خلال هذا الجهد قد يبرز أمامها حقائق في المجتمع تشكل عقبة أمام التطور أو مساهمة كبيرة في الانحراف ،فتعمل على التغيير المخطط للوصول الى حالة اجتماعية أفضل, تزيل تلك العقبة وتجنب المجتمع الانحراف.

ولذلك فإن الخدمة الاجتماعية تساعد الأفراد والجماعات والمجتمعات المحلية على تحديد المشكلات التي يعانون منها أو يشعرون باعتراضها لحياتهم ، وتواصل تدخلها هذا حتى وضع الحلول المناسبة لها , وهي في سبيل ذلك تعمل على إيجاد جهد تعاوني تكاملي بين الأطراف ذات العلاقة الرسمية منها والشعبية .

وأما على **الصعيد التنموي أو البنائي** فإن الخدمة الاجتماعية تتدخل في سبيل تنمية القدرات الفردية والجماعية وفي سبيل تطوير المجتمع وتقدمه . ولذلك فهي تدلي برأيها بالسياسات الاجتماعية للمجتمع وتقترح ما يجب أن تحتويه، وتطالب بتلازم الجانبين الاجتماعي والاقتصادي لخطط التنمية، وتغذي روح العمل التطوعي والمشاركة الشعبية في الرعاية الاجتماعية وفي تنمية المجتمع المحلي، وتدعو الى تحقيق التنمية المتكاملة المتوازنة المتعادلة بين شقي المجتمع الريفي والحضري ،و تدعو الى تعزيز دور المرأة وتعد البرامج لزيادة هذا الدور وتحسين كفاءته ، كما تسعى الى العناية بالأطفال وإعداد البرامج والخطط للاهتمام الخاص بهم ، وكذلك الى الاهتمام بالمسنين وتأمين الرعاية المتكاملة لهم .

خامساً: مقومات الخدمة الاجتماعية

اختلفت الكتابات حول المقصود بمقومات مهنة الخدمة الاجتماعية بين معنيين لمفهوم المقومات : الأول يعبر عن جملة المعايير التي تثبت أن الخدمة الاجتماعية مهنة أو أنها مؤشرات لاعتبارها ممارسة مهنية، والثاني يعبر عن مجموعة العناصر التي تكتمل العمليات المهنية بتوفرها عند ممارسة الخدمة الاجتماعية .

ومهما يكن أمر هذا الاختلاف، فأننا سنعرض أولاً لماذا تعتبر الخدمة الاجتماعية مهنة ؟ ثم نعرض تالياً ما هي العناصر التي تكتمل فيها الممارسة المهنية للخدمة الاجتماعية ؟

فأن ثمة اتفاق بين ما كتب حول الموضوع أن الخدمة الاجتماعية تعمل على تحقيق أهداف اجتماعية (أي تفيد المجتمع ككل) ، وتقوم على قاعدة علمية (مستمدة من العلوم الاجتماعية كعلم الاجتماع وعلم النفس والاقتصاد والسياسية والإدارة)، وتتطلب مهارات

(أي تقنيات تستخدم في أدائها)، وهذا التعليم والتدريب يتم بإشراف ومن خلال مؤسسات علمية (أي كليات ومعاهد وأقسام لتعليم الخدمة الاجتماعية)، وتمارس من خلال مؤسسات اجتماعية (سواء كانت مؤسسات للرعاية الاجتماعية مباشرة أو لخدمة المواطنين في مجالات أخرى)، وان من يمارسها يتحلى بأخلاقيات خاصة بها (كاحترام المتعاملين وتقبلهم وحفظ أسرارهم وإقامة علاقة موضوعية خاصة معهم)، وأن يعترف بها المجتمع (أي ان يفسح المجال لممارستها ويعتبر أن لها دور اجتماعي واضح لخدمة أبناء المجتمع).

والآن يطرح السؤال الثاني نفسه ، لنجيب عليه ببيان عناصر مهنة الخدمة الاجتماعية ، تلك التي تتمثل باربعة عناصر رئيسية هي : طالب المساعدة ،والقائم بمساعدته ،والمؤسسة التي تقدم هذه المساعدة ،والبرنامج أو الخدمة التي تقدم في إطار المساعدة .

فطالب المساعدة أي المستفيد هو صاحب المشكلة ، وهو المستهدف والذي يدعى أحيانا بـ (العميل) ، وهو الذي ترتكز عليه عملية المساعدة ،وتقدم أصلا من أجله، والذي قد يكون فرداً أو جماعة أو مجتمعاً محلياً . وهو عادة يشكو من سوء التكيف مع محيطه وقدراته وطاقاته معطلة أو غير مستخدمة كما يجب أن يكون الاستخدام، ويحتاج من يساعده على تحقيق تكيفه مع الآخرين وعلى استخدام قدراته وطاقاته الى أقصاها . هذا إذا كان فرداً.

أما إذا كان جماعة فإن طالب المساعدة هو جميع أعضاء هذه الجماعة بصورة جماعية متفاعلة, من أجل تنمية شخصياتهم, عن طريق اكتساب الخبرات والمهارات وإشباع الرغبات وممارسة الميول والهوايات, أو من أجل وقايتهم من الانحراف أو معالجة جوانب الانحراف أو سوء التكيف لديهم, عن طريق تلك الخبرات والمهارات ومن خلال برنامج جماعي هادف .

وأما إذا كان مجتمعاً محلياً فأن طالب المساعدة هو المجتمع المحلي كسكان وكموقع وكمستقبل للتفاعل بين هؤلاء السكان وهذا المكان، أو تهيئة المجتمع لعيشة أفضل بالاعتماد على جهودهم الذاتية ووفقاً للإمكانات المتوفرة أو التي يمكن أن تتوفر .

أما **القائم بالمساعدة** فهو المتخصص علمياً وعملياً بالخدمة الاجتماعية ويسمى الأخصائي الاجتماعي ،والذي لديه الرغبة والاستعداد للقيام بالعمل للمساعدة ولديه المهارة

على أن يقود عملية المساعدة من خلال علاقة مهنية يعمل على توطيدها مع المستفيدين أفراداً كانوا أم جماعات أم مجتمعات .

أما أهم الأخلاقيات المهنية التي يتوقع أن تتميز بها شخصية الأخصائي الاجتماعي فهي الإيمان بحرية الإنسان وحقه في القيام بدوره الاجتماعي بما لا يتعارض مع ثقافة المجتمع ونظمه وبدون تمييز أو انحياز مع أو ضد أي شخص أو فئة من فئات المجتمع، وكذلك التقيد بالسرية للمعلومات وعدم التخلي عن المسؤولية المهنية مقابل الاهتمامات الشخصية وحسن تقدير المواقف والمشكلات والتوقعات والنتائج، بمنظار موضوعي ،بالاستئناس برأي المعنيين والمطلعين والخبراء .

وتشكل **المؤسسة** المقوم الثالث لمهنة الخدمة الاجتماعية وتشكل ميداناً لممارستها. وهي عادة إما يراجعها صاحب المشكلة طالباً المساعدة (كمساعدة الفقراء أو تقديم المشورة الأسرية) أو أن يكون صاحب المشكلة نزيلاً فيها (كنزلاء دور رعاية الأحداث المنحرفين أو المتشردين أو نزلاء السجون أو المستشفيات والمصحات) وتستدعي حالته تدخلاً مهنياً من قبل الأخصائي الاجتماعي، أو أن يكون صاحب الحالة أو المشكلة مستفيداً من المؤسسة (كالطلبة في المدارس والعمال بالمنشآت الاقتصادية والأعضاء بمركز رعاية الشباب ونشاطات أوقات الفراغ).

وتعتبر المؤسسات الاجتماعية التي تكون الخدمة الاجتماعية وظيفتها الرئيسية مؤسسات أولية للخدمة الاجتماعية, أما المؤسسات التي تكون وظائفها الرئيسية اقتصادية كالمصانع, أو تربوية تعليمية كالمدارس، أو علاجية طبية كالمستشفيات ،أو إصلاحية عقابية كالسجون، وتمارس فيها الخدمة الاجتماعية كوظيفة مساندة لوظيفتها الرئيسية, فإنها تعتبر مؤسسات ثانوية أو مستضيفة للخدمة الاجتماعية . وبطبيعة الحال فإن هذه المؤسسات تختلف من حيث انتمائها، فهي إما حكومية تنشئها الدولة لتلبية احتياجات

المواطن كالمدارس والمستشفيات ومراكز رعاية الأحداث أو رعاية الشباب وأما أهلية تقدم خدمات للمواطنين, وتسهم بالرعاية الاجتماعية على سبيل التطوع, أو على سبيل النفع المادي البسيط لدعم أنشطتها الخيرية الأخرى, كمراكز تنمية المجتمعات المحلية ومراكز الحرف والمهن والتعليم غير النظامي والتدريب المهني قصير الأجل .

أما المقوم الرابع للخدمة الاجتماعية فهو **البرنامج** الذي تقوم الخدمة من خلاله وبشكل الجهود المبذولة تجاه العملاء تمهيداً لتحقيق الهدف الذي يرمون إليه أو النتيجة التي يسعون إليها .

فإذا كان البرنامج فردياً اشتمل على دراسة الحالة وتشخيصها ووضع خطة لعلاجها ومن ثم تقييم الموقف بعد ذلك . وأما إذا كان البرنامج جماعياً اشتمل على تشكيل الجماعات بطريقة ديموقراطية ويفسح المجال أمامها لوضع برامج هادفة بأسلوب الأداء الحر التلقائي بما يتناسب مع القدرات والميول والرغبات لأعضاء الجماعات. ومن ثم تقيم الجماعات نفسها لمعرفة مدى نجاحها في تحقيق أهدافها. وأما إذا كان البرنامج مجتمعياًُ ، فيعتمد على تحديد الاحتياجات وحصر الموارد وتداعي السكان لبحث الخطط الكفيلة بتلبية الاحتياجات وحل المشكلات, وحشد الموارد المادية منها والبشرية, على أساس المشاركة الأهلية الفاعلة تطوعاً وتبرعاً. وتوفير مساندة مختلف المؤسسات والأجهزة المعنية, كل في مجال تخصصها واستطاعتها للمساندة والمساعدة .

سادساً: إطار التدخل المهني للخدمة الاجتماعية

تعمل الخدمة الاجتماعية ضمن إطار متكامل يشكل الرؤية النظرية الواحدة والقيم المشتركة والمهارات الموحدة لتحقيق هدف التدخل المهني, والذي يتمثل بالتغيير أساساً لمصلحة الإنسان والمجتمع .

يتألف هذا الإطار من ثلاث زوايا رئيسية هي : الزاوية النظرية ،والزاوية المهارية والزاوية القيمية .

إذ تحتوى **الزاوية النظرية** على معطيات العلوم الاجتماعية التي استفادت الخدمة الاجتماعية منها في بناء قاعدتها المعرفية أعني: علم النفس ، علم الاجتماع ،الاقتصاد، الإدارة، السياسة ،القانون ،والصحة ،باعتبارها تهتم بالطبيعة الإنسانية وحاجاتها ومشكلاتها وأزماتها وطموحاتها أو علاقتها بالبيئة .

وتستمد عملية التدخل من هذه المعطيات ما يتناسب مع الموقف أو الحالة الاجتماعية التي يتعامل الأخصائي الاجتماعي معها, باعتبارها تشكل الإطار النظري للممارسة والرؤية الشاملة للممارس ،وذلك من خلال سبعة مداخل هي :

1- **المدخل الخدمي** : الذي يعتمد على تيسير الاستفادة من الموارد المتاحة لأعضاء المجتمع .

2- **المدخل التفاعلي** : الذي يعتمد على تنشيط التفاعل بين مصادر الخدمات والمستفيدين من الخدمات في إطار من العلاقات وسد الاحتياجات .

3- **المدخل التحليلي** : الذي يعتمد على التحليل النفسي لإعادة تنظيم الذات فرداً أو أسرة أو مجتمع .

4- **المدخل الوجودي** : والذي يركز على مساعدة الأفراد والجماعات على التخفيف من القيود والمعوقات والضغوطات ليتسنى لهم أن يكونوا أكثر قدرة على الإنتاج والإبداع.

5- **المدخل السلوكي** : الذي يركز على تغيير العادات وضروب السلوك .

6- **المدخل الإشكالي** : الذي يركز على الموقف الإشكالي ويسعى الى علاجه تمهيداً لتحرر طاقات الإنسان وقدراته .

7- **المدخل البيئي :** الذي يتعامل مع الواقع البيئي المحلي لتهيئته للعيش المناسب للإنسان .

هذه هي المداخل النظرية التي يمكن أن تعتمد في التدخل المهني للخدمة الاجتماعية ،والتي لا تكتفي في حد ذاتها بطبيعة الحال إلاُ بتوافر الزاوية الثانية للإطار التدخل المهني ألا وهي **الزاوية المهارية** ،وهي التي تضمن لعملية التدخل إدراك الحقيقة المتعلقة بالحالة، مثل الإمكانيات والموارد والاحتياجات على المستويات الفردية والجماعية والمجتمعية ،والتي تحتاج من الأخصائي الاجتماعي أن يكون قادراً على الحصول على المعلومات والبيانات من خلال مقابلات فنية مقننة متتابعة متناسقة، وقادراً من خلالها أن يبني علاقة مهنية قوية مع الذين يتعامل معهم قائمة على الود والاحترام والثقة والحرص والحماس . تسمح له مع التقدم به بسلسلة التعامل المهني مع هؤلاء أن يشخص الحالة التي يعيشونها من مختلف الجوانب والأبعاد ويحدد انعكاساتها على الموقف . بما يمكنه بالتالي من الاتفاق مع ذوي العلاقة على وضع خطة مستقبلية ناجحة سواء لعلاج حالة غير سوية أو موقف إشكالي أو للوقاية من مغبة المشكلات أو الانحرافات أو لتنمية القدرات والإمكانيات الذاتية والبيئية لضمان حياة مستقبلية أفضل.

أما الزاوية الثالثة التي يكتمل إطار التدخل المهني للخدمة الاجتماعية بها فهي **الزاوية القيمية .**

وتتألف الزاوية القيمية هذه من قيم أساسية ووسيطة وأدائية، تتمثل القيم الأساسية في احترام إنسانية الإنسان وحفظ كرامته والتعامل مع الناس بعدالة واستقامة ونزاهة بدون تمييز أو تحيز بينما تتمثل القيم الوسيطة بالاعتبارات الاساسية للمدخل النظري المستخدم في عملية التدخل ،كالأخذ بضرورة سد الاحتياجات الأساسية، واحترام مبدأ المشاركة والتعبير عن الرأي وما يعتمل في النفس البشرية من مشاعر وآمال وتطلعات وما يؤثر على عطاء الإنسان وتفاعله وتكيفه من سلبيات الضغوط والتوتر والقلق . أما قيم الأداء فهي

الاعتبارات الأخلاقية المتعلقة بالعلاقة المهنية بين الأخصائي الاجتماعي والأفراد والجماعات والمجتمع ، وأصول المقابلات والتسجيل والمتابعة والتقويم .

وبناء على ما سبق، فانه ينبغي على الأخصائي الاجتماعي أن يتحرى ثبات الزوايا الثلاثة في عمله ،كأن يتمسك بالقيم الإنسانية المطلقة ويتبع أخلاقيات المهنة، ويختار المدخل النظري المناسب للحالة ،وينتقي الأساليب المناسبة للاستخدام كالمقابلة أو الزيارة أو اللقاءات المفتوحة أو تشكيل الجماعات أو الفحوص المختبريه أو الوثائق أو التسجيلات المتنوعة .

بعد هذا التناول لمفهوم الخدمة الاجتماعية وتطورها وفلسفتها وأهدافها ومقوماتها وإطار تدخلها المهني، نحاول بالفصل التالي أن نتعرف على أبعاد الخدمة الاجتماعية وعلاقاتها بمجموعة من المفاهيم والأطر والقطاعات المجتمعية، استهدافاً لتوضيح الصورة.

الفصل الثاني
الأبعاد والعلاقات

ترتبط الخدمة الاجتماعية كمفهوم وكممارسة بعدة مفاهيم وقطاعات وأطر مجتمعية ذات علاقة بطبيعة ممارسة الخدمة الاجتماعية وتنسجم مع فلسفة الخدمة الاجتماعية وأهدافها. ومن أبرز تلك المفاهيم والقطاعات والأطر: الرعاية الاجتماعية ، التنمية الاجتماعية، التغير الاجتماعي ، التكنولوجيا ،الإعداد المهني، والعمل السياسي .

فلقد نشأت الخدمة الاجتماعية وترعرعت في أحضان قطاع الرعاية الاجتماعية كمفهوم للاحسان وكخدمات للمحتاجين ، ثم طورت الخدمة الاجتماعية من نفسها لتصبح أداة من أدوات التنمية الاجتماعية بمعناها التكاملي الواسع، وجعلت الخدمة الاجتماعية من نشاطاتها مواكبة لمستجدات التغير الاجتماعي حتى تساعد الإنسان على صنع التغير أو التعايش معه والتكيف مع استحداثاته، وواصلت مسيرتها لتحدث التكيف الاجتماعي مع التكنولوجيا ،ولتستخدم التكنولوجيا في تعاملها مع الناس من جهة ولتساعد الناس على التكيف مع ما تفرضه التكنولوجيا من أجواء ثقافية في المجتمع . مثلما أن الخدمة الاجتماعية جعلت من تعاملها مع العمل السياسي مدخلاً للتعامل مع المواطن لكي يقابل حاجاته ويحقق طموحاته في أجواء العدالة والمشاركة والمسؤولية الاجتماعية .

وعلى هذا الأساس يتألف هذا الفصل من ستة محاور ليغطي تلك الأبعاد والعلاقات التي ترتبط بها الخدمة الاجتماعية وتنشط من خلالها في المجتمع الإنساني عامة وفي المجتمع العربي خاصة .

أولاً: علاقة الخدمة الاجتماعية بالرعاية الاجتماعية

قبل الخوض في مناقشة العلاقة بين الرعاية الاجتماعية والخدمة الاجتماعية نرى أنه من المستحسن أن نوضح مفهوم الرعاية الاجتماعية الذي تتفق حوله آراء المعنيين, وذلك باعتبارها جهوداً وأنشطة منظمة لتحسين الأداء الاجتماعي للإنسان، وإزالة المعوقات التي

تواجهه, بالإضافة الى العمل على وقاية الإنسان فرداً أو جماعة أو مجتمع من الوقوع في المشكلات، والعمل كذلك على تنمية الموارد المادية والبشرية ووضعها في برامج سد الاحتياجات الإنسانية ،وبذلك تشكل الرعاية الاجتماعية إحدى النظم الاجتماعية في المجتمع.

وينظر نظام الرعاية الاجتماعية الى الاحتياجات الإنسانية نظرة تكاملية ، مما يؤدي الى أن تتنوع خدماتها لتلبية هذه الاحتياجات ومن خلال عدة ميادين كالتعليم والصحة والترويح والثقافة والإسكان ،إذ يتولى تقديمها المختصون المتعددون في تلك الميادين كالمعلمين والأطباء والمدربين والموجهين الثقافيين والإعلاميين والاجتماعيين .

ويقدم نظام الرعاية الاجتماعية خدماته بدون سعي للربح المادي , وإنما سعياً لزيادة سعادة المواطن والتخفيف من معاناته، ووفقاً للسياسة الاجتماعية للدولة، وحسب سلُم الأولويات في خططها الوطنية، وتشكل الموازنة العامة المصدرالاساسي لتمويل برامج الرعاية الاجتماعية، وأن يكن التبرع والتطوع والمشاركة الأهلية والمبادرات الشعبية تسهم في تقديمها بشكل وافر تبعاً للأجواء الاجتماعية السائدة في المجتمع .

وتقوم برامج نظم الرعاية الاجتماعية بدور في عملية التنشئة ونقل القيم من جيل الى جيل عبر منظومة العلاقات الاجتماعية في المجتمع، كما تقوم بدور في الضبط الاجتماعي عن طريق وضع المستفيدين من خدماتها في الإطار الذي يرتضيه المجتمع، وهي تشكل إطارا للتكامل الاجتماعي الذي يقوم على التعاون والتضامن وحب العون والتآخي والشعور مع الآخرين .

والآن، يمكن أن نوضح العلاقة بين الخدمة الاجتماعية كنظام اجتماعي والرعاية الاجتماعية كنظام اجتماعي آخر ، لا يشكل مرادفاً للنظام الأول ولا بديلاً له و غير منبثق عنه أصلا . إنما قد يلتقيان في الإطار الذي ينشطان فيه, وهو الذي يشكل مساعدة الناس على إشباع حاجاتهم الأساسية، وباعتبار أن الرعاية الاجتماعية كنظام يقوم على تقديم الخدمات

فأنه بحاجة الى ممارسة مهنية لفهم طبيعة الفئات المستفيدة من خدماتها ،وهنا يبرز الممارسون للخدمة الاجتماعية كأجدر الممارسين في هذا الأمر.

ومن جهة أخرى، فأن لنظام الرعاية الاجتماعية مؤسساته الخاصة به ليقدم خدماته من خلالها مثل مؤسسات رعاية اللقطاء والأيتام والأحداث المنحرفين والمشردين والمعوقين والمسنين، وفي هذه المؤسسات ينشط الأخصائيون الاجتماعيون لممارسة التدخل المهني مع الفئات المستفيدة من خدمات هذه المؤسسات لتعينهم على التخلص من آلامهم ومعاناتهم وحل مشكلاتهم واندماجهم بالحياة الطبيعية في المجتمع بالتعويض عن القدرات والإمكانيات التي حرموا منها أو تعطلت لديهم ،أو بتنمية تلك القدرات والإمكانيات وتطويرها لاستخدامها في تكيفهم وإنتاجهم واندماجهم .

كما أن نظام الرعاية الاجتماعية يحتاج الى جهود الأخصائيين الاجتماعيين في الحصول على المعلومات والحقائق عن المجالات التي ينشط فيها أو عن الفئات التي يخدمها ، وذلك نظراً لحصيلة الخبرات التي تقوم على المعرفة والمهارة لدى الأخصائي الاجتماعي . كما أن الروح المهنية التي يتحلى بها تضمن لمؤسسات الرعاية الاجتماعية حسن إقامة العلاقة المهنية مع عملائها بما يحفظ كرامتهم ويحترم مشاعرهم ويحفظ أسرارهم .

إن الخدمة الاجتماعية المتطورة تدعم نظام الرعاية الاجتماعية المتطور، باعتبارها تمارس في مجتمع متحرك ينمو بجدية ويسير وفق سياسة اجتماعية متطورة ، تتعامل مع مختلف فئات المواطنين ، باعتبار ان الرعاية الاجتماعية حق للمواطن والتزام من جانب المجتمع، وهي من خلال جهود الأخصائيين الاجتماعيين تسعى الى تغيير الصيغة الاجتماعية للحياة في ضوء المصلحة العامة للمواطنين، ولذلك تتعامل مع أسباب المشكلات الاجتماعية لتزيلها أو لتخفف منها بقدر الإمكان، فهي تستهدف تحقيق عائد اجتماعي يلمسه المجتمع ، ولو أخذ ذلك من جهود الرعاية الاجتماعية والخدمة الاجتماعية وقتاً طويلاً نسبياً .

إذ لم تعد الرعاية الاجتماعية تمارس في مجتمع تقليدي محدود الموارد وفي ظل غياب سياسة اجتماعية متطورة ، ولم تعد قاصرة في نطاق عملها على جماعات محددة من الناس، ولا تقدم خدماتها بصورة مساعدات لمعالجة أوضاع راهنة ليس من ورائها عائداً اجتماعياً ينعكس على المجتمع كله.

ثانياً: علاقة الخدمة الاجتماعية بالتنمية الاجتماعية

تعتبر "التنمية" القضية الجوهرية التي تشغل بال المجتمعات النامية ، باعتبار أن هذه المجتمعات تواجه كثيراً من مظاهر التخلف, وهي تسعى في نفس الوقت القضاء على تلك المظاهر ، وهي تجد أيضا أن موضوع التنمية موضوع معقد ومتشابك في جوانبه الاجتماعية والاقتصادية والسياسية ، ويتعرض لعوامل داخلية (من داخل المجتمع) وعوامل خارجية (من خارج المجتمع)، في الوقت الذي تبحث المجتمعات النامية فيه عن صيغ لتنظيمها الاجتماعي والاقتصادي والسياسي .

ولما كانت تجارب الدول النامية التنموية قد ركزت على الجانب الاقتصادي، دون أن تعير الجانب الاجتماعي نفس الاهتمام ، فقد أخفقت تلك التجارب حتى الآن، وفشلت في مواجهة الواقع الاجتماعي الثقافي ولم تعالجه ، الأمر الذي زاد من أهمية التنمية الشاملة التي تشمل مختلف البنى الاجتماعية وارتفعت أصوات المناداة بأن الإنسان في المجتمع المعاصر هو هدف التنمية وأداتها في تحقيق تقدم المجتمع .

ووفقاً لهذا التركيز، اتضح دور التنمية الاجتماعية بالاهتمام بالجانب الإنساني من عملية التنمية الشاملة ، وأن تتخذ محور عملياتها إحداث التغييرات الاجتماعية وتنمية أنماط السلوك التي تزيد من قدرة المجتمع على الاستفادة من طاقاته البشرية والتي تعمل في مختلف الأنشطة المجتمعية ، بذلك تتحقق التنمية والتقدم .

فالهدف الرئيسي للتنمية الاجتماعية يتمثل في تحسين نوعية الحياة في مختلف الأنشطة الإنسانية من خلال إحداث تغييرات اجتماعية تساهم في تحقيق التوازن بين الجانبين المادي والبشري بما يحقق بقاء المجتمع ونموه .

إن تحقيق هذا الهدف يتم من خلال إحداث تغييرات في البناء الاجتماعي ووظائفه بما فيها أنماط العلاقات الاجتماعية والنظم والقيم التي تؤثر في سلوك الأفراد وتحدد أدوارهم، ومعالجة ما ينجم عن هذه التغييرات من مشكلات اجتماعية.

كما يتم تحقيق هذا الهدف الى جانب ذلك من خلال إشباع الاحتياجات الإنسانية في إطارها الشامل من تعليم وصحة وإسكان وثقافة ورعاية اجتماعية وتنشئة اجتماعية وواقع اجتماعي . ومن خلال تزود الأفراد بالمعرفة والمهارات والقدرات التي تساعدهم على رفع مستوى الحياة على أن يتم ذلك بالمشاركة الفعلية للمواطنين في وضع سياسات التنمية الاجتماعية ورسم خططها وتنفيذ برامجها وتقويم نتائجها.

وبالمقابل، نجد الخدمة الاجتماعية مهنة جوهر اهتمامها الإنسان، تعنى بعلاقة الإنسان بغيره وتفاعله مع بيئته وظروفه بهدف إشباع أكبر قدر ممكن من حاجاته، وهي تستثمر طاقاته وقدراته ، وتتعاون مع النظم الاجتماعية الأخرى في إعداده وتأهيله وتدريبه، وتسعى لان يكون دوره داخل مختلف هذه النظم فعالاً ومنتجاً .

وتحاول الخدمة الاجتماعية أن تسد ثغرة اجتماعية تتمثل بوجود الفئات الأقل قدرة وطاقة وإنتاجا في المجتمع لتحولها الى فئات قادرة ومنتجة وطاقاتها غير معطلة ، وتعتمد على نفسها ...

وليصبح المجتمع كله قادراً على الاعتماد على نفسه في خدمة ذاته وتطوير جوانبه .. وبالتالي لتزيد معدلات التنمية ويرتفع مستوى الحياة في المجتمع .

وتلتقي الخدمة الاجتماعية بالتنمية الاجتماعية كذلك على صعيد القيم فالإنسان جوهر القيم في الخدمة الاجتماعية وهي بمبادئها تصون كرامته وحريته وحقه في تقرير مصيره وتبصٌره بحقيقة ذاته وظروفه وبيئته .

ومما يجعل دور الخدمة الاجتماعية هاماً في التنمية هو أنها تعمل مع المواطنين في مختلف الأنشطة التنموية ،وهذا ما يتفق مع سياسة التنمية الاجتماعية وفلسفتها في الدول النامية .

وتلتقي الخدمة الاجتماعية مع التنمية الاجتماعية في الجهود التي يجب أن تنصب على التغيير الاجتماعي الذي يصيب البناء الاجتماعي ووظائفه، وذلك لتحقيق إشباع أفضل لحاجات الناس . بما فيه ما يتمثل بالتدخل المهني من جانب الخدمة الاجتماعية والتربية والتعليم والثقافة والإعلام لتوظيف موارد المجتمع لمقابلة حاجات أبنائه ومن أجل حل مشكلات المجتمع وتخفيف المعاناة فيه.

ولما كانت الخدمة الاجتماعية تعنى بتكيف الفرد مع الأطر الاجتماعية الجديدة والتغيرات المخططة في المجتمع، مما يعزز من شعوره بالانتماء واعتزازه بالمجتمع، وبالتالي تنمو المسؤولية الاجتماعية لدى الأفراد، مما يساعد على الإنجاز التنموي، بما يصاحب ذلك من اكتشاف العناصر القيادية من بين أبناء المجتمع ويترتب عليه إعداد القادة وتدريبهم على توجيه عمليات التنمية وجعلها معبرة عن مصالح المجتمع لا عن مصالح بعض الأفراد ، وتحقق فيها المشاركة الى أقصى مداها .

وتساعد الخدمة الاجتماعية في تكوين الشخصية المنتجة، وفي إزالة المعوقات التي تحول دون أن تكون إنتاجية الأفراد بأقصى حالاتها ، كما أنها تسعى على زيادة المهارات والخبرات بما يزيد معدلات الإنتاجية لدى الأفراد .

نخلص مما تقدم أن " التنمية الاجتماعية" و" الخدمة الاجتماعية " يلتقيان عند نقطة الاهتمام بالإنسان لكي يؤدي دوره الحياتي بنجاح ، متحرراً من الضغوطات والمعوقات،

فتسعيان الى علاج المشكلات الاجتماعية المعطلة أو المخلة بجهود التنمية مثل زيادة السكان وانخفاض مستوى المعيشة والصفات السالبة للذات الإنسانية كالأنانية وعدم الاهتمام بالشأن العام ومصلحة المجتمع .

وتنشط " الخدمة الاجتماعية " عن طريق توجيه منظمات المجتمع والتنسيق في ما بينها لكي تعمل كوحدة واحدة متكاملة في خدمة المجتمع. كما أن الخدمة الاجتماعية تساعد على تنمية الموارد البشرية من خلال جهودها في دعم الكيان الأسرى وحشد الجهد الأهلي في عمليات التنمية وزيادة الوعي وحفز الأهالي على المبادرة في إطار علاقة تعاونية إيجابية تفاهمية بين الأهالي والأجهزة الرسمية العاملة في مجالات التنمية .

ولما كانت الخدمة الاجتماعية تدعم النظم الاجتماعية في أداء دورها تجاه الإنسان وتسهل سعي المهن الإنسانية لتحقيق أهدافها ، فأنها تخدم أغراض التنمية في مجالات ممارسة النظم التعليمية والصحية والزراعية والإسكانية، بالإضافة لخدمات الرعاية الاجتماعية المتنوعة .

ولا ننسى أن " الخدمة الاجتماعية" تمهد أصلا للجهود التنموية، فهي تعمل على تحديد الموارد والإمكانات والطاقات، وعلى إعداد العناصر التنموية المتفاعلة من السكان، وتبذل جهودها في إزالة معوقات التنمية وتحديد احتياجات السكان ومطالبهم .

ثالثاً: علاقة الخدمة الاجتماعية بالتغير الاجتماعي

تمر المجتمعات الإنسانية في أنحاء العالم كافة في مرحلة تغييرات اجتماعية متسارعة متلاحقة ، تبني فيها الأجيال الجديدة قيماً جديدة ، وتستشعر الأسر فيها احتياجات جديدة أيضاً ، وتشهد فيها هذه المجتمعات مشكلات جديدة وتحديات جديدة لم تواجهها من قبل ولم تألفها .

ولذلك فقد أصبحت المهن والتخصصات المختلفة التي تتعامل مع الناس من مختلف الطبقات والمستويات، تشعر بضرورة إعادة النظر بأساليبها وأدواتها ومناهجها لكي يظل دورها تجاه الناس مستمراً ولكي تصبح وظيفتها أكثر حيوية ونشاطاً في خلايا المجتمع وأجزائه، لتعينه تلك المهن والتخصصات، على مواجهة التحديات وتلبية الاحتياجات التي أتت بها رياح التغيير وعلى التناغم مع القيم الجديدة التي تحملها الأجيال الجيدة في موجة التغيير هذه .

ولعل مهنة الخدمة الاجتماعية من أولى المهن التي تشعر بجسامة المسؤولية وبحتمية المواجهة، وهي المهنة التي يطلب منها أن تساعد الناس في اجتياز الصعاب وفي تنمية القدرات للتكيف مع الواقع أو تعديله أو تبديله بما يتناسب مع المصلحة العليا للمجتمع بما يراعي كرامة الإنسان وأمنه واطمئنانه .

ولهذا اصبح على هذه المهنة أن تدخل بعض التعديلات أو التغييرات التي من شأنها أن تصبح أكثر قدرة وأفضل كفاءة في أداء دورها الوظيفي في المجتمع الحديث وفي ممارستها المهنية في إطار هذا الدور مع الإنسان في هذا المجتمع. بمعنى آخر يقتضي الأمر من المهنة أن ترسم إطاراً جديداً للاعداد المهني لممارستها من الأخصائيين الاجتماعيين بحيث يطال هذا الإطار الجديد طرائقها وأدواتها وأساليبها ، فضلاً عن نظرتها الى قضايا المجتمع واستيعابها لإيقاع الحياة المعاصرة فيه .

ومن الأحرى بهذه المهمة الهامة والحتمية من المؤسسات التعليمية التدريبية التي تؤهل الأخصائيين الاجتماعيين على مختلف المستويات ، وأن يقود هذه المهمة فيها ذلك الفريق الأكاديمي الذي يؤلف الكتب التعليمية أو يلقي المحاضرات النظرية أو يشرف على برامج التدريبات الميدانية، أي ذاك الفريق الذي يمكن أن يصيغ النماذج الجديدة المناسبة للتدخل المهني، بصورة تلامس الواقع وتتفاعل مع الحاضر وتتماشى مع روح العصر .

إذ أن أطر التدخل المهني من الضرورة ان تكون مرتبطة بالمحيط البيئي الاجتماعي الذي تعمل فيه، والذي يسعى كما هو مفترض الى نشر العدالة والمساواة ورفع مستوى الحياة ، في السعي للحفاظ على حقوق الإنسان وكرامته. ومن هنا ينبع الدور المهني للخدمة الاجتماعية في وضع أهداف المجتمع لإحداث التغيير المناسب في البناء الاجتماعي وتطوير الوظائف والأدوار الاجتماعية .

إن مبادرة الخدمة الاجتماعية واندفاعها الى القيام بهذا الدور سوف يساعد على ردم الهوة بين فهم الخدمة الاجتماعية لقضايا المجتمع وفهم المجتمع لدور الخدمة الاجتماعية تجاه هذه القضايا، لا سيما وأن ثمة قصوراً ملحوظاً في الاعتراف المجتمعي بأهمية المهنة ودورها المجتمعي، لا يقلل منه ولا يعكس صورته إلا إذا كانت التغييرات التي يحدثها التدخل المهني للخدمة الاجتماعية أكثر أتساعاً وعمقاً .

وفي الوقت الذي ترفض فيه جماعات التدخل المهني في إطار الخدمة الاجتماعية، تبني نماذج جاهزة مستقدمة من مجتمعات أخرى وثقافات أخرى، وتدعو أن ينظر إليها كنماذج للدرس والتمحيص أو للتكييف والتوطين، وفقاً لثقافة المجتمع وطبيعته، فان العالم يشهد الآن موجه جديدة من "عالمية الممارسة" بما تتطلبه من أطر علمية وتقنيات عملية ، وليست الخدمة الاجتماعية ببعيدة عن هذه النزعة العالمية .

وتبعاً لذلك فإن التغييرات التي تحدث سوف تقود الى تنوع المجالات التي يمارس الأخصائيون الاجتماعيون بها أدوارهم والى اختلاف أولويات الاهتمام بين هذه المجالات كالاهتمام بقضايا تعدد الثقافات داخل المجتمع الواحد والعمل مع المهاجرين الجدد الى المدن أو عبر الحدود . والأسر التي هاجر عنها أحد أبويها للعمل خارج البلاد .

وفي ظل تخلي الحكومات تدريجياً عن تقديم الخدمات العامة للمواطنين في إطار الخصخصة ، والاتجاه الى " أهلنة " العمل الاجتماعي على ذات الغرار ، فإن العبء سوف يقع على الهيئات التطوعية في التخطيط لبرامج الرعاية الاجتماعية ونشاطات العمل

الاجتماعي وتنفيذ هذه البرامج والنشاطات ، وإن بقيت الحكومات تتولى وضع السياسات الاجتماعية التي تحكم مسارها. وهكذا سوف يأخذ التدخل المهني للخدمة الاجتماعية طابعاً أهلياً أكثر ، وإن يكن في إطار الوظيفة المأجورة لا العمل التطوعي في إطار الهيئات الأهلية التطوعية ذاتها .

وفي حين يزداد الإلحاح على تلازم التنمية الاجتماعية مع التنمية الاقتصادية لا بل واعتبارها وجهان للتنمية الشاملة ، فأن الأمر يلح على الخدمة الاجتماعية لكي يكون لها دورها البارز في إحكام هذا التلازم المنشود لكي لا تبقى التنمية الاجتماعية بجميع أبعادها متخلفة عن التنمية الاقتصادية ، بحيث يصبح كلاً منهما قاصراً عن تحقيق أهدافه في رفع مستوى الحياة وتحقيق السعادة للمواطن، وهو الأمر الذي يتطلب التعامل مع الثقافة بتقاليدها وأعرافها وعاداتها واتجاهاتها وقناعاتها وما ينبني عنها من تصرفات وسلوكيات ومواقف ،وقد يشكل قسماً منها حاجزاً منيعاً دون التقدم والتطوير الاجتماعيين .

هذا، مثلما أن التغييرات المتسارعة في المجتمع الحديث أصبحت تطالب الخدمة الاجتماعية أن تتدخل في ضبط السلوك الموافق لهذه التغييرات، لا سيما مع ما يرافقها من اختيارات منحرفة للسلوك تقود إليها ضغوطات الحياة التي تسببها تعقيدات الحياة الجديدة نفسها وعدم القدرة على التكيف معها في نفس الوقت، والتي يصاحبها إهمال متعمد أو غير متعمد للقيم والمعايير الاجتماعية. كما أنه ينجر عنها اتباع الطريق الأسهل والأسرع والأكثر كسباً وإحرازاً، دون أي اعتبار للضوابط السلوكية والقانونية والدينية التي يأخذها المجتمع بمجمله بالاعتبار، وتختلق لها التبريرات الذرائعية وتغطى بالاجتهادات الخاطئة والتفسيرات المغلوطة، بما لم يعتاد عليه المجتمع وبما لا يلاقي قبولاً أو استحساناً في أوساط الرأي العام، وهكذا تتعدد أنواع التجاوزات وتنتشر نزعة الانحراف في إشباع الاحتياجات وتحقيق الرغبات .

وتظل جدلية العلاقة بين الإنسان والبيئة محوراً رئيسياً في العلوم الاجتماعية والإنسانية، تزداد أهميته في ممارسة الخدمة الاجتماعية, عندما تأخذ المشكلات البيئية بالحدة والانتشار،فالتلوث والازدحام والضوضاء، أصبحت من مشكلات الحياة الحضرية الحديثة ، مع ازدياد التوجه الى التصنيع والتجارة وتنامي استقطاب المدن لشباب الأرياف، والتوسع العمراني المصاحب لهاتين الظاهرتين، اللتين تنجر عنهما عدة مشكلات لكلا المجتمعين الحضري والريفي، يبرز من بينها الصراع القيمي عند المهاجرين والنفور الثقافي عند السكان الأصليين من أهل المدن، وكذلك النمو الطفيلي للأحياء المتخلفة، والهجوم الأسمنتي على المساحات الخضراء، والتمادي بالإهدار البيئي ...كل ذلك وما شابه من ممارسات جماعية أو حتى فردية لتلبية الاحتياجات الإنسانية المتعددة والمتشعبة .

من هنا يبرز دور الأخصائيين الاجتماعيين في التعامل مع هذه القضايا والمشكلات من أجل الرجوع بالمجتمع الى طبيعته الخالية من تلك المنغصات, وبالعودة بالناس من سكان مثل هذه المجتمعات الى طبيعتهم البعيدة عن تلك الممارسات، بحيث يطال التدخل المهني للخدمة الاجتماعية مشكلات التلوث والازدحام والضوضاء البيئي ، والعمل على تشجيع الاتجاهات الإيجابية نحو البيئة والحي والجيرة والثقافة المحلية والعلاقات الاجتماعية.

رابعاً: تكنولوجيا الخدمة الاجتماعية

عندما تستخدم عبارة تكنولوجيا الخدمة الاجتماعية فأنها تعني التحدث عن استخدامات تقنيات التكنولوجيا الحديثة في الخدمة الاجتماعية في مجالين، الأول: مجال تعليم الخدمة الاجتماعية والتدريب عليها بما في ذلك التعليم المستمر والتدريب أثناء الخدمة، والثاني: مجال الممارسة المهنية للخدمة الاجتماعية مع الأفراد والجماعات المجتمعات .

أما في المجال الأول أي مجال التعليم والتدريب ، فأن القائمين على التعليم والتدريب الخاص بالخدمة الاجتماعية يستخدمون تقنيات تكنولوجيا التعليم والتدريب بشكل عام، مع

إدراك ضرورة تكييفها وجعلها مناسبة لتعليم طلبة الخدمة الاجتماعية وتدريب الأخصائيين الاجتماعيين ولعل من أهم ما يعتمد عليه بهذا الخصوص هو تقنيات السيكودراما والعلاج القصصي في خدمة الفرد. وتقنيات اكتشاف المواهب والقدرات والعلاقات الجماعية في خدمة الجماعة. وتقنيات الاتصال واستثارة الرأي العام للمشاركة في تنظيم المجتمع وتنميته.

فعلى المستوى الفردي يمكن أن يستخدم الأخصائيين الاجتماعيين ما يعرف بالسيكودراما وهي التي تقوم على عرض مواد فلمية مسجلة بالصوت والصورة مثلما يعرض على شاشات التلفاز والفيديو ، ومناقشتها بحضور أصحاب الحالات، للتعرف على قضايا اجتماعية وحالات مختلفة ذات صلة بطبيعة حالاتهم، بغية تكوين البصيرة لدى أصحاب الحالات ، مما يساعد على حل مشكلاتهم وبما يزيد لديهم من وضوح صورة الموقف واستبار العوامل والأسباب ، وتكوين رؤية واقعية للمستقبل، وبما يزيد بالتالي من الثقة بالأخصائي الاجتماعي من أنه سيساهم في تخطي الموقف الإشكالي . وبهذا الأسلوب يمكن تعليم طلبة الخدمة الاجتماعية والمتدربين عليها مناقشة ما يعرض بهذه الوسيلة ،واعطاء توقفات متعمدة للتعقيب والتحليل واقتراح الحلول للمواقف التي تعرض ويطلب من المشاهدين المتدربين وضع تصورات لتلك الحلول .

كما أن هناك تقنية العلاج القصصي التي تستخدم مع الأفراد من أصحاب الحالات، والذين يطلب منهم وفقاً لهذه التقنية أن يكتبوا بالتفصيل الدقيق والإسهاب بقدر الإمكان عن الحالات التي يشكون من وجودها ، وذلك بما يعين على الاستبصار والدراية الذاتية للمشكلة، حيث يساعد هذا الاستخدام على إدراك الأخطاء من أصحابها ، ليكونوا أكثر وعياً بها ، حتى لا تتكرر ، وأن تكون هناك فرصة من خلال هذه التقنية تفريغ ما لدى أصحاب الحالات من أفكار ومشاغل ذهنية قد تكون تراكمت واستمرت منذ سن مبكرة من حياتهم .

أما على المستوى الجماعي: فانه تستخدم تقنيات الاتصال التكنولوجية الحديثة في الكشف عن مواهب وقدرات أعضاء الجماعات كالفيديو والكمبيوتر والمؤتمر عبر الشبكة

الفضائية أو الهاتف أو البريد الالكتروني واللوحات الإرشادية لتعليم الأفراد وأعضاء الجماعات المهارات والقدرات المهنية المختلفة ، وبما يساعد على تنمية الشخصية لأعضاء الجماعة ، وبما يساعد على تنمية الخبرات للمتدربين والمتعلمين .

وتكشف لنا هذه التقنيات التكنولوجية الحديثة كذلك, حقائق مختلفة في شبكة العلاقات الاجتماعية والخصائص الفردية للأعضاء والسمات الجماعية للجماعات، وبما يساعد بالتالي على الاستفادة من جوانب القوة فيها ومعالجة جوانب الضعف .

أما على المستوى المجتمعي فإن تقنيات التكنولوجيا الحديثة تستخدم في طرح الأفكار الخاصة بتنظيم المجتمع وتنميته, سواء من جانب الأخصائي الاجتماعي أو المؤسسة المعنية أو الأهالي ،وكذلك في نقل التجارب الناجحة الممارسة في مجتمعات أخرى للتنمية والتنظيم. كما أنها تستخدم في تنوير الرأي العام وحشده في إطار الجهود الجماعية للتنمية. وعلى هذا الغرار يمكن نقل هذه البرامج والنماذج المعروضة الى طلبة الخدمة الاجتماعية والمتدربين عليها، لتكون مادة تعليمية وتدريبية حيوية يجري النقاش حولها، ويطلب من الحضور التعقيب عليها, ووضع تصورات أخرى تواكب روح العصر بصورة أفضل .

وتجدر الإشارة الى أن استخدام الخدمة الاجتماعية لتقنيات التكنولوجيا الحديثة لا يعني بأي حال من الأحوال الاستغناء عن تقنياتها التقليدية الضرورية, والتي سبق أن أشرنا إليها في مواضعها مثل: المقابلة، والزيارة المنزلية ، الاتصال بذوي العلاقة والخبراء .. فيما يخص الحالات الفردية ، والبرامج واللجان والإشراف فيما يخص العمل مع الجماعات، واللقاءات والنشرات والمحاضرات والمؤتمرات واللجان والمجالس وفرق العمل فيما يخص العمل مع المجتمعات. هذا بالإضافة الى التسجيل والمتابعة والتقويم كتقنيات أساسية للممارسة المهنية .

يضاف الى ذلك أن الأخصائيين الاجتماعيين يمكن لهم ان يستخدموا التقنيات الحديثة المتاحة للعمل الإداري والإشرافي كالحاسوب والبريد الإلكتروني والفاكس والفيديو

والمسجل ، كما أنهم يستخدمون مثل هذه التقنيات في البحث في الخدمة الاجتماعية وفي إعداد تقارير وأبحاث ودراسات ميدانية ونظرية تتعلق بأعمالهم، وبما يمكنهم من استقبال وإرسال ما يستجد من معلومات وبيانات وآراء ووجهات النظر حول الموضوعات والقضايا والحالات التي يقومون بدراستها ومعالجتها ،وما يعود بالفائدة على التطور المهني للأخصائي الاجتماعي وعلى أصحاب الحالات أو الجماعات أو المجتمعات المحلية التي يعمل معها .

خامساً: الإعداد المهني لممارسة الخدمة الاجتماعية

بدأ الإعداد المهني للعاملين في الخدمة الاجتماعية في الوطن العربي عند تأسيس أول مدرسة للخدمة الاجتماعية في الإسكندرية (مصر) 1936 بمبادرة من جمعية الدراسات والبحوث العلمية الاجتماعية التي تأسست عام 1934 على يد أبناء الجالية اليونانية في المدينة . وكانت الغاية من تأسيس هذه المدرسة تعليم الأجانب العاملين في مجالات الرعاية الاجتماعية، والذين ترشحهم الجمعيات التطوعية الأجنبية .

وفي عام 1937 تكون في مصر اتحاد للمشتغلين بالخدمة الاجتماعية والذي سعى لإيجاد مدرسة للخدمة الاجتماعية ،والتي تم افتتاحها في نهاية ذلك العام بإشراف الجمعية المصرية للدراسات الاجتماعية ، وكانت الدراسة فيها لمدة عامين وسبعة أشهر، يتفرغ الطلبة في السنة الأخيرة منها للجانب التطبيقي الميداني .

وفي عام 1941 تأسست الجمعية المصرية للأخصائيين الاجتماعيين ، التي جاهدت من أجل الاعتراف المجتمعي بالخدمة الاجتماعية كمهنة لها أهدافها وإطارها التخصصي العلمي .

وفي عام 1946 قامت وزارة المعارف المصرية بإنشاء المعهد العالي للخدمة الاجتماعية للفتيات بالقاهرة ،وكانت مدة الدراسة فيه ثلاث سنوات يمنح فيها الدبلوم العالي في الخدمة الاجتماعية . وطبق هذا النظام على مدرستي الخدمة الاجتماعية في القاهرة والإسكندرية .

وفي عام 1952 قامت رابطة الإصلاح الاجتماعي بإنشاء معهد متوسط للخدمة الاجتماعية للفتيات بالقاهرة ،ثم تلته بآخر مماثل بالإسكندرية ثم بمعهد ثالث في أسوان للبنين والبنات .

وفي عام 1953 رفع مستوى الدراسة بالمعهد العالي للخدمة الاجتماعية للفتيات بالقاهرة الى مستوى البكالوريوس ،وطبق ذلك على مدرستي الخدمة الاجتماعية بالقاهرة والإسكندرية .

وفي عام 1958 أصبحت الدراسة بالمعهد العالي للخدمة الاجتماعية بالقاهرة للبنين والبنات, وتغير مسمى الدبلوم الى مسمى البكالوريوس في الخدمة الاجتماعية عام 1961م .

وفي عام 1968 بدأت الدراسات العليا للخدمة الاجتماعية على مستوى الماجستير في المعهد العالي للخدمة الاجتماعية بالقاهرة ، تبعتها الدراسات العليا على مستوى الدكتوراه في المعهد العالي نفسه عام 1972.

وفي عام 1970 أسست جمعية رعاية الطالب المعهد العالي للخدمة الاجتماعية بكفر الشيخ (مصر) . وفي عام 1973 أسست نقابة المهن الاجتماعية في مصر . أما في عام 1974 فقد أنشئ المعهد العالي للخدمة الاجتماعية بأسوان.

وفي عام 1975 اصبح المعهد العالي للخدمة الاجتماعية ، كلية للخدمة الاجتماعية ضمن جامعة حلوان ،وأصبح متاحاً فيها الحصول على دبلوم تخصصي في أحد مجالات الخدمة الاجتماعية . وتبع ذلك إنشاء معاهد عليا للخدمة الاجتماعية في بور سعيد ، دمنهور، بنها ، سوهاج ، كفر الشيخ ، قنا ، مدينة 6 أكتوبر، المنصورة، كما أنشئت كلية للخدمة الاجتماعية في الفيوم تتبع جامعة القاهرة ،وكلية مماثلة في أسوان تابعة لجامعة جنوب الوادي في جمهورية مصر العربية .

وما تزال المدرسة المصرية في الخدمة الاجتماعية تغني التجربة العربية في تعليم الخدمة الاجتماعية، بالمؤلفات الغزيرة والعديدة، وإن لم يكن هذا المقام فرصة للآدلاء برأي حولها جميعاً، إلا أنها قدمت إضافة كمية ونوعية في هذا الجانب النظري والمبني على الممارسة العملية ، وأصبحت مرجعاً رئيسياً لطلبة الخدمة الاجتماعية في مختلف معاهدهم وكلياتهم على امتداد الوطن العربي, وساعد في ذلك انتشار الأساتذة المصريين في تلك المؤسسات التعليمية العربية ،والذين زادوا من الرجوع الى المؤلفات والتجارب العالمية، ليعيدوا عرضها وتعريبها وأقلمتها لتسهم في توطين الخدمة الاجتماعية في المحيط العربي .

هذا عدا عن المجلات العربية المحكمة التي تصدرها بعض كليات الخدمة الاجتماعية في مصر وفي جامعة حلوان من أبرزها ،وكذلك المؤتمرات العلمية السنوية التي تعقدها الجامعات المصرية للبحث في تطوير تعليم الخدمة الاجتماعية.

وفي عهد الوحدة العربية بين مصر وسوريا أفتتح المعهد العالي للخدمة الاجتماعية في دمشق عام1961،تحت إشراف وزارة العمل والشؤون الاجتماعية، ليقوم برفد هذه الوزارة بالأخصائيين الاجتماعيين ، إلا ان المعهد قد أنتقل الإشراف عليه الى جامعة دمشق لتوفير الإطار الأكاديمي لتخريج الأخصائيين الاجتماعيين على مستوى البكالوريوس . ولكن هذا المعهد ما لبث أن أغلق في مرحلة التحول الاشتراكي عام 1963بدعوى أن أهدافه في تعليم الخدمة الاجتماعية لا تتفق مع التحول الاجتماعي الاقتصادي نحو الاشتراكية ما دامت الخدمة الاجتماعية فكرة ولدت في أمريكا، وبما يتماشى مع الإطار الاجتماعي الاقتصادي للمجتمع الرأسمالي . ولكن وزارة العمل الشؤون الاجتماعية عادت وأسست معهداً متوسطاً للخدمة الاجتماعية في دمشق منذ عام1981 بعدما لمست الحاجة لإعداد العاملين الاجتماعيين الميدانيين في أجهزة الشؤون الاجتماعية المنتشرة في جميع أنحاء سوريا .

وفي أوائل الستينات أتفقت وزارة الشؤون الاجتماعية والعمل الأردنية مع منظمة الأمم المتحدة للطفولة (يونيسيف) على فتح معهد متوسط للخدمة الاجتماعية, لتخريج العاملين الاجتماعيين على مستوى الدبلوم, ومدة الدراسة فيه سنتان بما فيها برامج التدريب الميداني

للطلبة، وذلك بداية من عام 1965 واستمر هذا المعهد بالعمل على هذا المنوال، حتى ضم الى جامعة البلقاء التطبيقية عام 1998، ورفعت مستوى الدراسة فيه الى البكالوريوس . كما استحدثت الجامعة الأردنية برنامجاً للعمل الاجتماعي على مستوى الماجستير منذ 1998.

وكانت عدة جامعات عربية قد أخذت بداية من عام 1964 بفتح أقسام وشعب لتخريج الأخصائيين الاجتماعيين على مستوى الدبلوم المتوسط أولاً ، ثم على مستوى البكالوريوس ، مثل جامعة الفاتح بطرابلس (ليبيا) ، جامعة الملك سعود، جامعة الإمام محمد بن سعود بالرياض وفروعها في أبها والقصيم ، وجامعة الملك عبد العزيز جدة ، جامعة أم القرى بمكة المكرمة ، جامعة الكويت ، جامعة قطر، جامعة الإمارات العربية المتحدة (العين) ، جامعة البحرين ، جامعة بغداد و جامعة الموصل .

كما أن هناك معاهد عليا للخدمة الاجتماعية في تونس والجزائر والمغرب يرتبط بعضها بالجامعات الوطنية ويرتبط الآخر بوزارة الشؤون الاجتماعية والعمل.

وتكاد مناهج تعليم الخدمة الاجتماعية في مختلف تلك المؤسسات التعليمية تكون متطابقة أو متشابهة ، وهي قد اقتبست أصلاً من مناهج الإعداد لهذه المهنة في الجامعات الأمريكية أولاً وفي الجامعات الأوروبية ثانياً ، مع شيء من التعديل أو التطوير, بما يتناسب مع طبيعة المجتمع العربي والثقافة العربية .

ومن هنا أثيرت قضية "الاقلمة" و "التوطين"وحتى قضية "الاسلمة", تلك القضايا التي تبحث عن إيجاد صيغة جديدة لممارسة الخدمة الاجتماعية وتعليمها والتدريب عليها, تنبع من معطيات الثقافة العربية والفكر العربي, أو من هدي الدين الإسلامي والفكر الإسلامي .

ولكن هذه القضايا ما تزال تتقيد بالإطار العالمي للمهنة ،وهي لا تستطيع الخروج عليه , كشأن سائر العلوم والمهن التي أخذت الصفة العالمية ، بغض النظر عن منشأها أو منابت أفكارها ونظرياتها ، بحيث أصبحت في خدمة الإنسانية وأمام الإنسان في كل مكان .

غير أنه لابد دائماً أن تنبع الخبرات من الميدان المحلي وأن تتولد الأفكار من الثقافة القومية ، أو الوطنية ، ولكن هذا لا يمنع من أن تستفيد التجارب من الخبرات العالمية، مثلما لا يجوز أن تنفرد الثقافات بأطرها الأصلية دون أن تحاول فتح نوافذها على الثقافة الإنسانية وتقترب من الثقافات الأخرى تفاعلاً واحتكاكاً واقتباساً خدمة للبشرية ومن أجل سعادة الإنسان .

ولما كان الاستعداد للعمل الاجتماعي من مقومات الأخصائي الاجتماعي المهني, والذي تبذل معاهد وكليات الخدمة الاجتماعية جهودها لإعداده فإن هذه المؤسسات الأكاديمية الفتية، تحاول تشخيص هذا الاستعداد, من خلال الاختبارات الشخصية للمتقدمين للدراسة فيها، للكشف عن جوانب جسمية ونفسية وعقلية واجتماعية في شخصياتهم .

فتكشف هذه الاختبارات عن الصفات الجسمية للأخصائي الاجتماعي وعن اتزانه الانفعالي وصحته النفسية وقدراته العقلية وقدراته على تكوين علاقات ناجحة وامتلاكه روح الطموح والمثابرة وإيجاد الحلول .

وعند يلج الطالب الفصول الدراسية في هذه المؤسسات الأكاديمية الفنية تتوافر أمامه في مناهجها، فرصة البناء المعرفي للخلفية النظرية من خلال مقررات تأسيسية تشتمل على علم الاجتماع، وعلم النفس، والانثروبولوجيا, الاقتصاد، الإدارة، السياسة، الاتصال، الإحصاء ، الحاسوب، اللغات ، القانون و الشريعة.

ومن خلال مقررات مهنية لطرق ومجالات الممارسة المهنية للخدمة الاجتماعية في إطارهما الأولي والثانوي ، ليؤهل الدارس بعدها للخروج الى الميدان في برنامج للتدريب العملي, ولإنجاز مشروع بحثي ضمن حلقات البحث العلمي التطبيقي .

الى جانب ذلك , هناك التعليم المستمر للخدمة الاجتماعية والذي تطبق فيه برامج للإعداد المتواصل للتدخل المهني, ليواكب المستجدات في أصول الممارسة المهنية, ووفقاً لما يبرز من أفكار وطروحات نظرية تتعلق بهذه الممارسة, ووفقاً لما تظهره خبرات الممارسة العملية ، وتستوجب تجديد المعلومات وإعادة الاطلاع وإعادة النظر فيما لدينا من معرفة ومن خبرات , وذلك في ظل ثورة المعلومات العالمية وبما تمتلكه من وسائل وأدوات متاحة بسرعة ويسر, لكل من يرغب بالاستزادة بالمعرفة ولكل من يتطلع لتطوير خبراته ومهاراته .

وترجع أهمية التعليم المستمر في الخدمة الاجتماعية , الى أن هذا النوع من التعليم يشكل جهوداً منظمة لإعادة النظر في الأطر النظرية والممارسة المهنية بمبادئها وأدواتها ومناهجها ومجالاتها الميدانية والتي كانت تستند إليها المهنة في الإعداد المهني الأكاديمي ، في سبيل أن تكون الخدمة الاجتماعية متجاوبة باستمرار مع مستجدات العصر ومواكبة لاحتياجات الإنسان المتجددة ومشكلاته الناجمة عن إيقاع الحياة الحديثة , مع انفتاح الحضارات وتماس الثقافات وكثرة الاحتكاك بين الشعوب ويسر الاتصال وسرعته وتطور العلوم الإنسانية والاجتماعية .

ولهذا فقد تزايد التحدي لما كانت عليه المهنة ولما جبل عليه الأخصائيون الاجتماعيون ضمن الأطر القديمة والقوالب التقليدية , والتي لم تعد تمثل الواقع , وطالب هذا التحدي المهنة أن تقوم فلسفتها بلغة علمية جديدة تقترب من الأذهان, وأن تجيب في الوقت نفسه على مطالب سد الاحتياجات وحل المشكلات داخل المجتمع , وفي المجتمع العربي على وجه الخصوص .

من هنا برزت أهمية التعليم المستمر ليوفر فرصة النظر في الجديد والمستجد من أطر نظرية وصور للواقع , ليراها على حقيقتها هؤلاء الذين مضى على تخرجهم من كليات ومعاهد الخدمة الاجتماعية زمناً طويلاً وسنوات عدُة , كانوا قد اكتسبوا فيها من المعلومات والمهارات ما لم يعد مناسباً في جميع أجزائه ومحتوياته للممارسة الحديثة والواقع الجديد , وخاصة أن التعليم المستمر بلقاءاته المبرمجة يشكل ميداناً للتحاور, وتبادل الرأي وطرح

الأفكار, في حلقة دراسية بين التيار التجديدي الذي توفر له الاطلاع على الجديد في عالم المهنة, وبين التيار التقليدي الذي اصبح بحاجة للاطلاع على ذلك الجديد, ليطور من خلاله أساليب ممارسته وطرق تعامله مع الناس في مختلف المجالات .

إلاُ أن ثمة محذور ينبه إليه الخبراء الا وهو تقديم خبرات قديمة أو أفكار تقليدية في برامج التعليم المستمر ,وهو ما يحصل عادة بالفعل من خلال هذه البرامج ، وهو الذي أكد عليه "بياجيه" عندما قال أن الهدف الأساسي من التعليم هو أيجاد نخبة من القادرين على تقديم الجديد من الأفكار ولا يعودوا الى اجترار ما تعلموه من سابقيهم .

إن سياسات الرعاية الاجتماعية المتطورة والتي تسهر الخدمة الاجتماعية على تطبيقها , قد حتمت عليها ان تجدد في الأساليب والأدوات فضلاً عن تطوير الأفكار والمعلومات، وخاصة في المجتمع الحديث الذي أصبح يتجه الاقتصاد فيه الى " الخصخصة ", ويتجه العمل الاجتماعي فيه الى "الاهلنة" ,حيث تقلصت أدوار الدولة وتدخلها بأنشطة مواطنيها ,وترك لمؤسسات المجتمع المدني الميدان الاجتماعي الإنساني لتنشط فيه ولتحافظ على حقوق الإنسان في التعبير عن نفسه وفي سد احتياجاته , يطلق العناد لإبداعاته ويتمتع بحريته في تقرير مصيره، وعلى المستوى الفردي والمجتمعي على حد سواء .

إن ما يتوفر أمام الإنسان من فرص الاطلاع والاستنارة عبر شاشات الكمبيوتر والتلفزة الفضائية, ما يمكنه من تقديم المفيد والجديد في مجال عمله, وهكذا هو الأخصائي الاجتماعي سواء كان يقوم بعمل أكاديمي تدريبي تأهيلي أو بعمل ميداني تطبيقي , تتاح له فرص الاطلاع والاستنارة تلك , بما يمكنه من تقديم إضافة نوعية في ميدان عمله وتعليمه , في الوقت الذي يتفاعل فيه مع قضايا مجتمعه ومشكلاته وصور التغير الاجتماعي المتسارع في محيطه .

سادساً: علاقة الخدمة الاجتماعية بالعمل السياسي

كان للخدمة الاجتماعية منذ نشأتها وما تزال صلة وثيقة بالعمل السياسي, وإن يكن يبدو العمل السياسي يبتعد في إطاره عن العمل الاجتماعي. إذ استفادت الخدمة الاجتماعية

في بناء قاعدتها المعرفية من علم السياسة كأحد العلوم الاجتماعية التي استفادت منها , مثلما أن ممارسة الخدمة الاجتماعية في قطاع الرعاية الاجتماعية قد زاد من علاقتها بالعمل السياسي من خلال السياسات الاجتماعية على المستويين الوطني والإقليمي .

ولما كانت الخدمة الاجتماعية تنشط مع الجماعات وتشجع على المشاركة وتسير على الخط الديموقراطي، فإن الأخصائيون الاجتماعيون يعملون مع جماعات سياسية عدُة في المجتمع كجماعات الضغط والصفوة والاهتمام والمساعدة الذاتية, وتتبنى استراتيجيات المشاركة في أداء المسؤوليات داخل المجتمع ومنها المسؤوليات السياسية .

فالخدمة الاجتماعية في المنظور السياسي نشاط عام يؤثر على أوضاع المجتمع بالسعي الى إحداث تغيير في الوظائف الاجتماعية، من خلال التأثير على اتجاهات المواطنين والتأثير على توجهات الحكومة تجاه المواطنين, والمطالبة باهتمام أكثر من جانب الحكومة لتلبية المطالب المشروعة والعادلة للمواطنين. وهي تعتمد من أجل ذلك على تشكيل فرق العمل تناقش السياسات الموضوعة والمقترحة في ضوء إمكانيات المجتمع , كما تهتم بالقضايا المجتمعية التي يتحدث عنها الناس من واقع تحسسهم لها وتألمهم من الآثار السلبية لهذه القضايا ، وهي تعتمد في ذلك مبدئياً على الأسلوب الديموقراطي وعلى التأكد من تنظيم فرق العمل بصفة تمثيلية لمختلف المهن والاتجاهات والجهات الرسمية والشعبية في المجتمع.

فهي قد طرحت قضايا عدم المساواة في إتاحة الفرص وفي توزيع الدخل, وابتعاد الكثيرين عن المشاركة في عملية اتخاذ القرارات، واحتكار السلطة والمكتسبات، وظهور طبقة الأغلبية الصامتة وطبقة الفئة المحرومة أو الأقل حظاً.

كما أن الخدمة الاجتماعية من خلال الممارسة تساعد على تنمية المهارات المتصلة بأداء الإنسان لدوره كمواطن، قادر على إيصال صوته وتوضيح مطالباته، ويكون مع أقرانه جماعات للضغط على صانعي القرار لصالح المجموع ، وينظم داخل مجتمعه المحلي جماعات للتنمية والتطوير من منطلق الشعور بالمسؤولية الجماعية الواعية , ويحشد الجهود لتغيير الظروف الى أفضل منها ومن بينها إعادة النظر في التشريعات والإجراءات بما يواكب روح العصر ويواجه المستجدات ويساعد على تحقيق الرفاه الاجتماعي .

كما أن الخدمة الاجتماعية تسعى من خلال تعاملها مع الأفراد والجماعات والمجتمعات المحلية على تنمية الاعتماد الذاتي مقابل التخلي عن الانتظار لمد يد المساعدة من قبل الأجهزة الحكومية والهيئات غير الحكومية, وهي لذلك تغذي من خلال ممارستها الميدانية روح الإنتاجية والابتكار .

وبذلك يقوم الأخصائي الاجتماعي في المجال السياسي بأدوار تعليمية وتنموية وتنشيطية. فهو يساعد المواطنين على التعرف على حقيقة قضايا مجتمعهم ومشكلاته وعلى وضع الحلول المناسبة لها. وهو يعمل على اكتسابهم بعض المهارات في تنظيم اللقاءات والحوار والمشاركة وإدارة العمل المجتمعي المنظم. كما أنه يساعد جماعات المواطنين على توفير مصادر التمويل وتوفير الكوادر العاملة والإجراءات التنظيمية والمتابعة والتقويم للأعمال والمشروعات المقترحة في المجتمع .

ومن خلال ممارسة الخدمة الاجتماعية في الإصلاح الاجتماعي وخاصة في قضايا الفقر والبطالة, نقلت المهنة معالجة هذه القضايا من مضمار المساعدة الآنية للفقراء الى مضمار التنظيم المؤسسي الذي يتعامل مع أسباب الفقر والبطالة في المجتمع. وساق هذا الاتجاه ممارسو الخدمة الاجتماعية الى البحث الميداني في مشكلات اجتماعية أخرى كالجريمة والانحراف والتشرد والى دراسة ظروف العمل والتشريعات الاجتماعية, والتي صاروا يقومون نتائجها على شكل تقارير علمية واقعية واضحة مدعمة بالاقتراحات

والتوصيات الى أصحاب القرار ورجال السياسة ليأخذوا من هذه النتائج ما يفيد في أعمالهم ومخططاتهم من اجل الصالح العام .

وكان ممارسو الخدمة الاجتماعية في طليعة من يطالب في رفع مخصصات الخدمات الاجتماعية في مختلف المجتمعات, وتبيان أثر ذلك في رفع مستوى المواطن المعيشي ومن ثم رفع كفاءته وزيادة مستوى الأداء الاجتماعي في المجتمع.

ويشارك ممارسو الخدمة الاجتماعية في العديد من المجتمعات في الجهود التي تبذل في إعداد جيل قادر على المشاركة السياسية في العصر الحديث ،هذا من جهة، ومن جهة أخرى يقوم الممارسون الاجتماعيون في إيصال آرائهم واقتراحاتهم حول القضايا والمشكلات الاجتماعية الى أصحاب القرار ،مطالبين بتحسين الأحوال الاقتصادية والاجتماعية بالمفهوم الشامل المتكامل .

لقد استفادت الخدمة الاجتماعية من الممارسة الميدانية للمهنة, في إضافة معطيات نظرية هامة الى القاعدة المعرفية للخدمة الاجتماعية في المجال السياسي, والتي دعمتها بدراسات ميدانية للتأكد من صحة تصوراتها وافتراضاتها المستوحاة من واقع الحياة ، وأخذت تطرحها على مختلف الصعد في مساهمة منها لتطوير المجتمع .

ويقوم الأخصائي الاجتماعي في المجال السياسي كذلك بلفت انتباه المواطنين الى المقومات اللازمة لإحداث التغيير المرغوب في المجتمع وكيفية توفير هذه المقومات، ويساعد على تحقيق التعاون بين مختلف الجماعات على الدفاع عن قضاياهم والحصول على امتيازات وإمكانيات لتناولها بشكل سليم ومفيد .

يتبين مما سبق, أن الخدمة الاجتماعية ناشطة بممارستها المهنية في قطاعات حديثة كالتنمية الاجتماعية والعمل السياسي, مثلما هي ناشطة في قطاعات تقليدية كالرعاية الاجتماعية, وفي مراعاتها لذلك تبني برامجها الأكاديمية والتدريبية على أساس التوافق مع ظروف التغير الاجتماعي التي تلعب التكنولوجيا الحديثة دوراً مؤثراً فيها, مما يتطلب أن

تكون عمليات الإعداد والتأهيل لممارسة الخدمة الاجتماعية مواكبة لهذه النتائج والآثار, وأن تكون قادرة على تخريج الأفواج المتمكنة من الأخصائيين الاجتماعيين الذين يملكون إرادة التغيير الاجتماعي ويستطيعون نقلها الى مختلف فئات المتعاملين معهم من أعضاء المجتمع, ليحققوا منجزات التغيير لصالح الإنسان الفرد ولمستقبل المجتمع ككل .

الفصل الثالث

طرق الخدمة الاجتماعية

ينطوي مفهوم الممارسة في الخدمة الاجتماعية على أنها أسلوب فني يستخدم في الوصول الى حالة أفضل لحياة الناس من خلال إحداث تغيير في ظروف عيشهم, سواء كان هذا التغيير في داخل الذات البشرية أو في البيئة المحيطة بها. مثلما ينطوي الأسلوب الفني على المهارات التي تتطلبها الممارسة ليمكن إقامة علاقة مهنية ناجحة والحصول على معلومات وتشخيص أفضل وبرمجة الخطط ومن ثم متابعتها وتقييمها لمعرفة مدى النجاح الحاصل نتيجة التدخل المهني, وانعكاسات ذلك على أحوال الناس الذين نتدخل معهم من أجل حياة أفضل في ظل ظروف أنسب .

لقد وضعت الخدمة الاجتماعية, ونتيجة لتطور تجربتها المهنية في التدخل إطاراًً يرسم كيفية المساعدة, ويحتوى على مختلف الإجراءات التي ينبغي على الأخصائي الاجتماعي القيام بها لتحقيق أهداف تدخله, وبما تتطلبه من وسائل وأساليب وموارد وإمكانيات ومن خلال عدة أدوار للأخصائي الاجتماعي .

ولذلك يقوم هذا الإطار على أساس الاستجابة المسؤولة من قبل الأخصائي الاجتماعي من خلال علاقته بالعملاء أفراداً أو جماعات أو مجتمعات. وحتى تكون هذه الاستجابة واعية وفاعلة في ضبط العلاقة لتثمر هذه العلاقة فيما بعد انعكاسات إيجابية على الحالة .

فإن الخدمة الاجتماعية قد نوعت طرقها حتى يكون استخدامها أكثر فاعلية, إذ يختلف التعامل مع الإنسان, لاعتبارات نفسية واجتماعية معرفية, لكونه فرداً أو جماعة أو مجتمع, فأصبح لديها ثلاثة طرق, توصلت الخدمة الاجتماعية الى تحديدها ووضعها تباعاً في سياق تطور الخدمة الاجتماعية ذاتها .

ولا يعني وضوح معالم طريقة من الطرق عن معالم الطريقة الأخرى, أنها مستقلة عنها تماماً, بل العكس هو الصحيح , إذ أنها تربط بينها علاقات تكاملية ارتباطيه حتمها الهدف

النهائي للمهنة , وصوغتها عمليات التدخل المهني, عدا عن أن هذه الطرق تستند الى أساس قيمي واحد يحكم طبيعة ممارستها .

حتى أنه ظهر من بين من كتبوا في البعد النظري للخدمة الاجتماعية المعاصرة من دعى الى تبني طريقة واحدة للخدمة الاجتماعية General Social Work التي يستخدمها الأخصائي الاجتماعي ويختار فيها التقنيات المناسبة لطبيعة الحالة ومتطلبات التدخل .

وخلاصة الأمر أن للخدمة الاجتماعية إطار ممارسة واحد , وإن تعددت طرق التدخل المهني فأنها لا تخرج عن هذا الإطار الذي رسم في ضوء الهدف المطلق للخدمة الاجتماعية الذي يحقق أقصى قدر ممكن من الرفاهية والسعادة للإنسان..

ولذلك فإن تدخل الخدمة الاجتماعية يمتد في مسافة تقع بين نقطتين الأولى هي الإحساس بالحاجة (أو الشعور بالمشكلة) والثانية هي إشباع الحاجة (أو مواجهة المشكلة). ونحن نعرف أن حاجة الإنسان لها ثلاثة أبعاد هي ذاتية الفرد وجماعية الانتماء ومجتمعية الارتباط . وما الإحساس بالحاجة أو الشعور بالمشكلة إلا نوع من عدم التوافق مع واحد أو أكثر من هذه الأبعاد الثلاثة .

فإذا ما كانت بداية التدخل قد تمت في البعد الأول (الفرد) فلا يعني ذلك أنها ستبقى في هذا البعد بل لابد أن مناطق الدراسة والتشخيص والعلاج سوف تمتد الى البعدين الآخرين (الجماعة والمجتمع). ونحن تبعاً لذلك إذا استخدمنا في البداية طريقة مع البعد الأول ، لا يعني أننا سنقتصر في تدخلنا المهني في الحالة على هذه الطريقة, فلابد أن نستخدم الطريقتين الآخرتين (طريقتا العمل مع الجماعات والمجتمعات)،, وذلك أثناء مضينا في خدمة الحالة ولإزالة الضغوط الجماعية أو المجتمعية تجاهها .

ونحن إذا تمعنًا في خطوات التدخل المهني للخدمة الاجتماعية وفي أدواتها، نجدها متطابقة وإن اختلفت في جزئيات الخطوة أو في تفصيلات الأدوات. إذ ينتقل العمل في كل منها من مرحلة تحديد المشكلة أو توضيحها بصورة جلية الى مرحلة وضع خطة العمل

وتنفيذها ومتابعتها وتقويمها الى أن تصل الى مرحلة إيجاد الحل أي العلاج . وللأخصائي الاجتماعي أن يختار ما يناسب كل موقف وكل مرحلة من المهارات بما يناسبها, وبما يحقق الأثر الفعال في المشكلة أو الحالة وتهيئة صاحبها الى مرحلة من الإشباع والرضا والكفاية .

أولاً: طريقة العمل مع الأفراد

لعل من المفيد أن نبدأ الحديث عن العمل مع الأفراد في الإطار المهني للخدمة الاجتماعية، لا بل الطريقة الأولى من طرقها ، من حيث النشوء والانتشار.

ولعل من الأفضل أن نبدأ بأقدم هذه التعريفات والذي صدر عام 1922 عن **ماري ريتشموند** Mary Richmond صاحبة أول كتاب عن هذا الموضوع والذي كان بعنوان "التشخيص الاجتماعي" وذلك عام 1918, إذ تقول في تعريفها **أن خدمة الفرد من العمليات التي تهدف إلى تنمية الشخصية بواسطة تأثيرات محسوسة في الفرد لكي ينسجم مع بيئته الاجتماعية .**

ويوضح هذا التعريف أن خدمة الفرد تتضمن عمليات تنجز على مراحل حتى تصل الى تنمية شخصية الفرد ويحقق انسجاماً مع بيئته اعتماداً على جملة من المؤثرات عليه .

وتوالت التعريفات بعد ذلك , لتؤكد هذا المفهوم، أو لتوسع آفاقه وأبعاده، فهذه **هيلين بيرلمان** (1957) تعرف خدمة الفرد **بالعملية التي تمارس في مؤسسات اجتماعية لمساعدة الأفراد على المواجهة الفعالة للمشكلات التي تعوق أدائهم لوظائفهم الاجتماعية** وهي تلتقي مع سابقتها في أن هذه الطريقة تساعد الأفراد على التكيف وإزالة المعوقات ودفعهم الى ممارسة وظائفهم كما ينبغي اجتماعيا .

وهو تعريف يحمل نفس المعاني لتعريف **فلورنس هوليس** (1950) الذي يعتبر خدمة الفرد **عملية تسعى الى مساعدة الأسرة والأفراد على إيجاد الفرصة والقدرة للعيش حياة ترضى عنها.** ولا يحيد تعريف **المؤتمر السنوي للخدمة الاجتماعية** (1964) عن هذا الخط

بتعريفه لخدمة الفرد بأنها **طريقة من طرق الخدمة الاجتماعية تستهدف التدخل والتأثير بحياة الفرد الاجتماعية والنفسية لتحسين ودعم وظيفته الاجتماعية**

وقد سارت التعريفات فيما بعد على هذا المنوال, فعرضت فهمها ومفهومها لهذه الطريقة من خلال مؤلفات فكرية وأكاديمية عديدة كان من أبرزها تعريف **فاطمة الحاروني** (1970) **التي اعتبرت فيه خدمة الفرد طريقة الخدمة الاجتماعية لمساعدة الأفراد سيئي التكيف الذين يقعون في مجالها باستغلال الطاقات الشخصية والبيئية في تصحيح تكيفهم** . وهو التعريف الذي ينسجم مع ما ذهبت إليه ماري ريتشموند .

ولا يعدو تعريف **عبد الفتاح عثمان** (1980) لهذا المفهوم ان يكون تأكيداً لما قالته هيلين بيرلمان، حيث يقول عن خدمة الفرد **أنها عملية تعتمد على العلم والمهارة لمساعدة الأفراد وأسرهم على تحقيق أقصى قدر من القدرة على مواجهة العقبات المعوقة لأداء وظائفهم .**

وما يزال تعريف خدمة الفرد حتى عصرنا الحاضر يصاغ ضمن هذا الإطار, وإن زادت عليها بعض التعريفات الإشارة الى أنها الطريقة الأم في الخدمة الاجتماعية لأنها تتعامل مع الفرد والأسرة، مثل ما فعل **إسكدمور وآخرون** (1990), واعتبرها منهجاً يستند الى المعرفة والفهم واستخدام المهارة في مساعدة الأفراد على حل مشاكلهم .

نشأة الطريقة وتطورها :

إذا أردنا الحديث عن نشوء طريقة خدمة الفرد وتطورها , فإننا نجد أنفسنا قد بدأنا بالمرحلة التي كانت فيها ممارسة خدمة الفرد ليست مقتصرة على المختصين بهذه الطريقة أو حتى المتهنين للخدمة الاجتماعية, وإنما كانت خارج إطار المهنية وخارج إطار التخصص , بل كانت تمارس من قبل من لديه الاستعداد للقيام بها, ودون ان يجد من يعارض قيامه بهذه الممارسة. إذ كانت حقيقة تقوم على مبادرة أي شخص الى مساعدة غيره ممن يحتاج الى مساعدة لتجاوز صعوبات حياته اليومية أو معاناته المعيشية.

كان ذلك منذ بدء نشوء المجتمعات الإنسانية في هذا الكون, والتي كانت عمليات سد الاحتياجات الفردية والجماعية الأساسية منها والثانوية تقوم على الجهود الشخصية أو طلب العون من الآخرين بدون أية حدود تخصصية ومن غير أطر مهنية مرسومة, وإنما تعتمد على روح المبادرة أو النوايا الطيبة أو الرغبة في عمل الخير, بالإضافة الى دوافع أخرى اجتماعية مثل نصرة القريب أو قيادة الجماعة أو زعامة العشيرة . وقد ساعد على اقتصار عمليات المساعدة على هذا الإطار ان نمط الحياة واحتياجاتها وإمكانياتها كانت محدودة وبسيطة مثلما هي الاهداف والطموحات لدى الأفراد .

إلا أن بداية خدمة الفرد كإطار مؤسسي لم تتضح ولم تؤرخ إلا في القرن السادس عشر , عندما صدر قانون الفقراء في إنجلترا, عندما أدرك المجتمع آنذاك حاجته الى الجهود المنظمة لسد الاحتياجات غير المشبعة, في ظل سير الحياة نحو التعقيد , حيث لم تعد تتصف بالبساطة , ولم يعد إشباع الحاجات يتم بصورة كافية بالجهود الفردية بالشكل الذي كان مألوفاً .

وكان لدخول المجتمع الإنساني لعصر الآلة والمصنع أثر في بروز تعارض المصالح الى حد تصارعها بين أصحاب العمل (الممولين) والقائمين بالعمل (المنتجين), مع ما رافق ذلك من تزايد الاستغناء عن الأيدي العاملة اليدوية بأعدادها الكبيرة من أجل الإنتاج , مما دفع الكثيرين الى صفوف العاطلين عن العمل وبالتالي الى العجز عن سد احتياجاتهم بجهدهم ودخلهم, فاندفعوا بعد ذلك الى التسول أو التشرد أو الجريمة .

كان ذلك مدعاة لاشتداد وطأة المشكلات الاجتماعية من ذلك القبيل, وربما تعداها الى أكثر منها, مما تولد عنها مشكلات التفكك الأسرى ومحاولة الكسب غير المشروع وتحت تلك الوطأة , تزايدت جهود الحكومات وتدخلها لمواجهة تلك المشكلات , بداية للوقاية منها , ونهاية بمعالجة ما شاع منها أو استفحل .

إزاء ذلك , قامت الجهود الرسمية في مجتمعات عدّة, وفي أوروبا خصوصاً, لبحث حالات الفقر ومعالجتها بشكل انفرادي, وللتأكد من أن أموال الإحسان التي قامت على التبرع الخيري قد وصلت الى مستحقيها من الفقراء , ومن هنا عرفت المجتمعات الأوروبية (سيدة الإحسان) تلك المرأة المكلفة بزيارة الأسر الفقيرة لتحديد مدى احتياجها وتنويرها بالإمكانيات المتاحة والجهات المانحة لمساعدة الفقراء .

الى جانب سيدة الإحسان عرفت المجتمعات الأوروبية (المدرس الزائر) و(الممرضة الزائرة), إذ يقوم المدرس الزائر بزيارة الأسر التي يعاني أبناؤها من مشكلات تؤثر على تكيفهم مع الجو المدرسي وعلى تحصيلهم الدراسي , بينما تقوم الممرضة الزائرة بتخفيف وطأة الحالة المرضية على حياة الأسرة, وحتى تهيئها للتعامل مع مريضها على النحو المناسب لعلاجه وشفائه.

وما أن شارف القرن التاسع عشر على الانتهاء حتى بدأت بوادر المهنة تظهر على ممارسات العمل الاجتماعي وخاصة في الولايات المتحدة الأمريكية وعلى يد ماري ريتشموند التي سبق أن وضعت أول كتاب يدعو لمهنة خدمة الفرد والأسرة, فكانت جهودها وفي جامعة كولومبيا بالذات بمثابة تدعيم واضح للمقومات المهنية للخدمة الاجتماعية وباستخدام طريقة خدمة الفرد .

كانت هذه الخطوة, تطويراً لفكرة سيدة الإحسان والممرضة الزائرة والمدرس الزائر, مستفيدة من ما توصلت إليه العلوم الإنسانية في المجالين الاجتماعي والتربوي, ومستفيدة من تجربة الممارسة على أساس الاستعداد والرغبة لا على أساس التخصص والإعداد الأكاديمي .

منذ الوصول لهذه القناعة وترجمتها الى واقع أكاديمي تطبيقي ملموس للعمل مع الأفراد , أخذت خدمة الفرد بالانتشار ميدانياً, فإلى جانب إحرازها تقدماً في المجالين الأوليين الأسرى والتعليمي , أخذت تأخذ طريقها في المجال الطبي عام 1906 وفي مجال الأمراض

النفسية والعقلية عام 1907 , وفي مجال الانحراف والتشرد عام 1920 , وفي مجال الإعاقات عام 1923.

وتحبيذاً للواقعية وفي محاولة للتخفيف من الاتجاه المثالي في العمل مع الأفراد ، فقد اختارت خدمة الفرد لنفسها هدفاً واضحاً يتمثل بالوصول الى التكيف مع الواقع عن طريق تحقيق أفضل مستوى ممكن لأداء الدور الاجتماعي للإنسان الذي تسعى هذه الطريقة لخدمته .

وعلى هذا الأساس , عمدت خدمة الفرد وعلى أيدي القائمين عليها, الى الاستفادة من معطيات علم الاجتماع وعلم النفس في نفس الوقت وبنفس الاعتبار. لتتمكن في ضوئها من تشخيص الحالات ووضع خطة لعلاجها من الجانبين الذاتي والبيئي .

كنا قد قلنا أن البدايات لخدمة الفرد كانت على خلفية ما توصلت إليها ماري ريتشموند عام 1917 على أساس التشخيص الاجتماعي الذي يعتبر المشكلة ذات بعد اجتماعي اقتصادي ومحورها الأساسي هو الأسرة , وان ذلك يتطلب خدمة الفرد على أن تمر هذه الخدمة بمراحل ثلاث هي الدراسة والتشخيص والعلاج على أن يتركز العلاج على البيئة عامة والبيئة الأسرية خاصة .

لقد ركزت خدمة الفرد في بداية ممارستها على مساعدة الفقراء ثم وسعت من إطار اهتمامها لمساعدة المعوقين والمرض النفسي والأحداث , من خلال إحداث التغيير النفسي الذاتي , وعلى أساس العمل مع الأفراد لا العمل من اجل الأفراد, لينتقل صاحب الحالة من دور المتلقي (من موقف سالب) الى دور المتفاعل (من موقف موجب).

وما أن استقرت هذه الطريقة على هذا الأساس حتى أخذت تفصل في عملياتها وتتكامل في أهدافها , عن طريق إحداث تعديلات نسبية في البعدين الذاتي والبيئي للحالات , غير أن التجربة قادتها الى الأخذ بالاعتبار في تغليب أحد البعدين الذاتي أو البيئي في كل حالة , فعندما تكون العوامل الذاتية هي الغالبة وتكون العوامل البيئية أقل تأثيرا , فإن الجهد

يتركز على أحداث تغييرات أو تعديلات كلية أو نسبية في العوامل الذاتية أكثر من العوامل البيئية . والعكس صحيح في حالات أخرى عندما تكون العوامل البيئية هي الغالبة وتكون العوامل الذاتية أقل تأثيراً، فيتركز الجهد على إحداث تغييرات أو تعديلات كلية أو نسبية في العوامل البيئية أكثر من العوامل الذاتية .

وبالنتيجة تكون خدمة الفرد قد حققت هدفها الرئيسي المتمثل بالعمل على تنمية شخصية العميل وأسرته من خلال مبادرته الإيجابية نحو نفسه وتحمله لمسؤولياتها بصورة واقعية .

وقد استندت خدمة الفرد في ممارستها لعملياتها على خلفية نظرية نفسية اجتماعية, مستمدة من عدة نظريات مثل النظرية الوظيفية والنظرية السلوكية ونظرية الدور ونظرية الأزمة ونظرية العلاج المعرفي ونظرية العلاج الأسري, ومستخدمة عدة نماذج مثل نموذج العلاج الثنائي ونموذج حل المشكلة ونموذج المهمة المحددة وسنلقي الضوء على هذه النظريات والنماذج في موقع آخر من هذا الكتاب .

مبادؤها و أسسها :

تعارف الممارسون لخدمة الفرد على مجموعة من الموجهات التي تشكل قاعدة أخلاقية مهنية ملزمة ,يكفل لالتزام بها نجاحاً وفاعلية للعمل مع الأفراد والتعامل معها، بينما يعود عدم الالتزام بها بالفشل في تحقيق أهداف هذه الطريقة للعمل مع الأفراد من أجل تنمية شخصياتهم ووصولهم الى حالة من التكيف الاجتماعي وتغلبهم على المعوقات أو الصعوبات التي تعترض حياتهم .

إن المهم في الأمر أن مبادئ خدمة الفرد كما هي مبادئ الخدمة الاجتماعية عموماً, تشكل وحدة متفاعلة متكاملة , فلا يطبق منها مبدأ دون آخر أو بمعزل عن الآخر , حتى أن عدم تطبيق أحدها أو عدم الالتزام به يجعل من تطبيق المبادئ الأخرى فاقداً لتأثيره ومعطلاً لدوره الإيجابي في معالجة الحالة .

هذا على الرغم من مرونة تطبيق المبادئ بما يتناسب مع ظروف الذين تتعامل معهم بهذه الطريقة , وهو الأمر الذي يقتضي تطبيق روح المبدأ وليس الالتزام الشكلي به .

إلا أن ما يجب إدراكه هنا أن تطبيق المبادئ يؤدي الى تكوين العلاقة المهنية بين الأخصائي الاجتماعي القائم بدراسة الحالة والعميل صاحب الحالة . والتي عن طريقها (أي العلاقة المهنية) يتم الحصول على المعلومات وتشخيص الحالة ووضع الخطة العلاجية وتنفيذها . حيث توفر العلاقة المهنية أجواء إيجابية لازمة لإتمام هذه المهمة والقيام بهذه الخطوات . هذا ما يقتضينا الحديث بداية عن العلاقة المهنية باعتبارها الإطار الذي ينظم الصلة بين الأخصائي الاجتماعي وبين صاحب المشكلة (العميل) , وهو الإطار الذي تتفاعل من خلاله أفكار ومشاعر كل منهما , بما يحقق أهداف عملية المساعدة التي تقوم بها خدمة الفرد .

إن هذه **العلاقة المهنية** إذا ما ازدادت عمقاً وتوثقاً ازداد معها تجاوب صاحب المشكلة مع الأخصائي, وهو التجاوب الذي يخلق الجو المناسب للأخصائي لإحداث التأثير الإيجابي المتبادل بين الطرفين, هما اللذان يخلقان ذلك الجو المرغوب للالتقاء والتعامل والانفتاح والتحدث الصريح الواضح, ولا شك أن حاجة الإنسان الى إقامة صلة مطمئنة وواثقة وودودة مع الآخرين تشكل دافعاً لديه لإحداث تغيير في سلوكه واتجاهاته نحو الحياة ونحو الآخرين.

فالعلاقة المهنية التي تقوم على دعائم سليمة توفر الإمكانية للحصول على معلومات وافية وصادقة عن الحالة , مثلما توفر الإمكانية لاستخدام أساليب علاجية ناجحة, لاسيما وأن المواقف التي تمر على العميل من خلال تعامله مع الأخصائي, تجعل منها درساً وتمريناً للتعامل مع مواقف أخرى وأشخاص آخرين في المجتمع من قبل العميل.

وإذا كانت العلاقة المهنية تتكون من مزيج متفاعل من الأفكار والمشاعر, فإنها لا يمكن اعتبارها علاقة يحكمها العقل وحده أو علاقة تحكمها العاطفة وحدها, وهي علاقة ليست

غائية بحد ذاتها ولا يتوقع لها الاستمرار أو الدوام, وإنما هي علاقة وسيلية غايتها إنجاز عملية المساعدة وحل المشكلة مدار البحث .

وإذا نظرنا الى العلاقة المهنية نظرة كيميائية, فإننا نراها عملية تفاعل ديناميكي تأخذ مسارها من اللحظة الأولى للالتقاء بين الأخصائي الاجتماعي وصاحب الحالة (العميل), الى أن تنتهي عند اللحظة الأخيرة للوداع والافتراق بينهما بعد الانتهاء من معالجة الحالة . هذه العملية التفاعلية تبدأ بشحنات متتابعة من التردد والرهبة والقلق والإحساس بالتقصير أو الخطيئة لدى العميل, يقابلها تجاوب ورغبة من الأخصائي الاجتماعي للاستماع الى العميل ومساعدته على إزالة القلق والشعور بالارتياح . وهكذا حتى يبدأ العميل يحس بالأمان والاستقرار التدريجي, فيبدأ بعدها في التعبير عن مشاعره ويحس برغبة ذاتية لعرض ما يجول بخاطره. فيستغل الأخصائي هذه الفرصة ليناقش العميل فيما عرضه من أفكار ومشاعر, لعله يجد فيها توافقاً وتصوراً مشتركاً لحل المشكلة من خلال طرح عدد من الخيارات أو البدائل . بعد ذلك تتوالى الاتصالات والمقابلات بين الطرفين بجو إيجابي تعاوني للتوصل الى الحل أو الحلول المنشودة , ويجري التفاهم عليها بينهم خطوة خطوة. يصاحب ذلك إتاحة الأخصائي الفرصة للعميل ليقوم بجهد لمساعدة نفسه بنفسه مع تقليل الأخصائي لجهوده بالتدريج ليترك للعميل الحرية فيما يراه مناسباً بعد توليد القناعة لديه في الحل المرغوب والسعي للأخذ به بالاعتماد على نفسه .

وترجع أهمية العلاقة المهنية في خدمة الفرد باعتبارها الوسيلة التي يدخل الأخصائي الاجتماعي من خلالها تعديلات على اتجاهات العميل وسلوكياته في جو من الشعور بالثقة المتبادلة والإحساس بالأمان من قبل العميل تجاه الأخصائي . كما أنها عن هذا الطريق تستبدل قلق العميل وتوتره بوضع إيجابي يسهل عملية المساعدة وبالتالي نجاح العلاج .

وتتميز العلاقة المهنية بمجموعة من الخصائص تقتضي الشروط المهنية توفرها حتى تعتبر العلاقة المهنية قائمة على أسس موضوعية سليمة , فهي علاقة مؤسسية , مؤقتة ,

حيادية , علاجية , تقوم على أساس الاحترام والثقة المتبادلة وهي تنمو تلقائياً لتقود عملية العلاج الى نهايتها فتنتهي معها .

يعني ذلك أن يتقيد الأخصائي بالتعامل مع العملاء بالإطار الذي تتطلبه مصلحة العمل وفقاً لشروط المؤسسة وأهدافها , وأن يربط العميل بالواقع لتتوفر له الاستقلالية والاعتماد على نفسه ,وأن يفهم العميل بأن علاقته بالأخصائي والمؤسسة ليست دائمة إلا بحدود الوصول الى حل المشكلة . وأنه (أي الاخصائي) لا يتعدى دوره دور الذي يقود عملية المساعدة من خلال المؤسسة وبحدود قدراتها وإمكانياتها .

كما أن العلاقة المهنية لا تدع للأخصائي الاجتماعي أن يكون متحيزاً مع العملاء أو ضدهم , حتى ولو بدر منهم ما يزعجه أو يؤثر على ثقته به أو تقديراً لهم كالكذب أو المناورة أو التحدي أو السلبية تجاه الأخصائي من قبل العميل. وينبغي على الأخصائي في هذه الحالة أن ينقد ذاته ويراجع مواقفه ويكشف عن دوافع تلك المواقف والتصرفات ...

وعلى الأخصائي أن يحترم العميل مهما كانت مشكلته , ومهما كانت طبيعة تصرفاته, وان يبث الثقة لدى العميل في أنه راغب في مساعدته, وأن إمكانيات المؤسسة قادرة على تقديم ما يلزم لمواجهة الموقف الإشكالي. مع ترك الحرية للعميل في النهاية في قبول خدمات المؤسسة أو رفضها .

هذا، رغم أن الأخصائي أو المؤسسة قد يضطران الى عدم التقيد بمبدأ الحرية في بعض الحالات التي تتطلب فرض الخدمة عليها مثل حالات الإدمان والتشرد والانحراف ورعاية المعوقين والمرضى اليائسين بسبب أمراضهم المزمنة .

إن بناء العلاقة المهنية وتنميتها لا يتم بسهولة إذ تواجهها عادة عدة صعوبات منها ما يتعلق بالعميل ومنها ما يتعلق بالأخصائي، إذ أن العميل يرغب عادة بالإسراع بالعمل للحصول على العلاج وحل المشكلة, وهو في وضع تتزايد فيه سلبيته ويعتمد فيه على الأخصائي, وقد يكون هذا العميل ممن يعانون من اضطرابات نفسية أو يكون من أصحاب

السوابق الانحرافية أو الإجرامية ، فيواجه الأخصائي مع هذه الظروف صعوبة في بناء العلاقة المهنية وتنميتها على نحو مريح وسلس .

ويمكن كذلك أن نرد الى الأخصائي الاجتماعي بعضاً من الصعوبات التي تعترض سبيل العلاقة المهنية الناجحة ، مثل قلة الخبرة ونقص الكفاية المهنية وعدم التزامه بتطبيق المبادئ المهنية مثل احترام العملاء وتقبلهم وحفظ أسرارهم. كما قد تكون المؤسسة التي يتعامل العميل معها ذات إجراءات معقدة بطيئة تبعث على اليأس والمشقة .

أما مبادئ الخدمة الاجتماعية التي تشكل مصبُات لتكوين العلاقة المهنية, فقد وردت في سياق الحديث عن العلاقة المهنية ذاتها, ولشيء من التفصيل في الحديث عنها من حيث فلسفتها والقصد منها, وقواعد تطبيقها ومعوقات هذا التطبيق ، فأننا يمكن أن نركز الحديث هنا على ثلاثة مبادئ تشكل ثلاثة ركائز في نفس الوقت للعلاقة المهنية وللعمل المهني مع الأفراد في إطار الخدمة الاجتماعية.

هذه المبادئ هي : التقبل، السرية ، حق تقرير المصير .

إذ ينبعث مبدأ التقبل من الأيمان بالفروق الفردية ،فلكل إنسان قدراته وخبراته وأخلاقياته التي تميزه عن سواه. وعلى الأخصائي الاجتماعي أن يتقبل العميل كما هو لا كما يجب أن يكون. وفي نفس الوقت عدم إقرار العميل على سلوكه اللاأخلاقي أو الخارج عن حدود المسؤولية .

ويرسخ **مبدأ التقبل** الأيمان بالتعامل مع الناس بغض النظر عن لونهم أو جنسهم أو عقيدتهم , ويساعد على التخلص من نزعة الجفاء أو التعالي أو الكراهية لدى الأخصائي, حتى يصبح قادراً على تقبل مختلف فئات البشر وقادراً على التعامل معهم .

وتبعاً لذلك من أجل تحقيق تقبل متبادل من قبل العميل تجاه الأخصائي فإن على الأخصائي تقدير مشاعر العميل وعدم توجيه النقد إليه أو التحامل وإيقاع اللوم عليه , مع إشعاره بالاحترام وإبداء الاهتمام والرغبة في مساعدته .

غير أن هناك بعض المواقف والتصرفات التي تحول دون حدوث التقبل المتبادل بشكل مقبول يساعد على نجاح العلاقة بين الطرفين, مثل حمل العميل مشاعر سلبية كالخوف أو العار أو النقص أو الذنب أو عند محاولة الأخصائي تكليف العميل القيام ببعض الواجبات والمسؤوليات في سياق علاج الحالة, وربما يشكل الجنس أو الدين أو العقيدة أو النوع حائلاً دون تقبل العميل للأخصائي. مثلما تشكل بعض المكونات النفسية لدى العميل مثل الإسقاط والتبرير والشك والعدوانية موانعاً لحدوث التقبل تجاه الأخصائي من قبل العميل .

أما من جانب الأخصائي الاجتماعي , فقد تؤثر مدة خبرته في العمل على مدى تقبله للعملاء, فيتسرع بأحكامه عليهم أو يبالغ أحيانا ويقلل أحيانا أخرى من المشكلة التي ينظر فيها , في حين أن ضغط العمل داخل المؤسسة قد يدفعه الى التخلي عن كثير من الاعتبارات التي تساعده على تحقيق التقبل, وربما يكون الشي نفسه نتيجة لظروف شخصية خارج محيط العمل أو نتيجة لإبداء تحيزه بادراك واع منه أو بدون هذا الإدراك نحو بعض العملاء.

وقد يكون ثمة معوقات من داخل المؤسسة التي يتعامل معها العملاء حين يسيء العاملون معاملتهم ومقابلتهم بالقسوة أو التعالي أو عدم الإصغاء أو الانتباه إليهم . أو الطلب الى هؤلاء العملاء إحضار عدد من الوثائق التي يعسر الحصول عليها وتزيد من البطء في سير الإجراءات .

لا شك أن مبدأ التقبل يساعد على الاطمئنان الى الأخصائي والشعور بالأمان داخل المؤسسة بدون خجل أو خوف أو شك بنوايا الأخصائي أو العاملين بالمؤسسة, وهو بذلك أيضاً يشعر بان كرامته مصانة وأنه يقابل باحترام ويعامل بلطف. وتطبيق مبدأ التقبل من

جانب الأخصائي يشكل مبادرة من جانبه تجاه العميل مما يحوله الى مثل أعلى له , يقتدي به بالتصرف اللبق والتعامل الودي الإيجابي .

أما المبدأ الثاني الذي يشكل ضماناً لمبدأ التقبل وتأكيداً له ويشكل خطوة في بناء العلاقة المهنية فهو **مبدأ السرية** في الاتصالات والحصول على المعلومات وصونها وحفظها , وهو يعبر عن الأخلاقيات المهنية لدى الأخصائي، حين لا يفشي أسرار العملاء فيعرضهم لكلام الآخرين ومادة لأحاديثهم وللتشهير بهم, وحين يتمسك بعدم إعطاء معلومات عن العملاء إلا بحدود ما يتطلبه الموقف لتزويد بعض المؤسسات الأخرى التي قد يلزم الاتصال بها لتنفيذ خطة العلاج وتقديم المساعدة اللازمة .

ولا ريب أن الإنسان حريص على إخفاء عيوبه وكتم معاناته وستر اتصالاته من أجل الحصول على مساعدة , وليقي نفسه بالوقت نفسه من الحرج أو التردد في إعطاء المعلومات الصحيحة عن معاناته ومشكلته ومطالبه لمواجهتها .

يبدأ تطبيق مبدأ السرية من الأخصائي أولاً عندما يطمئن العميل في المقابلة الأولى على مكتومية ما سيعطيه من معلومات شفوية كانت أو مكتوبة كوثيقة، ويواصل تأكيده على هذه المكتومية أثناء سير كل مقابلة , وخاصة عندما يبدو التردد على العميل أو عندما يمتنع عن الإجابة عن بعض الأسئلة .

يأتي في هذا السياق أن يعمل الأخصائي على توفير أسباب الاطمئنان على سرية المعلومات لدى العميل مثل أن تكون المقابلة بشكل انفرادي بعيداً عن مرأى أو مسمع الآخرين، وأن لا يقوم الأخصائي خلال المقابلة بتسجيل كل ما يقوله العميل. وأن لا يجعل من أسرار العميل مادة لحديثه مع الآخرين من العملاء مما يجعله يخشى أن يفعل نفس الشيء مع ما يتحدث به إليه، وعليه أن يراعي عدم الحصول من المعلومات إلا ما يلزم للحالة , ويؤكد على أن الأطراف الأخرى لن تكون على اطلاع عليها حتى ولو كانت على صلة مباشرة بالموضوع مثل الشريك أو المعلم أو صاحب العمل .

وتأكيداً لسرية المعلومات ينبغي على الأخصائي أن يفسر للعميل سبب قيامه بالاتصال بالجهات الأخرى للحصول على معلومات لازمة حول حالته, مثلما ينبغي عليه أن يجعل المعلومات عرضة للتحدث أو التندر في جلساته العامة , أو يأخذ بحملها بحقيبته ضمن ملفاته في تحركه من مكان الى مكان .

أما من خلال المؤسسة, فيجب على المؤسسة أن تعمل على تخصيص الأماكن المناسبة للقيام بالمقابلات بين الأخصائي والعملاء, وأن توفر الخزائن المناسبة لحفظ ملفاتهم بحيث لا يسهل الاطلاع عليها من قبل من لا يعنيهم الأمر رسمياً, أو أن تسمح بإخراجها من قبل أي كان وبدون أية دواعٍ رسمية ضرورية.

وبطبيعة الحال, ثمة أسباب لتحويل بعض الحالات الى مؤسسات وجهات أخرى , للحصول على مساعدات فنية أو مالية منها, وهذه يجب أن تكون في إطار بعيد عن إطلاع من لا علاقة له , بما فيها مراعاة عدم إبراز أية إشارات أو علامات تفصح عن وظيفة المؤسسة أو دورها, مما يسبب إحراجا أو خجلاً عند العملاء .

يمكن أن تستثنى بعض الحالات من تطبيق مبدأ السرية مثل حالات المنحرفين والشواذ والعابثين الذين لا يقدرون المسؤولية أو المهملين لواجباتهم أو المصابين بأمراض عقلية خطرة على الآخرين أو بأمراض معدية تضر بالآخرين .

وتبنت خدمة الفرد **مبدأ حق تقرير المصير** لعملائها, على أساس أن الحرية هي الشرط الأول لاكتساب الخبرات والمنطلق للعيش بكرامة واعتزاز بالذات. ولكن خدمة الفرد بطبيعة الحال أعطت الحرية باتخاذ القرار المناسب للعملاء ذوي الأهلية المتمتعين بحقوقهم السياسية والاجتماعية بما يتفق مع الإطار الاجتماعي الأخلاقي السياسي للمجتمع. وبالمقابل لم تعطِ هذا الحق لمن لا يتمتعون بهذه الحقوق كالأطفال الصغار والمرضى عقلياً وضعاف العقول والمدمنين والشواذ والمنحرفين والمهملين لأبنائهم وأسرهم .

ويلعب الأخصائي الاجتماعي دوراً كبيراً في تطبيق هذا المبدأ وفي الوصول الى آثاره المطلوبة في ذات العميل . وبناء على هذا فانه ينبغي أن يعمل على إزالة التوترات الداخلية لدى العميل كالخوف والسخط وما يتبعها من مشاعر وانفعالات, والتخفيف من الضغوط الخارجية الواقعة على العميل من محيطه الأسرى أو المدرسي أو العملي أو المجتمعي ككل .

يصاحب ذلك أن يعمل الأخصائي على توضيح الإمكانيات المتاحة لمواجهة الموقف , بالإضافة الى توضيح الموقف من جميع جوانبه للعميل , فيوضح له المشكلة بكل حقائقها والمؤثرات التي تقع عليه من مصادر بيئية مختلفة تحيط به, ويساعده كذلك على أن يفهم ذاته من حيث الميول والاتجاهات والدوافع والإمكانيات الذاتية المستخدمة والمعطلة والتي تفيد في معالجة المشكلة .

وعلى الأخصائي الاجتماعي بعد ذلك التوضيح الشامل للموقف أن يشرع بالتدخل المهني بالتدريج, يبدأ قليلاً ثم يزيد من حجم تدخله, ثم يعود فيقلل من تدخله بالتدريج , وذلك من خلال طرحه لمجموعة من البدائل تاركاً للعميل حرية اختيار ما يناسب منها , ولا ضير من أن يساعده في الحالات التي يدرك الأخصائي فيها أن العميل لا يقوى على الاختيار السليم بمفرده .

مقومات التدخل المهني :

تقوم عملية التدخل المهني في الخدمة الاجتماعية على خمسة مقومات تشكل أركانا لهذه العملية , وتتمثل بالعميل , المشكلة , الأخصائي الاجتماعي, المؤسسة, البرنامج , الخدمة (أي عملية المساعدة بالذات).

ويشكل **العميل** المقوم الأول لأنه يمثل نقطة الاهتمام في التركيز, والذي ستنصب عليه عملية التدخل المهني التي تنطوي على إجراءات التعديل والتطوير والتغيير في الاهداف والطموحات والقناعات والاتجاهات والإمكانيات الذاتية والبيئية .

ينطلق الأخصائي الاجتماعي في عملية التدخل الفردي من تحديد فهمه لوضع العميل بحيث يعين درجة اختلافه أو تقاربه مع أوضاع الأفراد العاديين، في ضوء إدراك مكونات نسق الشخصية الجسمية والعقلية والنفسية والاجتماعية. ويضيق المجال هنا للحديث عن مفهومي السواء Normality واللاسواء Abnormality, اللذين يحددهما مدى قدرة الفرد على أداء وظائفه الاجتماعية وتفاعله ضمن علاقاته مع الآخرين في محيطه الاجتماعي , وذلك في حده الطبيعي لا المثالي أو التام, ومتحرراً من الضغوط النفسية والآلام الحادة , وراضياً عن دوره في المجتمع وواثقاً من قدرته على الإنجاز ومسيطراً على إرادته ورغباته .

يصنف العملاء في خدمة الفرد على أساس وحدة التعامل ، فيكون فيها العميل فرداً أو أسرة أو جماعة من العملاء , فإذا كان هناك شخص واحد تواجهه مشكلة عجز عن حلها وتقدم بطلب مساعدته على حلها يكون العميل فرداً كالطالب الذي يعاني من ضعف التحصيل المدرسي, أو الزوجة التي تواجه مشكلات عدم التفاهم مع زوجها, أو المعوق الذي يبحث عن خطة لتأهيله للعمل . أما إذا كان الأخصائي يتعامل مع الأسرة بكاملها حتى ولو اقتصرت على الزوجين , فيكون العميل هنا هو الأسرة. أما إذا كان العمل مع جماعة من العملاء لديهم ذات المشكلة, ويكون العمل معهم كمجموعة واحدة في العلاج فيكون العميل هو جماعة , كأن تكون, جماعة من الأحداث المنحرفين أو جماعة من المدمنين أو جماعة من المشردين, وتهدف إلى تخليصهم من معاناتهم عن طريق خدمة الفرد وتدخلها المهني الاجتماعي .

أما المشكلة فتشكل المقوم الثاني في عملية التدخل المهني , فهي موقف ينشأ عن نقص في إشباع الاحتياجات أو توالى صور الإحباط وسوء التكيف, بشكل يحول بين الفرد وقيامه بدوره الاجتماعي في الحياة .

وترجع المشكلة في حدوثها الى أسباب تجتمع فيها عوامل ذاتية (أي ترد الى ذات العميل) وبيئية (أي ترد الى محيط العمل وداخل الأسرة وخارجها) . وكما سبق أن عرضنا في مكان سابق من هذا الفصل هذه العوامل الذاتية بابعداها الجسمية والعقلية والنفسية

والاجتماعية. أما المقصود بالعوامل البيئية فهي تبدأ بالبيئة الأسرية وتمتد الى عوامل اقتصادية أو عوامل دراسية (بالنسبة للطلبة) أو عوامل وظيفية (بالنسبة للعاملين) أو عوامل خارجية كالمؤثرات الإعلامية والثقافية والاجتماعية المحيطة بالفرد .

وأي مشكلة لابد وأن يكون لها جوانب متعددة وناتجة عن تفاعل عوامل عدة, ولكن الأخصائي الاجتماعي يصعب عليه تناول مختلف هذه الجوانب دفعة واحدة,أو أن يعالج تلك العوامل دفعة واحدة كذلك , ولكنه يتعامل مع عدة أجزاء وعلى عدة مراحل, ولا شك أن كل جزء منها سيقود الى الآخر وكل مرحلة ستفضي الى المرحلة التي ستليها .

ولهذا يبدأ الأخصائي الاجتماعي من نقطة اهتمام العميل, وهذه البداية ضرورية باعتبارها تجد صدى إيجابيا عند العميل, يساعد الأخصائي الاجتماعي على الشروع في بناء العلاقة المهنية فيما بينهما, في أجواء من التجاذب والتجاوب.

في هذا الوقت يبدأ الأخصائي الاجتماعي من الجانب الذي يقع ضمن اهتمامات المؤسسة ومهامها. وهذه البداية أيضاً تجعل الأخصائي يعمل في إطار المؤسسة التي يعمل بها, ولكنها في الوقت نفسه تقوده الى تغطية الجوانب الأخرى تباعاً .

والأمر,المهم هو أن يميز الأخصائي الاجتماعي بين الحقائق الموضوعية للمشكلة والنظرة الذاتية نحوها كما يعبر عنها العميل خلال حديثه أثناء المقابلات المهنية مع الأخصائي , لاسيما وأن العميل ينقل وجهة نظره الذاتية نحو المشكلة بطبيعة الحال ويحاول الدفاع عنها, لا أن ينقل حقيقة المشكلة بصورتها الموضوعية, وهو يركز على مشكلته الراهنة التي جاء الى المؤسسة من أجل حل لها , وهو لا يدرك أنها مجرد حلقة تتصل بحلقات إشكالية أخرى في حياته سبقت ما يطفو منها على السطح في الوقت الحاضر .

ويشكل **الأخصائي الاجتماعي** المقوم الثالث لعملية التدخل المهني, إذ بواسطته وبجهوده تتم دراسة الحالة وتشخيصها ووضع الخطة العلاجية لها , وهو يمثل المؤسسة في

التعامل مع العميل , كما إنه الشخص الذي يتصل بصورة مباشرة مع العميل ويطلب منه أن يعمل على إقامة علاقة مهنية سليمة تؤدي الى النجاح في التعامل وفي العلاج .

لهذا تحرص مهنة الخدمة الاجتماعية على وجود هذا الشخص المؤهل لتولي هذه المهمة.. وأبرز ما يؤهله هو الاستعداد الشخصي المسبق لعملية الإعداد المهني من خلال الدراسة المنهجية، بحيث يكون متمتعاً بسلامة الجسم والحواس وباتزان نفسي وبقدرة عقلية مناسبة ويتحلى بقيم أخلاقية تتجلى فيها الرغبة في مساعدة الآخرين واحترامهم والإحساس بمشاعرهم .

أما ما عدا تلك الناحية المرتبطة بالاستعداد الشخصي, فهو ما ينصب على الإعداد المهني من خلال الدراسة المنهجية في المعاهد والكليات التي تعد الأخصائيين الاجتماعيين, من خلال برنامج نظري وميداني متكامل, و يزود فيها طالب الخدمة الاجتماعية بخلفية نظرية مستمدة من علوم الاجتماع والنفس والاقتصاد والإدارة والصحة والقانون وبدراسة معمقة لمبادئ واسس الخدمة الاجتماعية وطرقها وأساليبها وميادينها ودور الأخصائي الاجتماعي في مختلف المجالات, وينخرط الطالب أثناءها ببرنامج تدريبي لممارسة الطرق والعمل بالمجالات المختلفة بإشراف المختصين في الجهة الأكاديمية التي يتلقى تعليمه فيها.

أما المقوم الرابع وهو**المؤسسة الاجتماعية** والتي تقدم من خلالها خدمة الفرد , والتي يعمل الأخصائي الاجتماعي فيها, وهي الشخصية الاعتبارية التي تتوفر فيها أهداف معلنة, تعمل على تحقيقها من خلال تشريع معين, وفي مكان معين , وبمصدر مالي معترف به , وبجهاز عامل من الفنيين والإداريين يعملون على تحقيق أهدافها، ويخططون برامجها في ضوء تلك الاهداف .

ونستكمل حديثنا عن مقومات التدخل المهني لنتناول المقوم الخامس الا وهو الخطة أو البرنامج الذي يشكل مادة الاستخدام والتأثير تجاه الموقف، ومن أجل استثماره أو تعديله أو تغييره في سياق تحقيق الأهداف التي تسعى الخدمة الاجتماعية اليها.

والمؤسسات من وجهة نظر الخدمة الاجتماعية نوعان هما **المؤسسات الأولية**, أي التي تقدم الخدمة الاجتماعية مباشرة وتشكل هدفها الأول, ويحتل الأخصائي الاجتماعي فيها مكانة المهني الأول. ويشكل عمل العاملين الآخرين فيها عملاً مسانداً لعمل الأخصائي الاجتماعي, وهي مثل مكاتب الاستشارات الأسرية ومؤسسات رعاية الأحداث ومراكز الإنماء الاجتماعي ودور المسنين. **والمؤسسات الثانوية**, أي التي تقدم الخدمة الاجتماعية فيها كداعم لوظيفتها الأساسية ومساعد للمستفيدين منها حتى تتم أفادتهم واستفادتهم منها على أكمل وجه , مثل المدارس والمستشفيات والمنشات الاقتصادية والسجون .

وتأتى **عملية المساعدة** كمقوم خامس لخدمة الفرد, وتأتى كذلك مقياساً لنجاح العمل مع الأفراد في إطار الخدمة الاجتماعية, بحيث تظهر ماذا تحقق من تغيير إيجابي في الموقف الإشكالي وفي شخصية العميل الذي جاء يحمل مشكلته وهمومه ويطلب حلاً لها وخلاصاً منها .

تنطوي **عملية المساعدة** على مساعدة الفرد على أن يستعيد الاستخدام الأمثل لطاقاته ووظائفه,التي أصبحت معطلة بسبب اضطرابات نفسية أو عقلية أو اجتماعية, أو عجزت إمكانياته المادية على أن يواجه بها احتياجاته الأساسية الفردية والأسرية .

إزاء ذلك يحاول الأخصائي الاجتماعي وتبعاً لطبيعة الموقف الذي يعاني منه العميل , أن يحل الموقف الإشكالي حلاً جذرياً إن استطاع , أو أن يحله حلاً نسبياً من خلال التعديل النسبي في شخص العميل وفي ظروفه البيئية . أو أن يعمل على إحداث هذا التعديل في ظروفه البيئية . أو أن يعمل على إحداث هذا التعديل بأحد الجانبين فقط -.الذاتي أو البيئي - وذلك حين يكون من العسير إدخال تعديل في أحدهما دون الآخر, أو حتى أنه قد يسعى الى تجميد الموقف كما هو بدون العمل لإحداث أي تعديل ، نظراً لتعذر ذلك ودرءاً لأخطار أخرى قد تستجد .

خطوات التدخل المهني :

تتألف عملية التدخل المهني على المستوى الفردي من ثلاث خطوات هي: **الدراسة ,والتشخيص , والعلاج** .

فالدراسة هي الخطوة الأولى للتدخل المهني والتي يتم فيها حصول كلا الطرفين الأخصائي والعميل على المعرفة اللازمة والتامة للمشكلة من مختلف جوانبها وبما يكفي لتشخيصها بدقة . ولا تقتصر هذه الخطوة على الحصول على المعلومات والبيانات بصفة مجردة , ولكنها تتعدى ذلك الى إيجاد مناخ تفاعلي تشاركي بين الطرفين للإحاطة بالمشكلة أو الموقف من جميع جوانبه, هذا المناخ الذي يستفاد منه في تمتين العلاقة المهنية بين الطرفين، وبشكل يساعد على أن يفضي العميل بما لديه من معلومات تساعد على تكوين التصور المتكامل للموقف, وفي إطار من التقبل والاحترام والثقة المتبادلة, والتي تقع على الأخصائي مسؤولية توفيرها اعتماداً على التزامه بالمبادئ الأساسية للعمل مع الأفراد . وكما يتضح مما سبق , فإن الدراسة لا تشكل هدفاً بحد ذاتها وإنما هي مجرد خطوة .. ولكن أساسية وتشكل نقطة انطلاق لإقامة العلاقة المهنية وتمهد لتشخيص دقيق للمشكلة .

وتطال خطوة الدراسة ثلاث مناطق عامة وخاصة. إذ يقصد بالمناطق العامة. تلك المعلومات التي تحتاجها في كل حالة وتتألف من البيانات الأولية المعرفة بالعميل وتميزه عن غيره ، (مثل الاسم , النوع, السن , الجنسية, الديانة, الحالة الزواجية, المستوى التعليمي, العنوان, تاريخ ورقم الطلب والملف ومصدر التحويل). وتتألف كذلك من طبيعة المشكلة واتجاه تطورها بدءاً من الأعراض التي يشكو العميل منها, مروراً بتطورها والملابسات المصاحبة لها. والعوامل والأشخاص المؤثرين في تكوينها وتطورها واستمرارها, وكذلك تقدم تصوراً للعميل عن طبيعتها والحلول الممكنة لها .

وتعكس المناطق العامة أيضاً شخصية العميل بجوانبها الجسمية والعقلية والنفسية والاجتماعية , ومدى ارتباطها بالموقف, سواء كانت ذات أثر إيجابي تساعد في الحل أو ذات

أثر سلبي ساعدت في المشكلة, مثلما تعكس الأوضاع الأسرية بما فيها التكوين الأسرى والعلاقات الأسرية والبيئة الأسرية. وتعطي أخيراً فكرة عن المحيط الذي يعيش فيه العميل بحيث نتلمس علاقته بالمشكلة وفي توفير إمكانيات الحل .

أما المناطق الدراسية فهي التي تختلف تبعاً للمجال أو الميدان, كأن نهتم بالتاريخ المرضي لحالات المجال الطبي وبالتاريخ الوظيفي لحالات المجال العمالي أو الإنتاجي. وبالمشكلة المالية ومصادر الدخل لحالات المساعدات النقدية أو العينية.

وأما المناطق التي تختلف من حالة الى حالة . فهي ما يتعلق بتفرد الحالة , إذ لكل عميل تاريخه التطوري من ما قبل الولادة الى الولادة الى نمو الشخصية من مختلف جوانب النمو الجسمية والعقلية والنفسية والاجتماعية .

وتتعدد مصادر الدراسة وإن يكن العميل مصدرها الأول والأساسي إلا أنه تستمد أيضاً من أفراد أسرة العميل ومن الخبراء والمتخصصين وذوي الصلة بالمشكلة كالزملاء والرؤساء والأقارب والأصدقاء والجيران ولكن حسب الحالة وحسب احتياجات استكمال الدراسة. وكذلك الوثائق والسجلات والمحيط البيئي بشكل عام.

وتعتمد الدراسة على المقابلة كأداة رئيسية للحصول على المعلومات فضلاً عن أنها أداة رئيسية لإقامة العلاقة المهنية , يضاف إليها زيارة منزل العميل وبيئته والاختبارات والمقاييس ودراسة المستندات وذلك حسب نوعية المشكلة وطبيعة شخصية العميل .

وللمقابلة شروطها وشكلياتها ومراحلها, إذ أن لكل مقابلة بداية ووسط ونهاية, وهي تتطلب بعض الإجراءات التنظيمية قبل حصولها وأثنائها وبعد انتهائها, مثل تحديد موعدها وتهيئة مكانها وتحديد مدتها وتسجيلها وأساليبها وأدواتها كالملاحظة والإنصات وتوجيه الأسئلة والتعليقات والصمت .

وللالتزام بمبادئ خدمة الفرد أثر فعلي في نجاح المقابلة وكذلك الالتزام بأهدافها والاستخدام المتقن لأساليبها وأدواتها. فضلاً عن الصراحة والوضوح والمرونة وعدم تقديم الوعود التي قد لا يتم الوفاء بها نظراً لضعف الإمكانيات وتوضيح أهداف المؤسسة وإمكانياتها والالتزام بفلسفتها من قبل الأخصائي .

ويضيق المجال هنا الى الدخول في تفصيلات شروط المقابلة وأسباب نجاحها أو فشلها, وفي تفصيلات شروط زيارة المنزل والبيئة وشروط الحصول على المعلومات الشفوية أو المكتوبة من الجهات الأخرى ذات العلاقة بالعميل أو بالمشكلة .

يلي الخطوة الأولى (الدراسة) الخطوة الثانية ألا وهي (**التشخيص**) والتي تهدف الى تحديد طبيعة المشكلة الفردية وتوضيحها وتقديرها في ضوء أهداف محددة , تجعلها طيعة للعلاج .

وقد اختلفت مدارس خدمة الفرد على أهمية التشخيص كخطوة, فبينما اعتبرتها المدرسة التحليلية خطوة أساسية اعتبرتها المدرسة الوظيفية خطوة غير ضرورية .

إذ أن **المدرسة التحليلية** اعتبرت التشخيص خطوة ديناميكية هامة في عملية المساعدة, تبدأ باللقاء الأول وتنتهي بانتهاء العلاقة المهنية وإتمام العلاج, يقصد منها تقييم مستوى أداء الفرد وطاقته وكفاءته . وتهتم المدرسة التحليلية بالصياغة النهائية للتشخيص حيث توصف التفاعل بين العوامل وتوضحها بدقة لتعكس الظروف التي نجمت المشكلة عنها .

أما **المدرسة العقلية** فتركز على رد المشكلات الى ثلاثة أسباب أساسية تتمثل باضطراب التفكير وعجز الإمكانات المتاحة والاستجابات الخاطئة, وأن التدخل المهني يعمل على إزالة الأسباب التي أدت الى حدوث المشكلة. فالتشخيص هنا لا يعدو أن يكون تصنيفاً للمشكلة ولا يركز إلا على الأسباب القائمة عند بحث المشكلة.

وأما **المدرسة السلوكية** فترد المشكلة الى سلوكيات خاطئة , يمكن أن تساعد أصحابها على التخلص منها وإحلال عادات أخرى محلها , ويمارس التشخيص فيها أثناء وضع خطط تعديل السلوك .

وتبقى **المدرسة الوظيفية** التي لا تهتم بالمشكلة بل تهتم بتوفير فرص النمو والتقدم من خلال التدخل المهني الذي يعتمد على مهارة الأخصائي في تنشيط إرادة العميل وتخليصه من المخاوف, مقابل بث الاطمئنان في نفسه, مما يزيد من قدرته على بذل الجهد لحل مشكلته. وعلى تكوين علاقات إيجابية يتفاعل فيها مع الآخرين.

وعلى وجه العموم , يقوم التشخيص على أسس علمية تضم النظرية السببية والعلاقة الجبرية والمذهب العقلي والمنهج العملي . إذ تقول السببية بعلاقة العلة بالمعلول وإن لكل عرض سبب . وأن لكل سبب عرض لسبب أعمق . أما الجبرية فتقول بأن في حياة أي إنسان جوانب موجبة (+) وجوانب سالبة (-) , وأن مواقف الإنسان محصلة لما لديه من جوانب موجبة وجوانب سالبة . والمشكلة بذلك تكون ظاهرة سالبة ناتجة عن موقف معين لشخص ما في ظروف ما . مما يوجب على الأخصائي البحث عن أسبابها ويحاول التأثير فيها حتى إزالتها أو التقليل منها .

أما المذهب العقلي فيقر بأن لدى الإنسان قدرات للتذكر والتفكير والتحليل والربط وإصدار الأحكام , ينبغي استخدامها لإدراك حقيقة المشكلات وحلها. وأما المنهج العملي فأنه يطالب الإنسان أن لا يفعل إلا ما هو مفيد , ولما كان التشخيص يفيد في وضع خطة العلاج وتحديد مسارها, فأنه ينعكس على الحالة وصاحبها بالنفع .

ومن المهم أن يدرك الأخصائي أن التشخيص الدقيق يقود الى العلاج الناجح, وأن هذه الدقة المتوخاة لا تتأتى إلا من خلال معلومات صحيحة وكافية عن المشكلة تتم أثناء الدراسة , يتسنى بعدها صياغة التشخيص في ضوئها. كما ينبغي أن يربط تشخيص المشكلة بوظيفة المؤسسة كما أن على الأخصائي أن يشرك العميل في التشخيص, بحيث يراجع الأخصائي

مع العميل ما توصل إليه من ربط بين جزئيات المشكلة التي توصل إليها في الدراسة الى أسباب المشكلة, فيتأكد بذلك من صحة ما استنتجه منها , ويتوصل مع العميل لفهم مشترك للحالة .

ولا شك أن صياغة التشخيص الدقيق تعطي صورة عن المشكلة , وتركز على العميل في الموقف الإشكالي , في فترة زمنية محددة, خالية من أية مستجدات أو تغيرات تحدث تبديلاً في أي جانب من جوانب المشكلة .

و يشكل "**العلاج**" الهدف النهائي للتدخل المهني على مستوى العمل مع الأفراد, وهو الخطوة الثالثة التي تلي الخطوتين الأولى (الدراسة) والثانية (التشخيص) في إطار العمل على المستوى الفردي. وهذه الخطوة تتضمن عدة أهداف يراد الوصول إليها في طليعتها إزالة الأسباب التي أحدثت المشكلة, وبذلك يتجاور العميل المشكلة ويعود الى سابق عهده من التكيف والإنتاج .

ولكن يحدث في بعض الحالات أن يعسر علاج بعض العوامل ، في حين تم علاج البعض الآخر منها ، فيقتصر الهدف العلاجي هنا على إحداث تحسين نسبي للموقف . ويشكل هذا الإنجاز تحقيقاً لهدف أقل طموحاً واقل شمولاً .

وقد يحدث أن تكون الحالة غير قابلة للتحسن, وإذا ما تركت من غير التعامل معها تستمر الحالة في التدهور, وبذا يصبح الهدف العلاجي أقل تواضعاً ويقتصر على تجميد الموقف على حاله, كإجراء وقائي من اتجاه الحالة نحو الأسوأ .

وقد يضطر الأخصائي الى قصر جهوده على إبطاء معدل التدهور في الموقف, كما هو الحال في الأمراض العقلية التي يخشى أن تؤدي الى الانهيار الكامل للشخصية, بحيث يكون من الحكمة تهيئة الظروف الممكنة حتى لا يستفحل الأمر .

ويستخدم الأخصائي في الخطة العلاجية نوعين من العلاج هما العلاج الذاتي والعلاج البيئي .

ويقصد **بالعلاج الذاتي** تلك الجهود العلاجية التي تنصب على شخصية العميل، بينما يقصد بالعلاج البيئي تلك الجهود العلاجية التي تنصب على بيئته ومحيطه .

ويلجأ الأخصائي في العلاج الذاتي الى عدة أساليب من أبرزها أساليب المعونة النفسية لتدعيم الذات, التي تعمل على إزالة أو تخفيف حدة المشاعر المصاحبة للمشكلة لتعود الذات الى استقرارها وتأدية وظائفها, معتمدةً في ذلك على العلاقة المهنية وعلى التعاطف مع العميل والإفراغ الوجداني الذي يمكن العميل من التعبير الحر عن مشاعره, من أساليب العلاج الذاتي كذلك أساليب التأثير المباشر من الأخصائي والتي تحتوى كل من التعزيز والترجيح والنصح والإيحاء والضغط والسلطة .

ومن الأساليب كذلك مجموعة تكوين البصيرة التي تعتمد على الاستدعاء والتفسير وتكوين البصيرة والتوضيح .

ولكل من هذه الأساليب شروطها وظروف استخدامها مما يضيق المجال لشرحه في هذا المجال .

أما **العلاج البيئي** فهو ما ينصب على الظروف المحيطة بالعميل . سواء ما كان منه خدمات مباشرة أو خدمات غير مباشرة. وتتمثل الخدمات المباشرة بالمساعدات المالية والتأهيلية والصحية والايوائية والترويحية . بينما تتمثل الخدمات غير المباشرة بالجهود المبذولة مع المحيطين بالعميل لتعديل اتجاهاتهم نحوه وخاصة إذا شكلت نوعاً من الضغوط عليه . ويمكن للأخصائي ان يلجأ الى أساليب العلاج الذاتي في التعامل مع الأطراف المحيطة بالعميل لإتمام العلاج البيئي , والتي سبق أن أشرنا إليها آنفاً .

المداخل النظرية للتدخل :

يستفيد الأخصائيون الاجتماعيون من عدة مداخل نظرية للتدخل على المستوى الفردي والتي أثبتت التجربة صلاحية بعضها في مواقف وحالات وصلاحية بعضها الأخرى في مواقف وحالات أخرى مغايرة . ومن بين الاتجاهات المعاصرة للخدمة الاجتماعية ظهرت المداخل النظرية التالية :

* **نظرية الدور** : والتي أخذتها خدمة الفرد عن علم الاجتماع ، وهي التي توضح طبيعة التفاعل بين الفرد والبيئة الاجتماعية , إذ أن المشكلات ترتبط بعدم قدرة الأفراد على أداء أدوارهم الاجتماعية بالمدى المطلوب . ويتطلب نجاح الإنسان في أدائه لأدواره أن يوفق بين الأدوار وبين أدائه لكل دور منها وتوقعات المشاركين له في هذا الدور . وإذا ما فشل وقع في صراع الأدوار .

ولهذا فإن دراسة الحالة في خدمة الفرد من هذا المنظور تتضمن دراسة الأدوار المتعددة للفرد من خلال أوضاعه الاجتماعية التي يشغلها , ودراسة توقعات الأدوار، ودراسة مستوى أدائه لأدواره، ودراسة مدى توفر المقومات الشخصية لأداء الدور لدى الفرد, ودراسة القيم والمشاعر والجزاءات المرتبطة بالدور. ويركز العلاج هنا على مساعدة العميل على أداء دوره, وإزالة الصراع بين الأدوار, وزيادة كفاءته لأدائه وزيارة دافعيته, وإزالة التعارض بين أدواره وأدوار المشاركين له .

* **المدخل الوظيفي** : ومن خلاله ينظر الى العميل على أنه الإنسان الذي تعرض لموقف ما لم تستطع قدراته الحالية على مواجهته بنجاح , وهويحتاج لتدخل مهني لمساعدته على تجاوزه. وخدمة الفرد من هذا المنظور ليست محاولة لحل مشكلة معينة وإنما عملية مساعدة لحل المشكلة, وهذه المساعدة مرهونة بما تملكه المؤسسة من إمكانيات وهي تقوم على محور أساسي يتمثل بتوظيف إمكانيات العميل للاستفادة من هذه الإمكانيات المتاحة ولا أكثر من

ذلك, وبذلك تكون المساعدة عملية تحرير لإرادة العميل للتحرك لاستثمار ما في المؤسسة من خدمات والبحث بنفسه عن خدمات خارجها .

* **مدخل العمل في حالات الكوارث والأزمات:** وهو يركز على التدخل في الأزمات من خلال عملية تأثير إيجابي فعّال في مستوى التوظيف النفسي الاجتماعي للفرد أو الأسرة أو الجماعة عندما يتعرضون لأزمة. وللتدخل هنا هدفان، الأول: عاجل, وهو الوصول بالعميل الى النقطة التي يستعيد فيها ثقته بنفسه وقدرته على التفكير والتعامل الصحيح مع الموقف وإزالة التهديد الذي يتعرض له وإشباع الحاجات الملحة لديه , وبحيث يكون الموقف قابلاً للاحتمال. والثاني: نهائي, وهو ما نسعى الى تحقيقه عندما يسترد العميل توازنه بعض الشيء نتيجة لتحقيق الهدف العاجل , حيث تتلاشى الأخطار التي كانت تهدد حياة العميل. أما العلاج فيتركب من ثلاثة محاور هي : إزالة الضغوط النفسية , وتدعيم الذات في مواجهة الأزمة, وتجنيد الإمكانيات البيئية .

* **مدخل التركيز على المهام واجبة التنفيذ** : وهو أحد أشكال العلاج قصيرة الأمد Short Term Treatment, والذي يركز على مساعدة الأفراد على خلق وإيجاد حلول للمشكلات النفسية الاجتماعية . وتمر عملية التدخل المهني من خلال هذا المدخل بالخطوات التالية : تحديد المشكلة, تحليل المشكلة, التعاقد بين العميل والأخصائي لحل المشكلة , التخطيط للمهام التي سوف يكلف العميل القيام بها , ثم تنفيذ هذه المهام , ثم المراجعة ومواجهة العقبات, الى أن نصل الى مرحلة إنهاء عملية التدخل .

* **المدخل الجماعي** : الذي يستخدم مع مجموعة من الأفراد يعانون من مشكلات فردية متماثلة, ويلتقون في المؤسسة للمناقشة وإبداء الرأي, بوجود الأخصائي الاجتماعي، الذي يضع خطة لتوجيه النقاش وصولاً الى العلاج في النهاية بفضل ما يكتسب هؤلاء الأفراد من خبرات جديدة ذات قيمة علاجية وتربوية . وبذلك تستخدم خدمة الفرد الجماعة كوسط علاجي في تصحيح السلوك الاجتماعي للعملاء ،لما للجماعة من تأثير قوي على سلوك الفرد.

ويستخدم الأخصائي الاجتماعي هنا أساليب المعونة النفسية, وتعديل الاستجابات, وتكوين البصيرة وأساليب التعلم , ويكون دوره دوراً توجيهياً محفزاً ويكون قدوة لأعضاء

الجماعة العلاجية في سلوكه كالاعتماد على النفس والمصارحة، وبشكل لا يشعر العضو بالذنب أو الندم على ما يقول . وهذا النمط من العلاج يحمي العميل من مشاعر العزلة النفسية , ويحقق له التواصل النفسي الاجتماعي مع غيره من العملاء , مكتسباً خبرات جديدة ومكتشفاً طرقاً جديدة ومقبولة للتعامل , وذلك في جو من الطمأنينة والتسامح والموضوعية .

* المدخل العلاجي الأسرى : يسعى هذا المدخل إلى تحقيق هدفين، الأول: الحفاظ على نسق الأسرة ككل ، والثاني : مساعدة الأنساق الفرعية (أفراد الأسرة) للتغلب على مشكلاتهم ومواقفهم من خلال إطار الأسرة كأطار مرجعي لهم .

يتعامل هذا المدخل مع الضغوط التي يمارسها أفراد الأسرة في التأثير على بعضهم البعض ومع الضغوط الخارجية التي تؤثر على أداء أفراد الأسرة وتوقعهم للمشكلات . كما يتعامل مع التغيرات الاجتماعية التي تؤثر على القيم السائدة في المجتمع وتشكل ضغطاً على التوازن داخل وحدة الأسرة . ويهدف العلاج الأسري الى تحسين الاتصالات الأسرية في ضوء تحسين اتصال الزوجين ببعضهما، واتصال الأبناء فيما بينهم، واتصال الأبناء بالآباء، واتصال نسق الأسرة كله ببعضه, واتصال الأسرة مع الأنساق الخارجية كالمدرسة والعمل والنادي والجيرة.

* المدخل الساعد : يرتبط هذا المدخل بالعلاج الذاتي من خلال تعليم الآخرين . وهو يربط بين مدخلي الجماعات العلاجية وخدمة الفرد العلاجية, ويعتمد على اختيار العميل الذي يتم إعداده ليكون ساعداً للأخصائي الاجتماعي في عملية العلاج، ويتم اختياره بدقة بحيث يكون واعياً لمشكلته وراغباً في حلها. وعن طريق تنمية ثقة الساعد بنفسه ، يتم تعديل سلوكه وإعداده ليكون قادراً على توجيه الآخرين من خلال جماعة , وليصبح قدوة لأعضاء جماعته ومثالاً واقعياً للتغيير الإيجابي في السلوك. ويبقى الأخصائي الاجتماعي على

اتصال معه ليحافظ على اتجاهاته السلوكية الإيجابية ولتبقى طاغية على اتجاهاته السلوكية الانحرافية, حتى تتسرب لديه عادات جديدة جيدة, ويصبح قادراً على توجيه الغير. ويعمل الأخصائي بموجب هذا المدخل مع فريق معالج يضم الطبيب النفسي والأخصائي النفسي , إلا أن إعادة التأهيل الاجتماعي النفسي للعملاء يقع عبئها على الأخصائي الاجتماعي.

* **المدخل العقلي** : وهو ينظر الى الحالات على أساس أن سلوك الفرد نتيجة لأفكاره , وأن أفكار الفرد وإحساسه وإدراكه حقيقة واقعه , أما الأفكار المضطربة فهي أساس التعامل , وهذه الأفكار لها مظهران , الأول : احتواء العقل على معاني خاطئة ترسبت من خلال التنشئة غير السوية , والثاني : النقص المعرفي العام الذي ينشأ من عدة عوامل تتصل بالمستويات التعليمية والثقافية والاجتماعية . ولا يرى هذا المدخل ضرورة في الرجوع الى الماضي , بل أن الحاضر هو أساس العمل لتعديل السلوك .

يرتكز هذا المدخل على أفكار العميل باعتبارها مصدر اضطرابه ومشكلاته, وفيها يتم التركيز على فكرة العميل عن نفسه وبيئته ومشكلته والمحيطين به. وتقاس صحة الأفكار قياساً منطقياً, وتعتمد في ذلك على مهارات الأخصائي المهنية والمعرفية .

* **مدخل نموذج حل المشكلة**: يستند هذا المدخل الى نظرية سيكولوجية الذات في علم النفس, وفي محاولة لسد الثغرات في نظرية التحليل النفسي، باعطاء أهمية أكبر للذات الشعورية الإنسانية والنظر إليها باعتبارها محور الشخصية مع إعطاء أهمية للتفاعل بين الإنسان والبيئة .

يفترض هذا المدخل ان عجز الإنسان عن حل مشكلته يرجع الى نقص الدافعية ونقص القدرة على حل المشكلة وعدم إتاحة الفرصة المناسبة لحل المشكلة. ولذلك تهدف عملية المساعدة من هذا المنظور الى توجيه دافعية العميل للتغيير بتقليل القلق والمخاوف وإعطاء الدعم والتشجيع, مع إطلاق القدرات العقلية والانفعالية للعمل ،وتسهيل الحصول على الإمكانيات اللازمة لحل المشكلة .

وينظر هذا المدخل الى كل حالة أن لها أهداف محددة حسب تقبل العميل والأخصائي الاجتماعي الطريق الذي يجب أن يسلك لحل المشكلة .

* **المدخل النفسي الاجتماعي** : وهو يقوم على اعتبار أن مواطن الضعف والقوة في شخصية العميل تكمن في قدرته الذاتية وأدائها لوظائفها , وأن عجزه في معالجة مشكلاته عبارة عن عجز ذاته في قيادة الشخصية قيادة واعية , توفق بين نزعات (الهو) و(الذات العليا) ولذا فأن عمليات التدخل لابد أن تتضمن البعدين الذاتي والبيئي , وأن الدور الذي تلعبه سمات الشخصية في خلق المشكلة هي في جانبين هما : قدرة الذات على القيام بوظائفها والدور الاجتماعي الذي يلتزم الفرد به في المجتمع .

ثانياً : طريقة العمل مع الجماعات

تبرز في أدبيات التنمية أهمية العمل الجماعي الذي يتسم بروح الفريق, والذي يعمل كوحدة واحدة لتحقيق الاهداف التنموية داخل الجماعات ومن أجل المجتمع. والعمل الجماعي من الأساليب العلمية المنظمة التي اهتمت بها الخدمة الاجتماعية كما أهتم به علم النفس وعلم التربية .

وتشكل (الجماعة) أداة العمل الجماعي ووسيلته، حيث أنها الإطار الذي تلتقي فيه مجموعة من الأفراد ،والذين يجمعهم الشعور بالاعتماد المتبادل والتساند الوظيفي , ويلتقون على أهداف مشتركة .

ويزيد من أهمية العمل الجماعي وجود من يوجه ويرشد هذه الجماعة ويستشير أعضائها للتفاعل داخلها من أجل العمل المشترك, لتحقيق الغايات التي تسعى الجماعة إليها وتشكلت أصلاً من اجل تحقيقها. وذلك عندما يتحول العمل الجماعي الى ممارسة القيادة وممارسة الديموقراطية .

ومما يزيد من جدوى تشكيل الجماعات, أن تكون كل جماعة على درجة عالية من التجانس, إذ أن هناك تماثلاً وتجانساً بين أعضائها في مستوياتهم الاجتماعية والاقتصادية والتعليمية وأعمارهم متقاربة, مع وجود الاختلاف البسيط والذي يساعد على الحيوية والتفاعل .(قانون المسافة الأنسب)

إن التفاعلات داخل الجماعة , تعتبر هادفة , وإن لم تكن كذلك, فانه ينبغي أن تكون كذلك أداة تجعل ذلك بتدخل مهني من الأخصائي الاجتماعي, لا بل أن يجعل هذه التفاعلات في أقصى حالاتها, ليتيح الفرص أمام الأعضاء لممارسة قناعاهم وتطبيق قيمهم, ولتعرضهم لمواقف لاظهار ذواتهم وصقلها من خلال التجربة الجماعية, ووفقاً للاتفاق الجماعي الذي يتم عن طريق المناقشة الحرة والتشاور الودي, حتى يشعر الأعضاء أن الخطط والبرامج نابعة منهم وأن التنفيذ والإنجاز تم على أيديهم وبجهودهم ومن تلقاء أنفسهم وبرغبتهم الخالصة .

ولكي تزيد الجماعة من قدراتها وقدرات أعضائها, فأنها تستعين بخبرات الخبراء والمهنيين بمختلف التخصصات اللازمة كالتربية والتعليم والصحة والترويح والثقافة والدين والعلوم والإعلام, وتستفيد من إمكانيات وخدمات الهيئات والمؤسسات. وذلك لتطوير العمل وزيادة الإنجاز من قبل الجماعة .

وتقوم الجماعة بروح الفريق وبالعمل الجماعي أيضاً في دراسة ذاتها ومعرفة كل ما يحيط بها من إمكانيات واحتياجات وما تتطلبه من مسؤوليات, كما تقوم بتقويم ذاتها لتحكم على مدى نجاحها وما هي جوانب القوة والضعف في حياتها .

إن (الجماعات) في المجتمع الحديث أكثر أهمية لان أغلب المشكلات الاجتماعية في هذا المجتمع تتصل بالعلاقات الاجتماعية ومدى قوتها وسلامتها, كما أن الحياة الاجتماعية أصبحت أكثر تعقيداً وضغوط الحياة اليومية أخذت تؤثر على الأفراد والجماعات, مما جعل التكيف مع الذات ومع الآخرين أمراً يصعب الوصول إليه عند كل الناس, عدا أن حدة القلق

والتوتر قد ارتفعت وتيرته في المجتمع الحديث بين الناس, مما زاد سعيهم الى محاولتهم التخفيف منه, حيث أنه يهدد صحتهم الجسمية والنفسية ويسيء الى علاقاتهم الاجتماعية .

وبالمقابل فقد اصبح الفرد في المجتمع الحديث, رغم بروز الاتجاهات الفردية لديه, في حالة اعتماد متبادل مع الآخرين , كما أنه أصبح بحاجة لدعم المسؤولية الاجتماعية تجاه مجتمعه وتجاه الآخرين , وبما يساعد بالتالي على نجاح المجتمعات في تحقيق الإنجازات التنموية والإصلاحات المجتمعية ويدعم اتجاهات الأفراد ويطور سلوكهم للمساهمة في تلك الإنجازات والإصلاحات .

ولعل ما يدل على أهمية الجماعات في حياة المجتمع, ما تسعى إليه المؤسسات التعليمية (المدارس والجامعات) من تشكيل جماعات النشاطات (خدمة البيئة, خدمة المدرسة , النشاطات الثقافية والعلمية والفنية والرياضية والاجتماعية: الرحلات, الحفلات, المسابقات, المعسكرات , المعارض, المهرجانات ..الخ) وذلك لتنمية قدرات طلبتها على القيادة والانضباط والعمل الجماعي, وتنمية مهاراتهم المتنوعة والمتعددة , التي تزيد من قدراتهم الإنتاجية والابتكارية, وتساعد المدرسة والأسرة على تنمية القيم وتعديل الاتجاهات نحو الأفضل والاصلح .

فالجماعة - نسق اجتماعي- يتكون من الأعضاء المكونين لها بما بينهم من علاقات اجتماعية قائمة, وهذه العلاقة تتخذ بناءاً اجتماعياً يتضح من تدرج المكانات والأدوار الاجتماعية داخل الجماعة , والتي تتبنى مجموعة من القيم تشكل عملية الضبط داخلها, وتوجه السلوك بما يحافظ على التكامل بين أجزاء النسق الاجتماعي.

وتنظر الاتجاهات المعاصرة الى الجماعة كنسق للمساعدة المتبادلة والتي جاءت تأكيداً لما طرحه **ليفين** حول الاعتمادية المتبادلة بين أعضاء الجماعة كأول خاصية للجماعة بدلا من فكرة التشابه أو عدم التشابه بين الأعضاء, كما كان مفهوماً من قبل . أي أن هذا الطرح يقول لأن الجماعة في خدمة الجماعة تتكون من مجموعة من الأعضاء ، لكل عضو مركز

ووظيفة تتطلب منه القيام بدور معين, ووظيفة ليست مستقلة عن وظائف الآخرين , بل أنها متساندة ومتكاملة معها، لتحقيق أهداف الجماعة ,وأن الإخلال بأحدها أو ببعض منها , سيؤدي الى عدم تحقيق الجماعة لأهدافها العامة , مما يخل بتوازن الجماعة .

لهذا يرى كل عضو في الجماعة أن عليه أن يؤدي وظيفته المطلوبة منه والمحددة له , حتى تحقق الجماعة أهدافها, التي هي لصالح الجماعة ولفائدة العضو في نفس الوقت .

والتفاعل الاجتماعي النفسي بين الأعضاء هو جوهر الديناميكية التي نتوخاها من الجماعة , لان من خلالها تتكون علاقة قوية بين الأعضاء, وتتقوى الرابطة فيما بينهم , نتيجة للشعور بـ(نحن) كإحساس مشترك فيما بينهم, والذي يعبر عنه بالاشتراك الفعلي في حياة الجماعة عن طريق ممارسة كل منهم بمسؤولياته, وبتوجيه الاخصائي الاجتماعي الذي يعمل مع الجماعة , وليعمل الجميع على وحدة الجماعة والمحافظة على استمراريتها .

لقد أشارت **جيزلاكونبكا** الى أهمية دراسة الأخصائي الاجتماعي لديناميكية الجماعات والتي عن طريقها تعطي الفرصة للعضو لإقامة علاقات طبيعية , يخرج فيها عن صمته , ويكون فيها فكرة جديدة عن نفسه , ويعبر عن رأيه .

أما دراسة ديناميكية الجماعة (أي تفاعلاتها الداخلية والخارجية) فتمكن الأخصائي الاجتماعي من اكتشاف القدرات والإمكانيات لدى الأعضاء وكذلك اكتساب أو تعديل خصائصهم الاجتماعية, ومن اكتشاف العناصر والقيادات لتدريبها وتنميتها, ومن اكتشاف الشلل والعشيرات لاستخدامها في زيادة تماسك الجماعة وفي التأثير على اتجاهات الأعضاء ومواقفهم .

وثمة عوامل تؤثر في ديناميكية الجماعة من أهمها : أغراض الجماعة, الاتصالات داخلها, شخصيات أعضائها, قيادتها, حجمها,ضبطها لأعضائها, قيمها, الشعور بالانتماء والولاء لها , الظروف التي تجتمع فيها .

فقد حدد **براوننج** الأغراض التي تتكون الجماعة من أجلها بإنجاز الأعمال التي تتطلب مشاركة مجموعة من الأفراد, مقابلة احتياجات الأفراد وإشباعها, التقاء مجموعة من الأفراد يشتركون في موقف واحد أو يعيشون مشكلات متشابهة, تبادل التوجيه بين عدد من الأفراد, المساعدة في استمرار تنظيم محدد من الأفراد, زيادة الاستمتاع بالتجمع , وتحقيق نتائج علاجية .

وعبرت **هيلين نورثن** عن أهمية الاتصال داخل الجماعة باعتبار أن التفاعل الاجتماعي نتاج لعمليات الاتصال المتجددة بين الأفراد والتي ينجم عنها تعديل في السلوك والاتجاهات لدى أعضاء الجماعة .

أساليب التدخل المهني :

تعتبر الجماعة الصغيرة من وجهة نظر الخدمة الاجتماعية أداة أساسية في التغيير الاجتماعي المرغوب . وقد أصبحت طريقة العمل مع الجماعات طريقة أساسية لتنمية الأداء الاجتماعي للأفراد, وهذه الطريقة تختارفي تدخلها المهني مع الجماعات أنماطاً تختلف باختلاف وظائف المؤسسات التي تتم الممارسة المهنية فيها. فهذه مؤسسات بطبيعتها إما تهدف الى مقاومة انحراف الأفراد وإما تهدف الى التنشئة الاجتماعية أو لغايات علاجية مباشرة .

إلا أن هناك بعض الاعتبارات الأساسية التي ينبغي على الأخصائي الاجتماعي أن يراعيها عند عملية التدخل مثل تحديد نوع العمل أو أسلوب التدخل الذي سوف يقوم به تجاه الموقف مثل أن يكون تزويد الجماعة بمعلومات أو مساعدتهم على اكتساب مهارات تفيد في مواجهة المواقف .

وهذا يتطلب من هذا الأخصائي ان يكون على ثقة بمقدرة الجماعة على إدارة شؤونها. وأن هناك إمكانية لتنمية قدرات أعضائها في مواجهة مواقف أعضائها .

ولكن ذلك يحتاج أن يعرف الأخصائي الوقت المناسب لتدخله و الإطار الذي يجب أن يتقيد به من اجل هذا التدخل ,وذلك حتى لا يزج بنفسه بأعمال وأنشطة يستحسن تركها للأعضاء حتى يتعلموا منها وتزداد خبراتهم فيها وتنموا قدراتهم بالتدريج, ولذلك فإن إدراكه لمرحلة نمو الجماعة أمر ضروري ومفيد ليستمر عمله مع الجماعة على نحو مهني سليم .

يصاحب ذلك, أو ينبغي أن يصاحبه ,أن يحاول الأخصائي الاجتماعي نقد ذاته وتقويم مراحل إنجازه في العمل مع الجماعة , حتى يتأكد من سلامة أدائه .

وتتنوع أساليب التدخل المهني مع الجماعات باختلاف المواقف فمثلاً قد يكون التدخل مباشراً عندما يتطلب الموقف حلاً لمشكلات اجتماعية تواجهها الجماعة, وعن طريقها يساعد الأخصائي الاجتماعي على النحو المرغوب , إذ أنه يساعدها على اكتشاف قدرات أفرادها وعلى كيفية مواجهة المشكلة. تتوقع أن تنتظر الجماعة في بداية تكونها تدخل الأخصائي بشكل مستمر ومتلاحق, مثلما أنها لا تنتظر ذلك عند اكتمال نموها وفي محاولة منه لتعريف الأعضاء بما يجب أن يسلكوه أو أن يتجنبوه, فإن الاخصائي يتدخل ليدربهم على عملية ضبط النفس وتقبل الحدود التي يفرضها المجتمع تجاه المواقف المختلفة .

ويستخدم الأخصائي الاجتماعي (البرنامج) للتدخل المهني باعتباره أداة لمساعدة الأعضاء على النمو جسمياً ونفسياً وعقلياً واجتماعياً, وعن طريق البرنامج يزاول الأعضاء نشاطاتهم ويتوزعون فيها الأدوار ليؤدوها بشكل متناسق ومتكامل واضعين نصب أعينهم أهداف الجماعة التي ينضمون إليها . وتمر عملية التدخل هنا بعدة مراحل حسب مراحل أعمال وإنجازات الجماعة إذ تبدأ بمرحلة وضع وتصميم البرنامج ثم تنتقل الى مرحلة التنفيذ , فالمتابعة والتقويم .

عمليات العمل مع الجماعات :

لما كان تزويد أعضاء الجماعات بخبرات ومهارات حياتية متنوعة ومتعددة,هو هدف مرحلي يرمي إلى تنمية الفرد والجماعة والمجتمع نمواً متكاملاً كهدف بعيد المدى, فإن التدخل المهني للخدمة الاجتماعية على مستوى الجماعات يعتمد على(البرنامج) كوسيلة حيوية كبيرة لتحقيق تلك التنمية ولاكتساب الأعضاء تلك الخبرات والمهارات اللازمة , في إطار علاقات اجتماعية ديناميكية تقرب بين الأعضاء وتجعل التفاعل فيما بينهم إيجابيا هادفاً .

لهذا فإن وضع البرامج وتنفيذه وحتى الاستمتاع به ليس الهدف المنشود في خدمة الجماعة , وإن كان البرنامج أبرز عملياتها , أو عمليتها الرئيسية, ولكن التركيز على الأعضاء كوحدة واحدة بينها تفاعلات وتربطها علاقات, عندما تتنادى الى الانضمام الى جماعة وتفكر بما تفعل , ثم تخطط لما استقُرت عليه أن تفعله ثم تنفيذ ذلك من خلال برامج موضوعة متفق عليها , ولا يتركز حينئذٍ على المتعة أو الإتقان أو الفوز أو الغلبة ,وإن كانت هذه الأمور من عوامل الإقبال على الانضمام, ومن عناصر نجاح التفاعل ,ومن دواعي إقامة العلاقات بين أعضاء الجماعة الواحدة وبينها وبين غيرها من الجماعات .

ويسعى البرنامج كعملية للعمل مع الجماعات على تهيئة عدة فرص في آن واحد , مثل اكتشاف قدرات الأعضاء واستعداداتهم غير المستغلة أو غير الظاهرة ومحاولة إشباعها , والتنفيس عن الرغبات المكبوتة تجنيباً للأعضاء من الصراع أو الكبت الضار نفسياً , وفي الوقت نفسه إتاحة الفرصة لممارسة الهوايات وتنميتها أو خلق هوايات أخرى رياضية أو ثقافية أو فنية , وتشجيع الابتكار والمخاطرة ومحاولة الاكتشاف .

ويسعى البرنامج الى أبعد من ذلك في تدريب الأعضاء على التعامل مع الجوانب المختلفة للحياة , تمهيداً لإعدادهم لممارسة تجارب الحياة ذاتها وتنمية القدرة على مواجهة الصعاب والتفكير بطريقة إيجابية واقعية , وتنمية الثقة بالنفس للقيام بذلك اعتمادا على

الذات وفي نفس الوقت القدرة على التعامل مع الآخرين, ومحاولة الاستفادة من خبراتهم وأفكارهم .

ولضمان نجاح البرامج, فإنه يجب أن يراعى في وضعه مجموعة من المبادئ التي أتفق العاملون مع الجماعات على ضرورتها ومراعاتها مثل وضع البرنامج وتنفيذه من قبل الأعضاء كبعد ديموقراطي للعملية, وأن يوفر الكفاية والإشباع للأعضاء, مما يتطلب فهم الأعضاء ومراعاة عمرهم وجنسهم وعددهم كأفراد وفهم البيئة ووضع تصور لمستوى البرنامج, ومراعاة زمان ممارسته ومكانها .

وقد بلورت التجربة هذه المبادئ على شكل تساؤلات على النحو التالي: لمن يوضع البرنامج؟ ومن الذي يضعه؟ ولماذا يوضع؟ وماذا يحتوى ؟ ومتى ينفذ؟ وأين؟ وكيف؟ .

ويلعب الأخصائي الاجتماعي دوراً حيوياً في مساعدة الأعضاء على وضع البرنامج وفقاً لهذه الاعتبارات ,ولكنه لا يتدخل بصورة مباشرة في ذلك فهو يعمل على اكتشاف حاجات الجماعة ويستثير رغباتها بالدراسة أو المقابلة أو الملاحظة أو الإصغاء أو الاستفتاء أو قائمة تحديد الرغبات. كما أنه يدرس المجتمع المحلي ويحصر إمكانياته لأغراض البرنامج , وهو يتيح لبعض الأعضاء فرصاً لعرض مهارات تميزوا بها وأتقنوها ويمكن أن يعلموها للآخرين داخل الجماعة، لأنه يسعى الى إكساب الأعضاء مهارات تناسبهم من خلال تطبيق البرنامج .

كما أن الأخصائي الاجتماعي يساعد الجماعة في تخطيط البرنامج, وذلك بمساعدتها على تحديد بعض الأمور المتعلقة بذلك, مثل الحاجات والرغبات والإمكانيات التي تشكل مقومات البرنامج, وكذلك يعدُّ الجماعة على العمل بروح الفريق عند اتخاذ قراراتها وعند إدارة مناقشاتها وعلى العمل وعلى تنفيذ ما اتفقت عليه من مسؤوليات وقرارات تهم الجماعة , بما فيها التغلب على الصعوبات وحل المشكلات أو المواقف السالبة التي قد تعترض سيرها وتؤثر على تنفيذ البرنامج .

الإطار النظري للتدخل المهني :

هناك عدد من النظريات في علمي النفس والاجتماع استفادت منها الخدمة الاجتماعية في تشكيل المداخل النظرية في العمل مع الجماعات كإحدى مستويات التدخل المهني للخدمة الاجتماعية مع الإنسان . هذه المداخل التي ترتبط بالإنسان والأدوار والتفاعل والتحليل والمجال .

فمن خلال **نظرية الأنساق الاجتماعية** ينظر الى الجماعات أنها تشكل وحدات صغيرة تتفاعل وتتساند وظيفياً داخل المجتمع الذي تعمل في إطاره وتنتمي إليه, ليحافظ من خلال هذا التفاعل والتساند على كيان المجتمع واستمرار بنائه .

هذه الفكرة التي أطلقها **تالكوت بارسونز** ومفادها أن التساند والاعتماد المتبادل يهدف الى تحقيق وظائف معينة بين عدد من الأفراد أو الجماعات الذين يقومون بأدوار مرسومة ومحددة .

وبذلك يكون الجماعة نسقاً اجتماعياً يقوم على الاعتماد المتبادل بين أعضائها, وهي في الوقت نفسه تشكل نسقاً فرعياً داخل نسق أكبر , تتفاعل معه, ويتأثر بها, والمتمثل المؤسسة بأهدافها وشروط العضوية فيها وإمكانياتها المتوفرة لديها, والمؤسسة أيضا تشكل نسقاً فرعياً داخل نسق أكبر هو المجتمع المحلي الذي توجد فيه. والجماعة كنسق لها حدود تميزها عن غيرها من الجماعات, ويحاول الأعضاء داخلها تعميق علاقاتهم فيما بينهم ليزيدوا من مايتهم لكيانها, وهي لها قيمها التي تضبط سلوك أعضائها , ولها طاقتها التي تعمل على التغيير وتحقيق الاهداف التي تكونت من أجلها ولها تنظيمها الذي يوزع الأدوار داخلها .

وتشكل **نظرية الدور** مدخلاً ثانياً ينظر منه الى الجماعة كوحدة متفاعلة من الأعضاء , يمارس كل منهم دوره الذي حدد له, والدور هو الجزء الذي ينتظر من الفرد أن يلعبه أو السلوك الذي يؤديه .

ويرى **ميرتون** أن كل وضع اجتماعي لا يرتبط بدور منفرد , وإنما بمجموعة أدوار تتعدد تبعاً لتعدد العلاقات الاجتماعية المرتبطة بأدوار اجتماعية أخرى, ويتضمن الدور الاجتماعي أربعة عناصر من المعايير التي يحكم فيها على أداء الشخص لدوره هي: الأنشطة أو المظاهر السلوكية المطلوبة من مكانة معينة, موقف التفاعل, مجموعة التوقعات, مجموعة القيم والمشاعر لأنشطة الإنسان. ويكون نجاح الفرد في حياته على قدرته في التوافق والانسجام بين الأدوار المختلفة, وإذا لم تتوفر هذه القدرة لديه, فأنه سوف تحدث المشكلات, التي تأخذ شكل صراع بين الأدوار .

وإذا نظرنا الى أعضاء الجماعة نجدهم يقومون بأدوار متعددة منها ما يساعد الجماعة على التقدم والإنجاز ومنها على العكس يعطلها ويعيق حركتها, مما يتطلب من الأخصائي الاجتماعي ان يتدخل لمساعدتها على التقدم ولتذليل الصعوبات التي تواجهها .

وبذلك تستفيد الخدمة الاجتماعية من نظرية الدور في إطار اهتمامها بالأداء الاجتماعي, حيث تساعد الإنسان على استعادة قدراته على القيام بالأداء الاجتماعي (علاجياً), وعلى مساعدته على حماية نفسه من أي تعطل في أدائه الاجتماعي (وقائياً), وعلى تنمية قدراته للقيام بأدائه الاجتماعي بأحسن شكل (إنمائياً) .

أما **النظرية التفاعلية** فهي المدخل الثالث للتدخل المهني للخدمة الاجتماعية على المستوى الجماعي , وهو المدخل الذي ينظر الى الجماعة على أنها نظام من الأفراد في حالة تفاعل. هذا التفاعل الذي يقوم على الاستجابات المتبادلة داخل إطار العلاقات الاجتماعية .

وقد وضع **هومانز** إطاراً للنظر الى الجماعة كوحدة تقوم على التفاعل (Interaction) , تربطها العاطفة (Sentiment) ، تقوم بنشاط (Activity) , وتخضع لمعايير (Norms).

إذ كلما زاد التفاعل بين الأعضاء كلما زاد احتمال مشاركتهم في المشاعر والعواطف والاتجاهات, وزاد احتمال سلوكهم الجماعي للوصول الى الهدف المشترك, وكلما تساوت

المكانات الاجتماعية بين الناس كلما زاد احتمال التفاعل بينهم , وكلما أقترب الفرد من تحقيقه معايير الجماعة كلما زاد التفاعل الصادر نحو الأعضاء الآخرين في جماعته وتفاعلهم تجاهه .

وأما **نظرية تحليل عملية التفاعل** فهي تنظر الى الجماعة بأنها عدد من الناس يتفاعلون فيما بينهم , عبر سلسلة من الاتصالات الشخصية , وتترك لدى كل عضو من أعضائها انطباعاً معيناً يقرر مدى الاستجابة لكل واحد منهم بصورة فردية .

وقد رتب **بيلز** صاحب هذه النظرية مراحل التفاعل الاجتماعي, بأن تبدأ بتعريف مشترك للموقف, ثم تحديد نظام مشترك لتقييم الحلول المختلفة لمعالجته, ثم محاولة التأثير المتبادل بين الأفراد, فالوصول الى قرار نهائي مع علاج التوترات التي قد تبرز للجماعة, وأخيراً صيانة الجماعة: أي إظهار التفكك والعدوان والانتقاص من قدر الآخرين , وتأكيد الذات وإظهار التماسك ورفع مكانة الآخرين وتقديم المساعدة أو المكافأة .

وبذلك أهتم (بيلز) بأربعة متغيرات هي: الشخصيات المتميزة لأعضاء الجماعة, الخصائص المشتركة بين الأعضاء, تنظيم الجماعة, والأحداث التي تنشأ عن طبيعة المشكلة والتي تتغير بتفاعل الأعضاء . ووضع شروطاً لتوافر هذا النموذج بمكوناته الأربعة بحيث يكون الأفراد أسوياء, راشدين, متعلمين, متماسكين, متقاربين بالمركز, على أن يكون هناك مشكلة محددة تتطلب تصحيحاً وخطة لمواجهتها , وأن تكون المشكلة قابلة للحل خلال فترة المناقشة .

وكان **فرويد** قد عرض أفكاره حول دينامية الجماعة في كتابه عن (علم النفس الجماعي), والتي تبنى فيها **المدخل التحليلي** , إذ أنه رأى أنه يسهل التعبير عن السلوك النكوصي من خلال الجماعة , إذ يؤثر الجو الجماعي حينذاك في هذا التعبير..فإذا كان هذا الجو ملائماً ومريحاً وإيجابيا فانه يقلل القلق لدى الأعضاء وفيه تساعد الجماعة على نمو شخصية هؤلاء الأعضاء .

وفي الجماعة كما يرى **المدخل التحليلي** يمكن أن يتحقق الشعور بالانتماء والمكانة , وتأكيد الذات حيث ان تغلب الاتجاه العاطفي الإيجابي وتوفر الاهتمامات المشتركة وسيادة المساواة داخل الجماعة , تشكل عوامل تماسك للجماعة , بينما التمركز حول الذات والغيرة من الآخرين والشعور بالإحباط تشكل عوامل تفكك للجماعة .

إن التكيف داخل الجماعة كما يرى فرويد يحتاج من أعضائها الكبح والكبت والإسقاط والتقمص, وهي تعنى التحكم بالانفعالات وإخفاء مصادر الألم ونسبة المشاعر الى الآخرين ونسبة ما يحكي الآخرون به الى الذات , حيث تختلط فيها المشاعر الإيجابية والسلبية .

ويشكل **المجال الحيوي** نظرية **كيرت ليفن** في فهم السلوك الإنساني على أنه حصيلة المجال الحيوي بما فيه من عوامل مترابطة ومتفاعلة, وبأجزائه الثلاثة الفيزيقية والاجتماعية والنفسية , وليس هذه الأجزاء فحسب بل بجميع المجالات للموقف الراهن الحاضر الى الخبرات الماضية السابقة والى الآمال والطموحات المستقبلية .

فالجماعة - وفقاً لهذا المنظور - وعلى أساس ما سبق, حقيقة واقعية مادياً وديناميكياً , فيها تفاعل بين الأجزاء وتبادل بين الأفراد الذين تربطهم علاقات تعاونية تفاعلية , تجعل من الجماعة وحدة واحدة تتحرك نحو هدف متفق عليه, ويختلف توزيع القوى فيها حسب اقترابه من الهدف في ضوء المفاهيم المجالية, مما يجعل من الجماعة قوة المجال التي تؤثر في الأعضاء لتبقيهم في إطارها . ومؤشّر ذلك أن ثمة أعضاء أكثر تمسكاً بالجماعة وأكثر تأثيراً في حياتها مقابل أعضاء آخرين غير متمسكين وغير مؤثرين , ينظرون الى الجماعة كوسيلة للاستمتاع مع الآخرين أو لتحقيق غاية فردية لا تتحقق إلا بالإطار الجماعي .

أهمية التفاعل في خدمة الجماعة :

يشكل التفاعل وسيلة الاتصال بين أعضاء الجماعة , والذي يقوم على الأداء المتبادل بين الأفراد . إذ أن أداء الفرد في الموقف الجماعي يسبب الأداء لدى الفرد الآخر فينشأ التفاعل. وفي هذا الإطار تظهر القيادات وتتجلى المهارات وتبرز القدرات التي يمكن أن

تظهرعن طريق التفاعل وينتج عنها ما يفيد الجماعة ككل, كما أن التفاعل يجعل الأفراد أكثر التزاماً بسلوك يقبل من الآخرين داخل الجماعة, ويصير نمطاً متوقعاً من السلوك .

وإذا عدنا الى الانصهار عن طريق التفاعل , فأننا نجد أن هذا التفاعل يعطي للجماعة الصفة الكلية الشمولية التي لا ينظر إليها أنها مجموعة من الأفراد . فإذا ما تمتنت العلاقات وأنتجت أفعالا متتابعة ومستمرة , فإن هذا يدل على أن التفاعل يحدث بنجاح وبعمق .

ويحيط بالتفاعل عادة التوقعات من قبل الأعضاء لصدى تصرفاتهم داخل الجماعة , كأن تقابل تصرفاتهم بالاستحسان أو الاستهجان أو الرفض , وهذا التنوع بالاستجابات والتوقعات تزيد من حجم وعمق التفاعل داخل الجماعة , وبذلك يخلق التفاعل فرصاً للأعضاء لكي يقوموا بالأفعال وحتى بالأقوال ما يعكس استحساناً وتأييداً من قبل الجماعة , وينتجون تلك الأفعال والأقوال التي تثير الاشمئزاز أو الاستهجان أو الغضب والخصومة من قبل الجماعة أو بعض أعضائها .

والتفاعلات هي التي تخلق الديناميكية في الجماعة, وهذه الديناميكية هي التي تشكل قوة التغيير في الجماعة , إذ أنها تتألف من المثيرات والاستجابات التي تحدث بين أعضاء الجماعات في مختلف المواقف التي تمر بالجماعة . ومن خلال هذا التفاعل الديناميكي يحاول كل واحد من هؤلاء الأعضاء أن يتكيف مع توقعات الجماعة منه , في إطار ثقافة المجتمع .

وهناك عدة عوامل تؤثر على ديناميكية الجماعة, تتصل بالأهداف والقيم والوسط المحيط بالجماعة. إذ أن وضوح الاهداف والاتفاق عليها وتحديد وسائلها من الأمور التي تساعد على تماسك الجماعة وتحفزها على التفاعل والقيام بجهد جماعي مشترك لتحقيق الاهداف. مثلما أن تجانس الأعضاء من مختلف الخصائص وتعدد خبراتهم الناجحة في الحياة تزيد من التماسك والتفاعل داخل الجماعة . كذلك فان كان للجماعة قيماً متعارفاً عليها يزيد من

تماسكها، وبالمقابل فإن كان عدد الأفراد المكونين للجماعة كبيراً، وكلما كان المكان الذي تشغله الجماعة متسعاً، كان التماسك ضعيفاً داخلها.

أما بالنسبة لعلاقة الجماعة بالمجتمع, فإن تقبل المجتمع للجماعة يكسبها خبرات أفضل يؤدي الى تفاعلها ونضجها ومن ثم الى تماسكها والاستمرار بالانتماء إليها .

وتلعب قيادة الجماعة دوراً في تحقيق ديناميكيتها , وتتبنى الخدمة الاجتماعية وخدمة الجماعة النهج الديمقراطي للقيادة , وتعتبره وسيلة لتعويد الجماعة وإنمائها على هذا النهج. وهي توفر فرص النمو لكل عضو من خلال إتاحتها الفرصة لاستجابات متعددة مع القادة ومع الآخرين في نفس الوقت .

البرنامج كوسيلة لخدمة الجماعة :

يشكل البرنامج الوسيلة الحيوية الأولى التي تستخدمها الجماعة كوسيلة لتطوير مهارات أعضائها وقدراتهم وتحقيق التفاعل فيما بينهم لتنمية شخصياتهم وتعويدهم على العمل بروح الفريق لصالحهم كأفراد ولجماعتهم وللمجتمع الذي ينتمون إليه .

ولذلك فإن الجماعة وبمساعدة الأخصائي الاجتماعي تعمل - ومن خلال البرنامج- على ضمان مشاركة الأعضاء في مختلف أوجه النشاط , وتحقيق أكبر فائدة وبأقل مجهود وبأقل التكاليف وبأقصر وقت . كما أن الجماعة تتيح الفرصة للترويح من خلال البرنامج لكل الأعضاء وتهيئ الفرص من خلال البرنامج أيضاً لاكتشاف القدرات والمهارات التي تحتاج للظهور والصقل, وتنمية المهارات، عدا عن تدريب الأعضاء على ممارسة خبرات حياتية جديدة مثل المرونة وتكوين العلاقات والاعتماد على النفس،وكقاعدة عامة يتم وضع البرنامج وتنفيذه وممارسة النشاطات التي يتضمنها بأجواء من الحرية والتلقائية والديمقراطية .

وثمة جملة من المبادئ التي يجب أن تراعى عند وضع البرامج ومن أبرزها: فهم الأعضاء (فرداً فرداً) , ومراعاة المستويات بين بيئة أعضاء الجماعة , تحقيق الكفاية والإشباع لحاجات الأعضاء, مراعاة الزمان والمكان والسن والجنس والوقت, مراعاة الفروق الفردية, توفير النشاطات التي تهيئ الفرص للتقدم المستمر وتتيح قيام علاقات اجتماعية, بالإضافة الى توفير المشاركة للجميع في وضع البرنامج وتنفيذه .

ويقوم وضع البرنامج على عناصر ثلاثة هي: أعضاء الجماعة, محتوى البرنامج, الأخصائي الاجتماعي . وباختلاف طبيعة الجماعة تختلف طبيعة هذه العناصر, فالعمر المتوسط للأعضاء والجنس والميول والقدرات والمستويات الاجتماعية والاقتصادية والثقافية بالنسبة لهؤلاء الأعضاء, تجعل من طبيعة البرنامج تتناسب مع تلك الجوانب, وكذلك بالنسبة لمحتوى البرنامج, فأنه يتماشى مع طبيعة الأعضاء , فالميل الى بعض البرامج مثلاً يؤشر الى أنها من الأنشطة التي تتناسب مع ميول أعضائها وحاجاتهم, كما أن اختيار عناصر البرنامج يتم عادة وفقاً لرغبات الأعضاء وهذه الرغبات مربوطة عادة بخصائص الأعضاء وطبيعة الجماعة .

كما أن الأخصائي الاجتماعي يقوم بدوره مع الجماعة بمدى خبراته ودرايته , وهو يدرس طبيعة دوره في ضوء معرفته لخصائص الجماعة ومستوياتها, كأن تكون من الصبية أو الفتيات أو تكون كبيرة العدد, أو تكون لذوي عاهة معينة أو لذوي مواهب متميزة أو تكون في منطقة فقيرة, أو أن تكون في مجتمع ريفي , أو عكس هذه الصفات أو اختلافها . فهو يختار حجم تدخله ونوع تدخله في مساعدة الجماعة .

ويعمل الأخصائي الاجتماعي مع الجماعة , ومع كل عضو فيها على انفراد أيضاً, وعليه أن يعاون الجماعة ويهيئ لها الأجواء لتقوم بوضع برامجها والقيام بنشاطاتها , كما يمكن أن يساعد كل عضو على الإسهام في البرنامج والمشاركة في النشاط وأن ينمو ويكتسب الخبرات والمهارات من خلال ذلك, مصاحباً لذلك التخلص من المشكلات أو الوقاية منها .

ويساعد الأخصائي الاجتماعي في تحديد اتجاهها في مجال النشاط , وتحديد أنواع النشاط المعبرة وفقاً لاتجاهاتها , وتحديد وتوفير وسائل تنفيذ البرامج . وهو يستعين في ذلك بالاجتماع مع الجماعة ومقابلة أعضائها فردياً وملاحظة سلوكهم وتصرفاتهم واستفتاء آرائهم ورغباتهم , وبالاتصال مع المصادر المعينة للجماعة .

أما بخصوص شخصيات أعضاء الجماعة فقد سجل العاملون مع الجماعات أدواراً متعددة يقوم بها أعضاء الجماعة مثل: رفض الأفكار والمقترحات لمجرد الرفض , تعقيد الأفكار والمقترحات لمجرد التعقيد, التوفيق والمساومة في المواقف المتوترة أو المتعارضة, الابتعاد عن التدخل في الموقف أو المناقشة وعدم المبالاة فيما يدور داخل الجماعة, أو السيطرة ومحاولة فرض النفس أو الأفكار على الجماعة هذا التعود والاختلاف يجعل من دراسة شخصيات الأعضاء خطوة هامة كأساس تعتمد عليه خطة الأخصائي الاجتماعي في مساعدته للجماعة .

أما فيما يتعلق بحجم الجماعة فإن ثمة عوامل تؤثر في هذا الحجم من بينها: أغراض الأعضاء المكونين للجماعة , احتياجات أعضائها ورغباتهم , نوع النشاط الذي ترغب فيه , إمكانيات المؤسسة التي تشكل الجماعة فيها .

ومن جهة أخرى , فإن القيادة داخل الجماعة تلعب دوراً في إحداث التفاعل الاجتماعي بين أعضائها. فقد أثبتت التجربة أن القيادة الديموقراطية تجعل المسؤولية في الجماعة مشتركة وموزعه على الأعضاء, حسب إمكاناتهم وقدراتهم . والقائد الديموقراطي يتلمس حاجات الأعضاء ورغباتهم ويساعدهم على مقابلتها وتحقيقها , بما يجعل من الجماعة جاذبة للأعضاء, وتزيد تماسكها وتأثيرها في اتجاهات أعضائها وسلوكياتهم .

أما فيما يتعلق بالضبط الاجتماعي فإنه يعبر عن جملة الأساليب التي تقدم الجماعات فيها المكافآت لأعضائها على ما قدموه من جهود أو التي تتيح للأعضاء تولي مسؤوليات أو

احتلال مكانات تقديراً لهم وتوقعاً لدور متميز لهم تجاهها، وبالمقابل أساليب العقاب التي أوقعها بحق الأعضاء الذين أخطأوا أو قصروا بمسؤولياتهم تجاهها .

وفي جميع الحالات فإن ما يدعم عملية الضبط الاجتماعي داخل الجماعة, هو اشتراك الأعضاء في تحديد وسائل الضبط داخل الجماعة, وإدراكهم لمستوى المعايير الاجتماعية, وتطبيقها على جميع الأعضاء بدون استفتاء, والاعتراف بقيمتها وأهميتها داخل الجماعة, وكذلك مرونة الوسائل المستخدمة لها.

ويؤثر الشعور بالانتماء الى الجماعة والولاء لها, في ديناميكية الجماعة, فهو يعني توفر الروح المعنوية والجاذبية والتماسك, الذي يدرك الأعضاء بموجبه أن لهم مصلحة مشتركة وإنهم أجزاء من الجماعة. والتي يعبرون عنها بأحاديثهم بعبارات إننا نعتقد و إننا نريد , وجماعتنا , ونحن , وكلما زاد شعورهم بالانتماء للجماعة كلما زاد امتثالهم لضوابطها أما إذا قل الشعور بالانتماء , فإن ذلك سيؤدي الى ضعف التفاعل وعدم تأثير الجماعة على سلوك أعضائها.

وتسعى كل جماعة عادة الى صياغة مجموعة من القيم تحدد إطار عملها ونشاطاتها, تساعد على زيادة التفاعل بين الأعضاء , أما إذا تعارضت فإن ذلك سيؤدي الى صراع القيم الذي سيؤدي بدوره الى ضعف التماسك وتدني مستوى التفاعل داخلها.

ونأتي في الختام على الظروف المحيطة بلقاءات الجماعة , كمؤثر في درجة التفاعل داخل الجماعة , وإن كانت تبدو أموراً سطحية , مثل التهوية والإضاءة, المكان والمقاعد, مثل أن تكون المقاعد مرتبة على شكل دائري وأن تتوفر التهوية والإضاءة وبعيداً عن الضجيج والروائح الكريهة ومناسبة المكان وموقعه بالنسبة للأعضاء مما يساعد على حدوث تفاعل إيجابي مفيد بين الأعضاء.

ثالثاً : طريقة العمل مع المجتمعات

النشأة والتطور:

ظهر مفهوم تنظيم المجتمع على المستوى العملي مع بروز دور جمعيات تنظيم الإحسان, تلك التي كانت تسعى الى الحد من التكرار والازدواجية في تقديم الخدمة وتحقيق التكامل في الخدمات, وحركة المحلات الاجتماعية والتي كانت تسعى الى تعليم الفقراء ورفع مستويات معيشتهم وتوعية الناس ودفعهم لمساعدتهم في التخفيف من صعوبات الحياة في أمريكا وبريطانيا , وذلك بين عامي 1869و1877.

أما على المستوى النظري فقد ظهر مفهوم تنظيم المجتمع لأول مرة في كتابات **إدوارد ليندمان** (1921), من خلال كتابه (المجتمع المحلي .. مقدمة لدراسة وتنظيم وقيادة المجتمع) والذي أثار الاهتمام بالقيادات المحلية وحدد دور المنظم الاجتماعي . أما أول المؤلفات التي تحمل (**تنظيم المجتمع**) كعنوان فكان ل (**جيمس ستاتير**) الذي كان دراسة نظرية تطبيقية للنظم الاجتماعية والاقتصادية والسياسية والتعليمية في المجتمع بهدف إيجاد أطر للتنسيق والانسجام فيما بينها, لكي تحقق بالتالي رفاهية المجتمع ككل .

وجاءت دراسة **براي** (1947) لتربط تنظيم المجتمع والخدمة الاجتماعية، فحدد نشاطاتها بمساعدة الناس على إقامة علاقات اجتماعية متميزة يستفاد منها في إشباع احتياجاتهم, وبالارتكاز على فلسفة ديمقراطية تؤمن بحق المجتمعات المحلية بتقرير مصيرها, ومن خلال عمليات يوجهها المنظم الاجتماعي (الأخصائي الاجتماعي) بمهارته ووفقاً لعلاقة مهنية مع أهالي المجتمع المحلي تتجنب السيطرة أو فرض الرأي أو إحضار الحل من خارج المجتمع, بل يكون نابعاً من إرادة سكانه واحتياجاتهم .

وهكذا تم الاعتراف بتنظيم المجتمع (1946) كطريقة من طرق الخدمة الاجتماعية, تستند لفلسفتها ومبادئها وأخلاقياتها المهنية. وتعزز ذلك بتوضيح الجمعية الأمريكية للأخصائيين الاجتماعيين (1961) لطريقة تنظيم المجتمع, من حيث تماشيها مع القيم المهنية

للخدمة الاجتماعية , ومن حيث سعيها الى تحقيق النهوض بالمجتمع المحلي والى تنمية قدرات أبنائه لكي يواجهوا مشكلاتهم بالاعتماد على أنفسهم, وذلك بالاستناد إلى النتائج التي توصل إليها علم الاجتماع في دراسته للنظم الاجتماعية وبادراك طبيعة الصراعات الاجتماعية داخل النسق الاجتماعي المحلي وتحديد بناء القوة القائمة وأصحاب السلطة والنفوذ فيه, للاستعانة بهم في العمل من اجل تحقيق أهداف تنظيم المجتمع .

أما على الصعيد العربي , فقد ظهر أول المؤلفات في تنظيم المجتمع على يد **جمال زكي** تم على يد **عبد المنعم شوقي** (1961) وسبق ذلك خطوة عملية تمثلت في تشكيل مجالس تنسيق الخدمات في الإسكندرية (1951) والقاهرة (1933), وذلك بمبادرة من رواد الخدمة الاجتماعية الذين عادوا من بعثاتهم في هذا التخصص في الولايات المتحدة الأمريكية.

ولعل أشهر التعريفات لتنظيم المجتمع هو تعريف **ميري روس** الذي أعتبرها: "**عملية يتمكن المجتمع من خلالها من تحديد حاجاته وأهدافه وترتيبها حسب الأهمية , ثم إذكاء الثقة والرغبة بالعمل بين السكان , والقيام بإجراءات لتحقيق الاهداف وإشباع الحاجات , وعن هذا الطريق يسود التعاون والتضامن بين أبناء المجتمع .**

أما على الصعيد العربي فتبرز أمامنا تعريفات **عبد المنعم شوقي وهدى بدران و أحمد كمال أحمد** بين عامي 1961و1973 والتي اعتبرت تنظيم المجتمع طريقة من طرق الخدمة الاجتماعية , يستخدمها الأخصائي الاجتماعي للتأثير في القرارات المجتمعية، بالتعاون مع المتطوعين والخبراء، ولتعيين الموارد الموجودة أو التي يمكن إيجادها لمواجهة الاحتياجات الضرورية، وفقاً للخطط المرسومة في حدود السياسة الاجتماعية بالمجتمع .

وتجمع الكتابات المعاصرة على أن " تنظيم المجتمع" طريقة من طرق الخدمة الاجتماعية وتمارس في إطار فلسفتها ومقوماتها ومبادئها، وأنها تسعى الى التغيير المقصود الذي يساعد على التقدم الاجتماعي والاقتصادي للمجتمع , كما أنها تساهم في إحداث هذا التغيير. ومجتمع الحاجة أو المشكلة هو وحدة العمل في هذه الطريقة، أي أن الأخصائي

الاجتماعي (المنظم) يعمل مع أهالي المجتمع, حيث يعانون من نفس المشكلة أو لديهم ذات الشكوى, وتحدوهم الرغبة للانتظام في جهود ذاتية مشتركة لتحقيق ما يسعون إليه.

وتعتمد ممارسة هذه الطريقة بالإضافة الى جهود الأخصائيين الاجتماعيين على المتطوعين وخاصة من القيادات المحلية ذات التأثير في الرأي العام والنشاط العام داخل المجتمع المحلي, على أن تكون الممارسة في إطار ديمقراطي يحترم الجميع, ويستمع الى آراء الجميع, ويطلب منهم إسهاماتهم بالتخطيط والتنفيذ والمتابعة .

وهذه الطريقة وإن كانت تركز على الجهود الأهلية, فإنها لا تهمل دور الأجهزة الحكومية, بل تعول عليها كثيراً وتسعى لمشاركتها في إطار تنسيقي واضح بين الجهتين الحكومية والأهلية .

وهي في هذا كله تتلاءم مع جهود تنمية المجتمع المحلي ولا تتناقض معها, مثلما هي لا تشكل بديل لها, إذ أنها تركز على إذكاء الوعي لدى الأهالي وتحفزهم للعمل وتنظم جهودهم في ذلك حتى نهاية الجهد المجتمعي الموحد لإنجاز خططه وتحقيق أهدافه برفع مستوى الحياة داخل المجتمع .

ويحسن بنا هنا أن نحاول رسم العلاقة بين "تنظيم المجتمع" و"تنمية المجتمع" ويجدر بداية بهذا الخصوص أن نشير إلى أن مفهوم تنظيم المجتمع وتطبيقاته قد انبثقت عن مؤسسات الإحسان في المجتمع الغربي في القرن الثامن عشر عندما كانت تشكل مجتمعاً وظيفياً يحتاج الى التنسيق والتنظيم منعاً للازدواجيه والتكرار والتضارب .

وتهدف طريقة تنظيم المجتمع الى مواجهة مشكلات التقدم والتحضر وتضخم المجتمعات وتزايد عدد السكان , بينما تهدف طريقة تنمية المجتمع الى مواجهة مشكلات التخلف والجمود في المجتمعات الريفية .

ولهذا اختلفت اهتمامات كلا الطريقتين بمعالجة المشكلات , إذ أنصب اهتمام طريقة تنظيم المجتمع على مشكلات الأسرة والأطفال والشباب والمسنين والمنحرفين والمعوقين والفقراء , بينما أنصب اهتمام طريقة تنمية المجتمع على قضايا التنمية المحلية الصحية والتعليمية والثقافية والزراعية والحرفية وعلاقات الجيرة والتوعية العامة .

وقد نشأت طريقة تنظيم المجتمع في أحضان المؤسسات والهيئات الأهلية التطوعية واستمرت تنشط في هذا المجال وبادرت الأجهزة الحكومية المعنية في ما بعد بالتدخل من أجل التنسيق والرقابة ووضع التشريعات، بينما نشأت طريقة تنمية المجتمع في مراكز تنمية محلية حكومية , بادرت هيئات أهلية تطوعية فيما بعد الى الانضمام الى هذه الجهود عن طريق فتح مراكز مماثلة .

وتمارس طريقة تنظيم المجتمع عادة في المجتمعات الحضرية على اعتبار أن الخدمات متوفرة فيها الى حد ما وأنها بحاجة الى التنظيم والتنسيق والتفعيل , بينما تمارس طريقة تنمية المجتمع في المجتمعات الريفية على اعتبار أنها بحاجة الى تطوير شامل وتنمية شاملة وإن صارت تمارس في بعض المجتمعات المحلية الحضرية كالأحياء المتخلفة والفقيرة والهامشية، لذات الاعتبار التنموي الشامل المتكامل .

وتحاول طريقة تنظيم المجتمع عادة أن تشق طريقها وتنشط في ظل النظام الاجتماعي المتبع تقليدياً وفي إطار مؤسساته وأجهزته القائمة . بينما تحاول طريقة تنمية المجتمع إحداث تغيير شامل في بناء المجتمع المحلي ونظمه ووظائفها بصيغة تجديدية مبتكرة .

المداخل النظرية للتدخل المهني :

تتعدد المداخل النظرية للقضايا الاجتماعية عادة تبعاً لاختلاف النظرة الى هذه القضايا والزوايا التي ننظر منها إليها، وكان الحال كذلك بالنسبة للمنظورات نحو التدخل المهني للخدمة الاجتماعية على مستوى العمل مع المجتمعات، وهي التي تتفق على الهدف من هذا التدخل والذي يتمثل في رفع مستوى المعيشة وتحسين أحوال المجتمع .

تشكل دراسة **ميري روس** حول تطور طريقة تنظيم المجتمع ومنطلقاتها (1955) أول تأطير نظري لهذه الطريقة وما يزال يشكل حجر الأساس في هذا الإطار . وقد حدد روس ثلاثة مداخل لتنظيم المجتمع هي: المدخل الإصلاحي، المدخل التخطيطي , المدخل العملي .

ويعتمد **المدخل الإصلاحي** على مبادرة شخص أو أكثر بعمل ريادي لإصلاح المجتمع من زاوية معينة ، مثل تعديل بعض التشريعات أو استصدار تشريعات جديدة لتحسين أحوال المجتمع أو شرائحه , مثل تشريع لرعاية الطفولة أو لرعاية المعوقين أو لرعاية المسنين.

ويتطلب نجاح المدخل الإصلاحي في تحقيق أهداف تنظيم المجتمع, قيام هؤلاء المبادرين للإصلاح بطرح الأفكار الإصلاحية لدى المعنيين بالدوائر الرسمية والجهات ذات العلاقة بالمجتمع وقادة الرأي والتأثير في المجتمع ذاته, بغية تنويرهم بالقضية المطروحة وشرح الخطط الموضوعة والإجراءات اللازمة ومن ثم الحصول على تأييدهم وكسب مساندتهم , بالإضافة الى اعتماد وسائل الإعلام والتوعية والاتصال بالناس لإثارة حماسهم وتجاوبهم وطلب مشاركتهم ومؤازرتهم, وكذلك من خلال اللقاءات والمؤتمرات وتشكيل اللجان .

أما **المدخل التخطيطي**, فهو يعتمد على الدراسات الاستطلاعية لتحديد الاحتياجات والإمكانيات المتوفرة لمواجهتها وتشخيص المشكلات الاجتماعية وطرق معالجتها, وذلك بالاستعانة باللجان والخبراء والقوى والشخصيات المؤثرة والمهتمين بالقضايا والمشكلات الاجتماعية من أعضاء المجتمع سواء المهتمين بها أو المتأثرين منها.

وأما **المدخل العملي**: فهو يدعو الى قيام السكان بجهود جماعية لحصر المشكلات ووضع الحلول لها ومن ثم حشد جهودهم لتطبيق هذه الحلول بعمل جماعي موحد , وفي ضوء اتفاق الجميع على القيام بهذا العمل .

وهناك مدخل رابع يمكن أن يضاف الى ما حدده ميري روس وهو **مدخل العمل الاجتماعي**: الذي يقوم على الجهد الجماعي المتناسق الذي يسعى الى تحقيق المصلحة العامة بطريقة تعاونية هادئة مشروعة وبأشراف الأخصائي الاجتماعي (المنظم), ويتمثل هذا الجهد بمطالبة الجهات الرسمية المختصة إما بوضع التشريعات الاجتماعية المناسبة أو الخطط الاجتماعية اللازمة لتلبية بعض الاحتياجات أو حل بعض المشكلات التي يشكو المجتمع منها .

ويتطلب مدخل العمل الاجتماعي إذكاء الوعي وتنظيم الجهود بدايةً ثم دراسة الأوضاع والاحتياجات والمشكلات ثم وضع الحلول المناسبة والاتصال بالجهات ذات العلاقة لتبنيها .

أساسيات العمل مع المجتمعات :

تبنى الاعتبارات الأساسية للتدخل المهني على مستوى المجتمعات المحلية على الاعتراف بكرامة الإنسان والاعتماد المتبادل بين الوحدات الإنسانية, وبما ينسجم مع منطلقات الخدمة الاجتماعية التي تؤكد على قدرة الإنسان على التغيير وعلى حقه في السعي لرفع مستوى حياته مستثمراً ومنمياً قدراته وإمكانياته .

فالمجتمع لابد أن يتغير لصالح أفراده وبجهود أفراده حتى يتمكن من أن يلبي احتياجاتهم المستمرة والمتطورة, والتي لا يستطيع الأفراد سدّها بمعزل عن المجتمع. وهذا التغيير المنشود لابد أن يحدث بتدخل آنساني مباشر حسب خطة موضوعة متفق عليها .

ووفقاً لهذه القناعة فأن تنظيم المجتمع في إطار الخدمة الاجتماعية تسعى لتوفير الرفاهية لعموم أعضائه , لا يفرق بين جماعة وأخرى إلا بحدود شدة احتياج جماعة دون أخرى أو شريحة اجتماعية ذات احتياج أكثر من غيرها, فالمساواة والعدالة في الفرص واوجه التطور يجب أن تتوفر للجميع .

وحتى يضمن المجتمع لأعضائه ذلك فأن عمليات تنظيم المجتمع تراعي القيم السائدة في المجتمع وتحاول من خلالها أن تفهم المجتمع بصورة أفضل وتتعامل معه بطريقة ديموقراطية, حتى يكون للمجتمع انعكاساته في وضع أسس العمل وتنفيذ خطته والمشاركة في جزئيات هذا التنفيذ, الذي يصل الى أهداف يرضى عنها المجتمع وأتفق أعضاؤه على العمل المشترك من أجل الوصول إليها, كمبادرة منهم .

إلا أن هذه المبادرة لن تتم إلاّ إذا نظم المجتمع نفسه, بتوفير فرص التدريب لأعضائه ليعتمدوا على أنفسهم اعتمادا متبادلاً قائماً على التعاون والتضامن في تحقيق الاهداف الموضوعة . وإذا كان هناك فروقاً فردية بين الأعضاء – ولابد أن تكون- فإن ذلك لن يضر العمل , وإنما يعطيه عنصراً مقوياً للتفاعل داخل المجتمع, بل هي تعكس إغناء للأفكار وتعدداً للخبرات وتنوعاً للقدرات والمهارات. وحتى نضمن لذلك كله النجاح والتقدم نحو الاهداف, فإن من الضروري السعي لإقامة قيادة جماعية من المجتمع المحلي ذاته تعمل على التوافق بين الوسائل والأهداف , وتعكس الرأي العام داخل المجتمع وتعبر عن طموحاته وتطلعاته .

إن شخصية الأخصائي الاجتماعي (المنظم) لها دور مؤثر في ترجمة الاعتبارات الأساسية التي عرضنا لها آنفاً, فانه بحاجة أن يستخدم مهاراته وخبراته في التعامل مع أعضاء المجتمع وحفزهم على المشاركة, الأمر الذي يتطلب منه قدرة على اكتساب ثقتهم وتقبلهم له بدايةً وبفضل هذه الثقة وهذا التقبل يتمكن من تحقيق استجابة المجتمع لطروحاته وإقبالهم على المشاركة في أعمال أجهزة تنظيم المجتمع عن قناعة ودراية , عندما يدرك المجتمع أن هذه الأجهزة وبكل العاملين فيها قد جندوا لتحقيق ما يصبوا المجتمع إليه أولاً وأخيراً .

مبادئ تنظيم المجتمع :

إن ما يجعل الطريق ممهداً للوصول الى هذا المستوى من العلاقة بين المجتمع والأخصائي (المنظم) وجهاز تنظيم المجتمع, هو الالتزام بمبادئ تنظيم المجتمع المهنية والتي تشكل القاعدة الأساسية للعمل. والتي يجب على العاملين التمسك بها لا بشكلها النظري فحسب بل بممارستها وتضمينها أخلاقيات المهنة, إذ أنَّ المبدأ حقيقة أساسية لها صفة العمومية يصل الإنسان إليها بالمنطق والخبرة والبحث العلمي, بحيث يصبح قاعدة يقوم العمل عليها, ويحترمها العاملون في المهنة أو المجال ويراعونها, بعد أن أثبتت الخبرة والتجربة أثبتت ضرورتها وصلاحيتها . فأصبحت قاعدة للسلوك لها صفة القانون أو القوة المحركة .

ولهذا أصبحت مبادئ الخدمة الاجتماعية بصورة عامة, ومبادئ كل طريقة من طرقها بصورة فرعية تقابل بالالتزام والاحترام من قبل الممارسين, نظراً لما يجلبه هذا الالتزام من قيم وفوائد , تساعد على نجاح الأخصائي الاجتماعي الى حد كبير و وتشكل مخالفتها خطورة على العمل وضرراً للممارس لا يتماشى مع أهداف المهنة وقواعد الطريقة. ولا ننسى أن هناك مجموعة من العوامل التي تساعد على نجاح تطبيق المبادئ في ممارسة تنظيم المجتمع في طليعتها ظروف المجتمع وأوضاعه واستجابة سكانه ورغبتهم في سد الاحتياجات وحل المشكلات, يضاف إليها شخصية الأخصائي الاجتماعي (المنظم) بما فيها من استعدادات ومهارات وخبرات, الى جانب وجود الأجهزة والمراكز التي ينطلق منها العمل ويتعامل معها الناس .

يبرز مبدأ **الاستشارة** في المقدمة, فهو بداية عمل الأخصائي الاجتماعي (المنظم) والتي يبدأ أثناءها بالبحث عن مثير يستجيب له السكان , فيجعلهم يبادرون الى العمل بحماس للنهوض بمجتمعهم وتطوير الخدمات فيه وليصبح أقوى بإمكانياته لتخطي مشكلاته وصعوباته . ويستخدم الأخصائي المنظم هنا المهارة اللازمة لدراسة المجتمع في المواقف المختلفة, ومن ثم اختيار المثير المناسب الذي يلاقي التجاوب من أبناء المجتمع .

وحتى يضمن الأخصائي النجاح لتطبيقه هذا المبدأ, عليه ان يراعي إشراك أفراد من أبناء المجتمع في الدراسات الاستطلاعية اللازمة, وفي وضع الخطط للبرامج المقترحة, فضلاً عن المشاركة في اقتراح البرامج, وكذلك مساعدتهم على اكتساب اتجاهات وقيم وقدرات جديدة , بالإضافة الى استثمار ما لديهم من خبرات وكفاءات وقدرات قيادية ومؤثرات في الرأي العام وإعطاء الأفكار البناءة . وتفيد الاستثارة في تحريك سكان المجتمع وتأمين مشاركتهم وكسب تأييدهم لجهود جهاز التنظيم واخصائييه, وتشكيل حشد منهم يعمل بروح الفريق من أجل التنظيم والتطوير .

يقودنا هذا المغزى لتطبيق هذا المبدأ الى الحديث عن مبدأ هام آخر هو **مبدأ المشاركة الأهلية** ,الذي يشكل العمود الفقري لطريقة تنظيم المجتمع, لأنه يحقق إسهام الناس في تنظيم الخدمات وتطويرها في مجتمعهم بصورة تطوعية, كلٌ حسب قدراته واستعداداته ,كأن يقدم المواطنون الرأي أو العمل أو المال .

وبذلك يفسح تطبيق هذا المبدأ المجال للمواطنين للمشاركة, فتزيد هذه المشاركة من ثقة المجتمع بنفسه, وينمى لدى أعضائه الشعور بالمسؤولية في سياق عملي تربوي لممارسة الديمقراطية , ومما يزيد بالتالي من حرص المواطنين على المحافظة على النتائج التنموية التنظيمية التي شاركوا جميعاً من أجل الوصول إليها.

وتتبنى الخدمة الاجتماعية لتحقيق المشاركة الأهلية أربعة استراتيجيات هي **استراتيجية التعليم** التي تنمي الثقة بالنفس من خلال التعاون بين المواطنين, و**إستراتيجية التمثيل** التي تعمل على اختيار ممثلي المواطنين في إعداد الخطط وإدارة المشاريع , و**استراتيجية الدفاع** التي تتشكل بموجبها الجماعات الضاغطة التي تدافع عن مصالح الأعضاء .

ولضمان نجاح تطبيق مبدأ المشاركة فلابد من توفير جملة من العناصر المساعدة على النجاح, مثل: توسيع قاعدة المشاركة , وتوفير البيانات اللازمة عن قضايا المجتمع

ومشكلاته، والبدء من الحاجات الفعلية والملحة للمجتمع , وبالاعتماد على الجماعات ذات الأثر في الحشد البشري وتنظيمه من أجل خدمة المجتمع وتطويره .

غير أن ذلك لن يتم بيسر إذ أنه من المتوقع أن تواجهه بعض المعوقات والعراقيل مثل شعور المواطنين بأن الهيئات القائمة على تنظيم المجتمع وتطويره لا تقدم ما يحتاجه المجتمع حقيقة, أو شكهم في إمكانية التغيير المتولد عن خبرات سابقة فاشلة في هذا المجال, أو إحاطة الجهود بالشك أو التنبؤ بالإخفاق ,وانصراف الاهتمام بين المواطنين الى الأمور الحياتية الخاصة, دون إعطائها البعد المجتمعي, أي ضيق النظرة الى الأمور .

يوازي تطبيق مبدأ المشاركة تطبيق **مبدأ حق تقرير المصير** , وهو مبدأ عام في الخدمة الاجتماعية, إلا أنه من خلال طريقة تنظيم المجتمع يقضي بإتاحة الفرصة للمواطنين لاتخاذ القرارات اللازمة من أجل إحداث التغيير المرغوب في مجتمعهم ,دون أية محاولة من قبل الأخصائيين الاجتماعيين (المنظمين) للتعديل في طبيعة هذه القرارات المبنية على وضوح رؤية , ومنع أية تدخلات من خارج المجتمع أومن أفراد محدودين داخله بفرض أية برامج أو تشريعات لا تعبر عن إرادة المواطنين ورغبتهم , أو دون مشاركتهم في التخطيط لها وتنفيذها, ولا تشكل تعبيراً حقيقياً عن حاجاتهم وتطلعاتهم .

ولهذا فإن على الأخصائي الاجتماعي (المنظم) أن لا يسارع في عرض أفكار أو تصورات عن برامج أو مشروعات , بل عليه أن يحث المواطنين على المشاركة في مختلف الخطوات بدءاً من دراسة المجتمع لتحديد احتياجاته ومشكلاته وحصر موارده وتحديد أهدافه ووضع أولوياته , ورسم برامج خدمة المجتمع ومن ثم تنفيذها ومتابعتها وتقويمها من قبل هؤلاء المواطنين . وذلك على أساس المساواة بين الجميع .

ومما يساعد على نجاح تطبيق مبدأ حق تقرير المصير الاستماع الى مختلف الآراء والتمعن فيها والتوفيق فيما بينها, وتجنب فرض أية آراء أو حلول على المواطنين المشاركين في عمليات تنمية المجتمع وتنظيمه, والذين ينبغي الاستفادة منهم في ضوء خبراتهم

ومهاراتهم وقدراتهم, في حين أن على الأخصائي الاجتماعي أن يولد لديهم الرغبة والحماس للمشاركة في هذه الجهود إلا أنه قد يواجه بعض العراقيل والمعوقات مثل التواكلية أو السلبية عند المواطنين, أو عجزهم عن اتخاذ قرارات مناسبة لتنظيم مجتمعهم وتطويره, أو تعارض ما يقترحه الأخصائي مع رغباتهم أو مع مصلحة مجتمعهم ولكن الأخصائي الاجتماعي الكفء بأدائه وعلاقاته يتمكن من زيادة وعي الناس ويساعدهم على اتخاذ القرارات المناسبة بما يتفق مع مصلحة المجتمع , ولكن بشكل لا ينيب نفسه عن المجتمع فيما يسعى إليه.

ويحتاج الأخصائي الاجتماعي في أداء دوره مع المجتمع أن يحقق **التقبل** كمبدأ من مبادئ تدخله المهني, هذا التقبل المتبادل بينه وبين المجتمع بسماته وظروفه وقيمه وعلاقاته وتياراته الاجتماعية. وهذا ما يتطلب من الأخصائي الاجتماعي (المنظم) أن يفهم المجتمع ويدرك حقيقة حاجاته ورغبات سكانه ومشكلاته وإمكانياته, ويعرف كيف يستفاد من تلك الإمكانيات, ويحترم القيم والاتجاهات والعادات والتقاليد السائدة لإقامة علاقات حسنه مع سكانه .

ومما يساعد في تطبيق هذا المبدأ اكتساب الأخصائي الاجتماعي لثقة سكان المجتمع , إذ كلما زادت ثقتهم به كلما زاد تقبلهم لملاحظاته واقتراحاته , وبالتالي تحصل الاستجابة ويزيد التعاون بين الطرفين ولكن ما يجب أن يدركه الأخصائي الاجتماعي (المنظم) في هذا الإطار هو أن يقيم علاقته مع المجتمع على أساس موضوعي, لا أثر فيه لأية أبعاد شخصية , فيلتزم بالعمل لمصلحة المجتمع بعيداً عن اية تحيزات أو نوازع ذاتية ليقيم بذلك علاقة مهنية تعتبر مبدأً أساسياً من مبادئ طريقة تنظيم المجتمع.

ولكي يكفل الأخصائي الاجتماعي إقامة هذه العلاقة على نحو سليم عليه أن يشرك مختلف القوى الاجتماعية داخل المجتمع في خطوات التنظيم والتطوير, وأن يضبط معدل سرعة التغيير، وينمى استعداد المواطنين في الحركة من أجل التغيير المنشود . على أن

يحاول أن يفرض أراءه الشخصية على سكان المجتمع , أو أن يتشدد في الالتزام برأيه واتجاهاته .

وللأخصائي الاجتماعي أن يستعين بالخبراء والمختصين في مجالات متعددة تفيد برامج تنظيم المجتمع, سواء في التخطيط لها أو تنفيذها أو تقييمها, وذلك بما يسهم في حل المشكلات أو سد الاحتياجات أو تطوير الخدمات, وعلى الأخصائي الاجتماعي عند تطبيق هذا المبدأ أن يوفر أمام الخبراء البيانات اللازمة عن الموارد والاحتياجات والمشكلات, ويسهل أمامهم مهمة التفاعل مع المجتمع والاستماع الى شكاوي السكان وآرائهم واقتراحاتهم ومطالبهم . ويسهل كذلك اتصالاتهم مع مختلف الجهات لبلورة أفكارهم التي يمكن أن تسهم في تنظيم المجتمع وتطويره.

ولكي يضمن الأخصائي الاجتماعي نجاح الاستعانة بالخبراء, عليه أن يحسم اختيار الخبير المناسب للموضوع الذي يقع ضمن اختصاصه , وأن يساعده على بناء علاقة ثقة وتقبل مع سكان المجتمع .

ويأتي **التقويم** كمبدأ مهني ختامي تراجع بموجبه الإنجازات ويكشف عن مدى نجاح أساليبها وتحقيقها لأهدافها وصلاحية تلك الاهداف أساساً لعمليات تنظيم المجتمع وتطويره. وذلك بما يشكل مراجعة لما خطط له وأنجز للكشف عن الأخطاء والهفوات, وتعيين ما ينبغي إتباعه والحرص عليه ومضاعفة جدواه من مقومات نجاح العمل مع المجتمع وبذلك يشكل تطبيق هذا المبدأ كشفاً للحقائق بكل صراحة ووضوح , ومواجهة الأخطاء وحصرها ومعالجتها , بعيداً عن أية نزعات شخصية أو محاولات للتستر على الأخطاء أو المضي في طريقها الخاطئ .

أساليب التدخل مع المجتمعات :

يقوم التدخل المهني للخدمة الاجتماعية على مستوى المجتمع على ركنين: الركن الأول يهتم **بتطوير الخدمات الاجتماعية والتقدّم بوسائل تقديمها للمواطنين**, أما الركن الثاني

فيهتم بالتأثير في الظروف المعيشية وإحداث التغيير المنشود باتجاهات وسلوكيات وقيم الناس ونشر العدالة الاجتماعية .

ولذلك اهتمت الخدمة الاجتماعية على المستوى المجتمعي بقضايا الفقر والبطالة والإسكان والتلوث والخدمات العامة كالصحة والتعليم , باعتبارها تشكل جوانب التطوير والإصلاح .

ومن خلال نتائج تقييم الأخصائيين الاجتماعيين لجهودهم المهنية, لاحظ هؤلاء بأن العديد من المشكلات ما يزال قائماً, وتعاني منه المجتمعات, بشكل حث الخدمة الاجتماعية عموماً وطريقة تنظيم المجتمع خصوصاً على مراجعة سيرها ومسيرتها في خدمة المجتمع .

هذا الأمر الذي حدى بهما الى التركيز على الاحتياجات والتي يشعر المواطنون بها حقيقة, والى التركيز كذلك على أن تحديد أولويات تلك الاحتياجات وطرق تلبيتها ومقدار هذه التلبية, تحتاج الى مشاركة من المواطنين في هذه الأنشطة, التي تحتاج الى مزيد من التكامل والتنسيق بين مختلف النظم الاجتماعية داخل المجتمع, والاهتمام بالعلاقات الاجتماعية وعملية اتخاذ القرار في المجتمع.

كما أخذت الخدمة الاجتماعية ومن خلال طريقة تنظيم المجتمع بالاهتمام بعمليات التغيير الاجتماعي باعتباره أساساً للعمل كبديل للعمل من خلال الأنساق القائمة وحل المشكلات من خلال البناء الاجتماعي القائم .

وتبعاً لهذا التوجه فتحت طريقة تنظيم المجتمع أمامها مجالات جديدة للممارسة تمثلت ببرامج العمل المجتمعي التي تعتمد على المشاركة الكاملة من سكان المجتمع في إدارة البرامج وتنفيذها. وبرامج المجتمع للشباب التي تقدم التسهيلات لمشاريع الشباب الاقتصادية, وبرامج التنمية المحلية بالجهود الذاتية, وبرامج العمل الاجتماعي التي تعمل على إحداث التغيير أو التعديل المناسب في نسق الفرص والخدمات والإمكانيات بحيث تتاح للجميع .

تزامن ذلك التطور مع تغيير في الاستراتيجيات والأساليب والأدوات المستخدمة. مثل التركيز على الاتصال وتعليم الكبار والتخطيط الاجتماعي. واستخدام استراتيجية التضامن لتقوية العلاقات بين الناس داخل المجتمع ولضمان تعاونهم في برامج تنظيم المجتمع. واستخدام استراتيجية الحملة في حالة عدم الاتفاق على القضايا المطروحه أو عند العمل على مواجهة قضية ما, ليتسنى الإقناع وتحقيق الاتفاق في نهاية المطاف .

وهناك عناصر مترابطة تحدد بموجبها الاستراتيجية المناسبة للعمل هي: جوهر القضية أو الهدف من الجهود المنوي القيام بها , والموارد والإمكانيات التي يمكن تسخيرها فيها , والعلاقة بين نسق العمل المقرر والنسق المطلوب إحداث التغير فيه .

إلا إن ما يحتاج الأمر أن يؤكَّد عليه فهو توفير مقومات النجاح للعمل مع المجتمع من أبرزها: الاستعداد الفكري العام للمجتمع , تطوير الاتجاهات والقيم والتعليم, إيجاد حوافز التغيير, توفير الإمكانيات المهنية والفنية للتغيير, القيادات المهنية والمحلية, وكفاية الأجهزة الأهلية والحكومية لخدمة أغراض التنظيم والتنمية.

الأخصائي الاجتماعي المنظم :

على الرغم من أن الأخصائي الاجتماعي (المنظم) ليس من قادة المجتمع المنبثقين من بين أعضائه, إلا أنه يتولى دوراً قيادياً لعمليات تنظيم المجتمع وتطويره , أهّله له إطاره المهني الذي أعد فيه كمتخصص في الخدمة الاجتماعية وكممارس لطريقة تنظيم المجتمع . يمتلك من المهارات والاتجاهات والمعلومات بما يمكنه من التأثير في المواطنين ومساعدتهم على النمو والتكيف , ومن توجيه الرأي العام وتشجيع المواطنين على المشاركة في برامج التنظيم والتطوير والتغيير في المجتمع؛ وتمكن من اكتشاف العناصر القيادية ومن تحديد الاحتياجات وحصر الموارد والكشف عن المشكلات الحياتية الحقيقية .

وقد ازدادت أهمية وجود الأخصائي الاجتماعي (المنظم) لضرورة تدخله المهني في المجتمعات الحديثة التي تزداد تعقيداً وتشهد تغيراً متسارعاً؛ ولذلك ازدادت المناهج

الأكاديمية والتطبيقية لإعداده وتدريبه على فهم المجتمعات والتعامل مع أعضائه بطريقة علمية موضوعية تتحلى بصفات مهنية عالية .

إن الصفات والخصائص التي تتوخاها هذه المناهج في إعداد الأخصائي الاجتماعي (المنظم) هي التي تعكس في شخصيته القدرة على القيادة والاستعداد لتوليها, مبدياً رأيه وقادراً على الإقناع ومتميزاً بسعة الأفق ومحترماً لوجهات النظر والرأي الآخر. وقادراً كذلك على التنفيذ لا بل مبادراً وسباقاً الى التنفيذ, غير معتمد على الآخرين وغير متوان أو متردد فيما يحب أن يقوم به من أعمال أو اتصالات, غير منحاز لا مع ولا ضد أي طرف أو جهة في المجتمع الذي يعمل مع أعضائه

ومن الصفات التي تتوخى الخدمة الاجتماعية توافرها في شخصية الأخصائي الاجتماعي (المنظم) ؛ التحلي بالصبر والمثابرة والحماس والإخلاص في العمل والأمانة في المسؤولية , الثبات والاتزان في الشخصية والاستقرار في التعامل مع الآخرين, قادراً على الإبداع والابتكار في اقتراح الحلول وإبداء الرأي, وقادراً على دفع الآخرين على المشاركة والتفاعل, وعلى استقطاب الشباب للمشاركة وصقل مواهبهم وتطوير قدراتهم والاستفادة من استعدادهم للعمل.

ولكي يجعل الأخصائي الاجتماعي (المنظم) من سلوكه يلائم ممارسته المهنية المطلوبة والمتوقعه فإن ثمة اعتبارات عليه أن يراعيها مثل : الابتعاد عن استخدام العلاقات المهنية للحصول على مكاسب شخصية , عدم تطوير العلاقات المهنية الى علاقات شخصية غير مهنية , عدم الإخلال بالمواعيد والالتزامات والارتباطات مع الآخرين في إطار عمله مع المجتمع , الظهور بالمظهر اللائق والمناسب لطبيعة المجتمع وثقافته .

كما أنه يتوقع من الأخصائي الاجتماعي (المنظم) أن يكون واضحاً في تصرفاته ومتواضعاً في علاقاته ,وأن لا يعطي وعوداً لا مبرر لها أو لا توجد إمكانية لتنفيذها , يحتم توافر هذه الخصائص والصفات في شخصية الأخصائي الاجتماعي(المنظم) دوره الحساس

الذي يقوم على ثقة المجتمع فإذا ما نال هذه الثقة تسهل عليه ممارسة عمله, وتمكنه من الوصول الى أهدافه المهنية داخل المجتمع , وإلا أخفق وفشل فيما يسعى إليه . وعند ذلك يصعب عليه إزالة الانطباعات السالبة التي كونها أعضاء المجتمع عنه.

وإذا عدنا الى نظرية ميري روس كأساس لتحديد دور الأخصائي الاجتماعي (المنظم) فإننا نجد فيها أن هذا الدور يتشكل في أربعة أبعاد . فهو مرشد, ممكن, خبير , ومعالج .

فالأخصائي الاجتماعي (المنظم) **مرشد** Guide , إذ عليه أن يساعد قادة المجتمع على اختيار الأساليب وأفضلها لتحقيق أهداف المجتمع وطموحاته. وهذا الدور يتطلب من الأخصائي الاجتماعي أن يتحلى بالمبادأة Intiative والموضوعية Objectivity وأن يقدم نفسه للمجتمع بشكل مقنع ويحدد دوره بشكل واضح .

والأخصائي الاجتماعي (المنظم) **ممكن** Anabler , أي أنه يقوم بتسهيل عمليات تنظيم المجتمع والتي تبدأ بإثارة مشاعر عدم الرضى عن ظروف المجتمع وأوضاعه, ومساعدة المواطنين على الرؤية الواضحة الطبيعية لمشكلاتهم ومشاعرهم وتشجيعه لجهود المنظمة القائمة على تعزيز روح الثقة بمقدرة المواطنين على تحقيق أهدافهم, وعلى أساس العمل التعاوني المشترك فيما بينهم, مع التأكيد على الأغراض العامة للمجتمع ككل وليس لشريحة معينة أو قطاع معين من المجتمع .

كما أن الأخصائي الاجتماعي (المنظم) **خبير** Expert فهو قادر على تزويد المجتمع بالمعلومات والمهارات المهنية اللازمة للعمل, وهو يقدم المشورة حول إمكانية الحصول على الموارد البشرية والمادية اللازمة للعمل, ويجري الاتصالات مع ممثلي الهيئات والجهات والأفراد لتأمين مشاركتهم ومساهمتهم في الجهد الجماعي لتنظيم المجتمع وتطويره . وهذا الدور يتطلب منه أن يقوم بتشخيص المجتمع بمشكلاته واحتياجاته وإمكانياته, ويجري البحوث اللازمة لذلك. ويعطي نماذج من تجارب مماثلة لمجتمعات أخرى , ويقوم بتوجيه العمل الوجهة المناسبة, ويعطي المعلومات الفنية الخاصة بأعداد المشاريع والقيام بالدراسات

والحصول على المعلومات, وتحديد الأولويات, وإعداد الميزانية, وتأمين التمويل. ويقوم بالتقويم (التقييم) للعمل وللتفاعل داخل المجتمع والمشاركة الأهلية بالعمل .

والأخصائي الاجتماعي (المنظم) **معالج** Therapist أي أنه يساعد في وضع العلاج المناسب لكل موقف أو مشكلة تعترض العمل بما لديه من خبرة ومهارة وخلفية علمية مناسبة للعمل مع المجتمعات.

أما الخلاصة لما سبق فتتمثل في نصائح **جيمس ين** مؤسس حركة الإصلاح الريفي في الصين (1920) , والتي تمثلت بقوله اذهب الى الناس, عش معهم, تعلم منهم, خطط معهم , اعمل معهم , أبدأ من حيث يعرفون , نفذ وفق ما يتاح لهم من إمكانيات.

الفصل الرابع

مجالات ممارسة الخدمة الاجتماعية

يتشكل مجال الممارسة المهنية للخدمة الاجتماعية عند توافر الشروط اللازمة لتك الممارسة . والتي من أبرزها وجود مشكلة ناجمة عن موقف أو ظاهرة اجتماعية , فتشكل هذه المشكلة نقطة البدء في تكوين مجال الممارسة . حيث لا توجد مشكلة إلا وراءها حاجة إنسانية غير مشبعة , ويحاول المجتمع عادة إشباع حاجات أعضائه ما استطاع الى ذلك سبيلا , من خلال نظمه الاجتماعية .

وتتمخض جهود المجتمع في إشباع الاحتياجات عن إيجاد نسق للخدمات المنظمة , هذا النسق الذي يتكون من مؤسسات اجتماعية لها خططها وبرامجها تبعاً لاهتمامات النسق ووظائفه .

ولذلك فإن ممارسة الخدمة الاجتماعية من خلال الأنساق , يشكل مجالاً من مجالات الممارسة , الذي يختلف عن غيره من المجالات تبعاً لاختلاف الأنساق, ولكل مجال من هذه المجالات وتبعاً لهذا الاختلاف قاعدة علمية خاصة به ومناهج مستخدمة للتدخل تناسبه ضمن الإطار العام للقاعدة العلمية والمناهج المستخدمة في مهنة الخدمة الاجتماعية عامة .

وثمة اختلاف آخر تحكمه الاتجاهات السائدة في المجتمع والتي تختلف من مجتمع الى آخر ومن ثقافة الى أخرى , وذلك فإن قيم الخدمة الاجتماعية التي تحكم ممارستها في أي مجال, تقع ضمن اتجاهات المجتمع نفسه وتوجهاته نحو الاحتياجات والمؤسسات العاملة لسد هذه الاحتياجات.

وكما ترى **مير** أنه ينبغي أن تتعدد مجالات الممارسة المهنية وتتغير أطرها المعرفية لتتصل كل منها بمجال معين له خصائصه وله مشكلاته, وكلما تتغير طبيعة المنتمين الى هذا المجال ومحتوى البرامج فيه ,تتغير طبيعة التدخل المهني وطبيعة اهتمامات الأخصائي الاجتماعي تبعاً لطبيعة ذاك التغير.

ويمثل علم الاجتماع أهم المصادر التي يستمد الأخصائي الاجتماعي خلفيته النظرية وبناءه المعرفي , وذلك في استجلاء حقيقة البيئة الإنسانية والنظم والأنساق الاجتماعية والتفاعل والاتصالات والعلاقات بين الناس . كما يقدم علم الاجتماع للخدمة الاجتماعية مسحاً اجتماعياً للواقع وللظواهر الاجتماعية فيه, لتواصل الخدمة الاجتماعية بعد ذلك تدخلها المهني بالأسلوب الوقائي أو بالأسلوب العلاجي في التعامل مع هذه الظواهر , غير مكتفية برصدها ووصفها فقط .

وهي في هذا التدخل بالواقع تعمل على تنفيذ سياسات الرعاية الاجتماعية والعمل الاجتماعي, والتي يكون علماء الاجتماع قد شاركوا في وضعها ضمن فريق متكامل متعدد الاختصاصات .

أولاً: الخدمة الاجتماعية في المجال الأسري

هناك وظيفتان رئيسيتان للأسرة هما الإنجاب والتنشئة المبكرة. ما تزال الأسرة وستبقى الوحدة الاجتماعية الأساسية في المجتمع للقيام بهما , رغم تخليها عن وظائف اجتماعية أخرى لنظم اجتماعية أخرى كالحماية والتعليم والتوعية الدينية والترويح والإعداد المهني والوقاية الصحية , والتي تقوم بها مؤسسات الأمن والتعليم والوعظ والترويح والتهيئة المهنية والصحة.

ويتطلب دور الأسرة للقيام بهاتين الوظيفتين توفير أجواء من الحب والحماية وإتاحة الفرص للأبناء لتنمو طاقاتهم وتصقل شخصياتهم ويتخلصوا من أثر الضغوط المجتمعية, وهذا ما يشكل حالة التماسك الأسرى التي تلبي للأبناء حاجاتهم الوجدانية التي لا تشبع في المحيط الأسرى .

ولما كانت الخدمة الاجتماعية كنظام اجتماعي مساعد تتدخل مهنياً في النظم الاجتماعية الأخرى لتقوم بوظائفها الأساسية , فإنها تتدخل في الأسرة كنظام اجتماعي لتقوم بوظائفها المتمثلة بالإشباع النفسي الاجتماعي لأعضائها, لهذا ركزت الخدمة الاجتماعية المعاصرة في

المجال الأسرى على النسق للدراسة والعلاج , أكثر من تركيزها على الفرد , ففي داخل الوحدة الأسرية نستكشف مصدر المشكلة ونعمل على حلها . فيركز التدخل هنا على المشكلات المرئية في المرحلة الراهنة , ليساعد الأسرة في ضوئها على إعادة بناء حياتها بأسلوب أفضل..

ويحتاج هذا النوع من التدخل الى زيادة قابلية الأسرة لمعالجة المشكلات الناجمة عن خروج العلاقات الأسرية عن إطارها الطبيعي الإيجابي , وهو الأمر الذي ينيط بالأخصائي الاجتماعي مهمة تنمية هذه القابلية وزيادة الاستعداد لإدراك المشكلة وإبداء التعاون في حلُها.

لا يعنى ذلك أن المشكلات الإنسانية ذات منشأ اسري دائماً , فقد تكون نابعة من شخصية الفرد وقد تكون من طبيعة المجتمع , إلا أنه إذا لم يكن للأسرة أثر في المشكلة التي ننوي علاجها فلابد أن يكون لها تأثير في علاج المشكلة ذاتها .

لقد استجد الكثير على أساليب الخدمة الاجتماعية في المجال الأسرى , مثل إنشاء وحدات الاستجابة السريعة في حالات الكوارث والأزمات , لتبقى مع الأسر المصابة حتى الوصول الى حلول سريعة وشاملة لتسهيل الحياة اليومية للأسرة؛ ومثل التركيز على الاهداف الواقعية المشتركة للأسرة بمساعدة مهنية قصيرة المدة مع سيطرة سريعة على الحالة .

وشكلت الخدمة الاجتماعية الأسرية لنفسها مراكز متقدمة بالأحياء والمجتمعات السكنية , للوصول الى أي حالة فوراً , واعتمدت على أساليب اتصالية مع الشباب والمراهقين لحل إشكاليات عدم التفاهم مع الأهالي وما ينجر عنها من مشكلات تعليمية وتربوية . كما عمد الأخصائيون الاجتماعيون في هذا المجال إلى التعامل مع الأطفال الذين يعانون من الضجر أو القلق , ونظموا لهم فرص النقاش مع آبائهم وأمهاتهم . كما صار هؤلاء

الأخصائيون الاجتماعيون يبادرون لمساعدة الأسر التي تشكو من صعوبة الحصول على خدمات أو من إنجاز المعاملات لدى المؤسسات الرسمية .

وأخذت الخدمة الاجتماعية الأسرية الحديثة بأسلوب اللقاءات المفتوحة بين الأسر التي تعيش مشكلات أو حالات متشابهة أو مشتركة , بغية الوصول الى حلول مرضية بمعاونة الأخصائي الاجتماعي , أو دعوة الفئات من ذوي نفس الخصائص (كالمسنين , الأرامل , الأمهات بالتبني) لمناقشة القضايا المتطابقة أو المشكلات من نفس النوع , بغية المساعدة في الخروج منها.

المدركات الأساسية للخدمة الاجتماعية الأسرية :

بالإضافة لما عرضناه عن مبادئ التدخل المهني للخدمة الاجتماعية ووفقاً لمناهجها الثلاث على مستوى الفرد والجماعة والمجتمع , فإن للخدمة الاجتماعية الأسرية إطار مبدئي يتطلب من الأخصائيين الاجتماعيين العاملين في هذا المجال إدراكه .

يتمثل ذلك بادراك المسؤولية الاجتماعية من خلال الأسرة .بحيث لا يركز على علاج المشكلة المنظورة أو الموضحة , بل يمتد تركيز الأخصائي الاجتماعي على الادوار المتوقعة والمطلوبة لأعضاء الأسرة , تجاه أعضاء الأسرة الآخرين وتجاه الآخرين .

ومن أجل تحقيق التوازن الأسرى المبني على علاقات إيجابية بين أعضائها, فانه ينبغي مساعدة الأسرة على مقابلة احتياجاتها , حتى لا ينعكس العجز أو الحرمان على العلاقات الأسرية وعلى مستوى المسؤولية الاجتماعية في الأسرة.

وكما أنه مطلوب من الأخصائي الاجتماعي أن يحفز صاحب الحالة على اختيار النموذج المناسب للعلاقات الأسرية , وفي الوقت نفسه إشعار الأبناء بقيمتهم الاجتماعية التي تتطلب ترجمة عملية بالأدوار والمكانات الاجتماعية .

كما أن الخدمة الاجتماعية تتطلب العمل الفريقي بالرجوع الى ذوي الاختصاص بقضايا الأسرة القانونية والإدارية والتعليمية , وهذا يقتضي من الأخصائي الاجتماعي الاطلاع على التشريعات المرتبطة بالأسرة, وأن يلعب دور المحرك والمنسق والمتابع للسير بالحالة نحو الحل المنشود .

بطبيعة الحال, يضاف الى هذه المدركات فيما يخص الميدان الأسري, مراعاة المبادئ المهنية للخدمة الاجتماعية والتي تراعي حق تقرير المصير وسرية المعلومات والتقبل المتبادل بين الطرفين (العميل والأخصائي الاجتماعي) وكذلك مبدأ المساعدة الذاتية والدراسة العلمية , وعلى أساس العلاقة المهنية القائمة بين الطرفين .

استخدام طرق الخدمة الاجتماعية في المجال الأسري :

ربطاً بما تحدثنا به عن طرق الممارسة للخدمة الاجتماعية والتي تتمثل بثلاثة طرق رئيسية هي خدمة الفرد , خدمة الجماعة , وتنظيم المجتمع . فإننا سنخصص الحديث هنا عن استخدام هذه الطرق في المجال الأسري . وقبل أن نخصص الحديث عن كل طريقة نؤكد على التكامل بين الطرق ,وأن الأخصائي الاجتماعي يختار ما يناسب الحالة الذي يقوم بمساعدتها .

وخلاصة القول بهذا الصدد وفي هذا المجال ,أن المشكلات الاجتماعية كحالات الفقر وسوء العلاقات الزوجية والأسرية تستخدم معها طريقة خدمة الفرد, وتستخدم طريقة خدمة الجماعة في قضايا التوجيه والتنشئة واستثمار أوقات الفراغ, وتستخدم طريقة تنظيم المجتمع في قضايا التخلف والتنمية والتغيير الاجتماعي .

فخدمة الفرد الأسرية تشكل تدخلاً مهنياً يهدف الى مساعدة الأسرة على استعادة توازنها , مما يمكنها من القيام بأدوارها في الأداء الاجتماعي بأقصى درجات الفاعلية .

ويخطو الأخصائي الاجتماعي نفس الخطوات المتبعة باستخدام طريقة خدمة الفرد ,إذ يبدأ بالدراسة التي تعرفه على أوضاع الأسرة وينتقي الحقائق اللازمة للحالة , من بين الحقائق المتاحة أمامه حول الأسرة وظروفها وأحوال أعضائها, في إطار تناوله الحالة .

وتشمل الخطوة الأولى (الدراسة) على ثلاثة أبعاد وهي: مناطق الدراسة, ومصادرها, وأساليبها .

تمثل **مناطق الدراسة** مجموعة البيانات النوعية الانتقائية التي تحددها طبيعة المشكلة ووظيفة المؤسسة والتي تتألف من التاريخ الاجتماعي والتاريخ التطوري. ويتألف التاريخ الاجتماعي من : البيانات المعرفية عن الأسرة , طبيعة المشكلة, شخصية صاحب المشكلة , التكوين الأسري , الدخل الأسرى و تطور المشكلة الأسرية , الظروف المحيطة بالأسرة . أما التاريخ التطوري فيتألف من: ظروف الحمل والولادة , استقبال المولود والعناية به , طبيعة نموه الجسمي والنفسي والعقلي , ما اعترضه من اضطرابات وإشكاليات صحية .

وتمثل **مصادر الدراسة** كل من : الزوجة والزوج , الأبناء , الأقارب, المحيطين بالأسرة (كالأصدقاء والزملاء والجيران والرفاق) , المعنيون بقضايا الأسرة (كالمهتمين بالقوانين والصحة الأسرية), المستندات والوثائق الخاصة بالأسرة , والسجلات الرسمية (الأحوال المدنية , الضمان الاجتماعي , التقاعد, المعونة...)

وتمثل **أساليب الدراسة** المقابلات : كالمقابلات الفردية والمشتركة والأسرية والجماعية والتي ينظمها الأخصائي الاجتماعي مع صاحب الحالة النفسية , أو مع أسرته, أو مع الأطراف المرتبطة بالمشكلة , أو مع مجموعة تعيش ذات النوع من المشكلات (كالطلاق والهجر والفقر) .وكذلك الزيارة المنزلية (لبيت الأسرة), المراسلات , المكالمات الهاتفية كنوع من الاتصال بين المؤسسة والأسرة من خلال الأخصائي الاجتماعي .

يأتي "**التشخيص**" كخطوة ثانية بعد الدراسة . وهذه الخطوة تتكون من جزئين, الأول: قياس دراية الأسرة بمشكلتها. والثاني : الحكم على الأسرة من حيث صفاتها العامة ,

أدائها الاجتماعي , الضغوط الداخلية والخارجية التي تتعرض لها, الحيل الدفاعية التي تستخدمها , أساليبها في مواجهة الموقف , كيفية تعاملها مع الأخصائي الاجتماعي, إمكانياتها الشخصية(لكل عضو فيها) والأسرية والبيئية, ومدى تأثرها بالموقف , وتوقعها من دور المؤسسة تجاه حالتها .

ويلي التشخيص الخطوة الثالثة والأخيرة وهي **العلاج**. والتي تهدف الى تحسين الوظيفة الاجتماعية للأسرة ولقطبيها (الزوج ,الزوجة) بالذات , وينبني العلاج على دعامتين الأولى العلاقة المهنية الناجحة بين الأخصائي الاجتماعي والأسرة , والثانية التشخيص الدقيق والواضح . وهو يركز على طريقتين في العلاج هما السيطرة على البيئة , والتأثير في السلوك ويستخدم فيهما أنواعاً من العلاج هي : العلاج بالبصيرة الذي يعتمد على تقوية التكيف داخل الأسرة (بين أعضائها) وخارجها (مع المجتمع الخارجي) , والعلاج التدعيمي الموجه نحو الفرد والأسرة كقوة ذاتية مستقلة يجب أن تعتمد على نفسها وتؤكد ذاتها , وعلاج مهني يستخدم المهارات المهنية في التأثير في أعضاء الأسرة والأطراف ذات العلاقة بها.

وتحتاج الحالات الأسرية الى عمليات تأثيرية إما موجهة نحو الأسرة (أو أحد أفرادها) وإما موجهة نحو الظروف المحيطة . ويرجع في هذه العمليات الى الخدمات التعليمية أو التأهيلية أو الطبية أو الترويحية أو السكنية أو المهنية أو المادية , وذلك لرفع مستوى الأداء والإنتاجية وزيادة الوعي , ويرجع كذلك الى المتصلين بالأسرة والذين يتطلب منهم تعديل اتجاهاتهم نحوها أو توقعاتهم منها أو بذل جهودهم لمعاونتها لتجاوز مشكلته .

ولذلك فإن الأخصائي الاجتماعي يلجأ الى **استراتيجية بناء الاتصالات الأسرية** بما يقوي الإيجابي ويغير السلبي من أنماط هذه الاتصالات بين أعضاء الأسرة مثل تجنب المتغيرات التي تؤدي الى سوء الفهم في عملية الاتصال, واستبعاد الخبرات المؤلمة فيها .

كما يلجأ الى استراتيجية تغيير القيم وتوضيح المعايير الأسرية , مثل تغيير القيم التي تؤدي الى تأزم الموقف داخل الأسرة , والسيطرة على سلبيات الاختلاف بين قيم الأسرة وقيم

المجتمع , ويلجأ كذلك الى **استراتيجية إعادة التوازن الأسرى,** والتي تعينه على تقييم الموقف الأسرى الراهن, وتعيين حاجة الأسرة لمتطلبات التغيير في المجتمع,وتحديد نقاط الضعف في البناء الأسري .

أما **خدمة الجماعة الأسرية** , فتقوم على قيام الجماعات الصغيرة بدور في التنشئة والتوجيه للأبناء خارج نطاق الأسرة ,وعن طريق النشاط الجماعي الذي يشجع على التعاون ويطبق النظم العامة ويضع أهدافاً عامة يسعى الأعضاء لتحقيقها .

فعلى صعيد الأسرة , يمكن دعوة الأزواج وخاصة حديثي الزواج الى الانضمام الى جماعات يكتسبون فيها مهارات إدارة المنزل , والتكيف مع الظروف الجديدة للحياة , واستقبال المولود الجديد وخاصة الأول , والترتيبات والاستعدادات النفسية والاجتماعية والمادية للمرحلة الجديدة من حياتهم .

وتساعد خدمة الجماعة في غرس القيم الأخلاقية كالصدق والأمانة واحترام الآخرين,واتباع القواعد العامة ,والقدرة على القيادة ,والقيام بالواجبات وتحمل المسؤولية ,والعمل مع الآخرين بروح الفريق , وذلك لدى أبناء الأسرة, ومن خلال العمل مع الجماعات ,التي تتيح الفرصة لهؤلاء الأبناء الانضمام إليها والمشاركة في أنشطتها .

وتسهم خدمة الجماعة في توصيل ثقافة المجتمع عبر الأجيال عن هذا الطريق الجماعي أيضاً , وتقي الأبناء من الانحراف والتشرد وخاصة في حالات الحرمان من رب الأسرة أو غيابه الطويل وانهماكه بأشغاله , كما أنها وعن طريق الجماعات تعمل على إشغال أوقات الفراغ لدى المسنين وربات البيوت والعاطلين عن العمل بأنشطة مفيدة وممتعة .

وقد يجد الكثير من الأبناء في الجماعة أجواء قد حرموا منها في بيوتهم أو مدارسهم , توفر لهم الأمن والتقدير والتقبل والفرص للتعبير عن مشاعرهم وأفكارهم ومواهبهم وميولهم ورغباتهم .

ويلعب الأخصائي الاجتماعي دوراً حيوياً مع الجماعات المشكلة للأغراض الآنفة, من حيث إدراك الدوافع لسلوك الأعضاء ,وإدراك الحاجات , والفروق الفردية , والوسائل المناسبة للإشباع , واستخدام المشاعر لصالح الجماعة وأعضائها , واستخدام الجماعة كوسيلة لضبط سلوك الأعضاء وتنمية القدرة على تحمل المسؤولية الجماعية,ووضع البرامج والتنبؤ بنتائج الأعمال لدى الأعضاء .

وتؤدي خدمة الجماعة دوراً علاجياً تأهيلياً في المجال الأسرى - عن طريق عدة أنماط من الجماعات – كجماعات الآباء والأمهات الحاضنين أو المتبنين, وآباء وأمهات الأطفال والأحداث المنحرفين , والأزواج الذين يعيشون اضطراب العلاقات فيما بينهم وجماعات المسنين داخل المؤسسات أو داخل الأحياء والمجتمعات السكنية .

ويستخدم الأخصائيون الاجتماعيين طريقة **تنظيم المجتمع** للعمل مع المجتمع ككل وذلك للإسهام في إحداث تغيير اجتماعي مقصود ينقل المجتمع من وضع لا يرتضيه الى وضع آخر يرغب فيه, باعتباره أفضل من السابق أو الراهن , ويعود بالفائدة والتقدم على أهالي المجتمع .

وتمارس هذه الطريقة من خلال الجمعيات والمؤسسات والهيئات الاجتماعية وتقدم خدمات غير مباشرة للجمهور , فعلى **الصعيد الأسرى** , هناك هيئات تعنى بشؤون الأسرة ودعم وظيفتها بالمجتمع وزيادة فاعليتها في تنمية المجتمع وتنشئة الأجيال بصورة متكاملة مع القطاعات الأخرى . وهي عن هذا الطريق تشجع التطوع للعمل الاجتماعي في هذا المضمار وتسعى الى زيادة حجم المشاركة من قبل الناس , وتهتم بان تكون إدارة العمل ديمقراطية تتاح فيها فرص التعبير عن الرأي والممارسة الفعلية للقناعات الإيجابية والتصورات الجيدة عن مستقبل دور الأسرة والدعم المتبادل بين الأسرة والمجتمع , لما فيه من فائدة للأجيال .

وتتضمن جهود أجهزة تنظيم المجتمع التنسيق بين الهيئات العاملة في العمل الاجتماعي وعلى نطاق متخصص بين الهيئات العاملة في المجال الأسرى ,منعاً للتضارب والتكرار وتقوية للجهود المنظمة والمنسقة بحيث تصبح أكثر فاعلية .

ثانيا: الخدمة الاجتماعية في المجال التعليمي

يعتبر المجال التعليمي من أهم المجالات التي تمارس الخدمة الاجتماعية فيها وأقدمها في هذه الممارسة ,وتكتسي ممارسة الخدمة الاجتماعية في هذا المجال الحيوي أهمية خاصة, لأنه يتعامل مع فئات عمريه مختلفة من الطفولة وحتى الشباب , وفي مستويات اجتماعية واقتصادية متباينة , كما أنها تتعرض لاحتياجات ومشكلات شريحة كبيرة من شرائح المجتمع تنعكس فيها مختلف الاهتمامات والرغبات والمنبعثة من مختلف فئات المجتمع وبيئاته سواء داخل الأسرة أو خارجها .

وقد دخلت الخدمة الاجتماعية المجال التعليمي من مدارس ومعاهد وكليات في إطار التحديث التربوي والتعليمي في مختلف المجتمعات ,والتي تركز على تنشئة الجيل الجديد ,وإعداده من أجل الحياة المتجددة لأهدافها ووسائلها والكثيرة بتحدياتها وصعوباتها ومعاناتها .

وتسعى الخدمة الاجتماعية في المجال التعليمي الى تنمية قدرات الطلاب الذاتية لمقابلة احتياجاتهم ومواجهة مشكلاتهم والى الإسهام في عمليات التنشئة الاجتماعية لمساعدة الطلبة على التحصيل الدراسي بما يرجع الى أسباب اجتماعية نفسية .

ولذلك فإن الخدمة الاجتماعية في المجال التعليمي تعمل على تسيير الخدمات التعليمية والاجتماعية للطلبة بشكل عام ,وتقدم خدمات خاصة لمن يعانون مشكلات خاصة عن طريق الاستفادة من الخدمات التعليمية التربوية . وهي لذلك تحول المدرسة الى بوتقة منظمة للتفاعلات الاجتماعية , ترتقي بمستوى التفاعل وتوظفه لتطوير شخصية الطفل أو الشاب,

ولتزيد من خبراته في التعامل مع الآخرين بصورة إيجابية تنعكس عليه وعلى الآخرين بالخير .

وفي سبيل ذلك تعمل الخدمة الاجتماعية في المجال التعليمي على دعم العلاقة الأسرية- المدرسية من أجل خدمة العملية التربوية التعليمية للأبناء, ويشكل ذلك جزءاً مهماً من بث روح المواطنة المخلصة في أبناء الجيل , وذلك بتوفير فرص الاعتماد على الذات وتحمل المسؤولية والإحساس بالمسؤولية الاجتماعية والشعور بالانتماء وتوازن الضبط الاجتماعي داخل المدرسة وداخل البيت وفي المجتمع, وتكوين القيم الأخلاقية الضابطة, وتساعد الخدمة الاجتماعية التعليمية على تحقيق التكيف مع الأجواء التعليمية وضبط العلاقة بين الطالب والمدرس .

وتقوم الخدمة الاجتماعية التعليمية على أربعة زوايا, الزاوية الأولى: هي التربية العقلية , والثانية: هي التربية الاجتماعية , والثالثة هي التربية الحركية, والرابعة هي التربية العاطفية.

ففي **التربية العقلية** يتم توظيف المعرفة العقلية لمواجهة متطلبات الحياة ومستلزمات التكيف والتغلب على صعوبات التعلم . وفي **التربية الاجتماعية** يتم توظيف الخصائص الإنسانية لإقامة علاقات اجتماعية على أساس التفاعل مع الآخرين , وفي **التربية الحركية** توظف قدرات الطالب ومهاراته وخبراته للقيام بالواجبات اليومية , وفي **التربية العاطفية** تنمى المشاعر والمعايير الأخلاقية لتضبط السلوك .

وتستند الخدمة الاجتماعية في المجال التعليمي الى فلسفة الخدمة الاجتماعية, كما تستند الى امتداد هذه الفلسفة في هذا المجال بالذات , وقد استمد هذا الامتداد من الفهم الواقعي العلمي للتعليم ووظيفته الاجتماعية, وطبيعة الفئة البشرية التي تتلقاه, ومن طبيعة العلاقة بين المدرسة والأسرة , ومن حقيقة الاوضاع الحضارية والأوضاع المستجدة في المجتمع الحديث .

وحيث أن الخدمة الاجتماعية تقوم على الديمقراطية, أسلوباً ونشاطاً ونتيجة, فإننا في المجال التعليمي ننادي بافساح المجال لجميع من هم في سن التعليم بمختلف مراحله لكي يتعلم دون تمييز وبدون أية معوقات ؛ ولذلك فهي تسعى في جهودها لتحقيق التنمية المتكاملة لشخصيات الطلبة باستثمار طاقاتهم وقدراتهم وإتاحة الفرص أمامهم للاطلاع والتعلم والتفاعل الاجتماعي .

وبذلك تعتبر الخدمة الاجتماعية في المجال التعليمي ترسيخاً للبعد الاجتماعي للعملية التربوية التعليمية , لا يجوز تجاهله أو قيام العملية بدونه أساساً , وهي التي تدلل على أن الطالب ذات إنسانية تختلف طبيعتها تبعاً لأوضاعها الاجتماعية الاقتصادية .

وتساهم الخدمة الاجتماعية في تحقيق أهداف التعليم ووظائفه في المجتمع , فهي تساعد على ربط المدرسة والبيئة (مثل خدمة البيئة بجهود الطلبة ووقاية الطلبة من الانحراف وزيادة وعيهم بقضايا البيئة والمجتمع) , وتقوم باكتشاف العناصر القيادية من بين الطلبة وتنمي لديهم روح القيادة والمبادرة, مثلما تساعد المعلمين والإداريين في فهم قضايا الطلبة ومشكلاتهم, وتشجع مبادراتهم في تناولها وعلاجها, وتسعى الى نقل القيم الدينية والثقافية عبر الاجيال , ليضاف ذلك الى الجهود التربوية التعليمية في هذا الشأن.

تستخدم الخدمة الاجتماعية في المجال التعليمي الطرق المهنية للخدمة الاجتماعية عامة , وهي خدمة الفرد وخدمة الجماعة وتنظيم المجتمع , فالأخصائي الاجتماعي يتدخل على **المستوى الفردي** من أجل تحقيق التعديل الإيجابي في السلوك , ومن أجل تنمية شخصية الطالب حسب قدراته ليعتمد على نفسه ويذلل الصعوبات التي تواجهه , ويركز على الحالات الفردية التي تحتاج الى جهود علاجية خاصة . كما أنه يتعامل مع الطلبة الموهوبين للمحافظة على السير الصاعد للمواهب والإبداع وتشجيعهما وتنميتهما.

كما أن الأخصائي الاجتماعي يشجع على تشكيل **جماعات الطلبة** ليعمل معها في تحقيق أهدافها المتمثلة بخلق أفواج من الطلبة تفكر بواقعية وتعمل بجدية، تحترم النظم،

قادرة على التعاون، قادرة على القيادة والمبادرة والإبداع والحوار وإيجاد الحلول، وإن كان ذلك يبدأ بالنشاط داخل الجماعات التي تشكل ويفتح الانتساب إليها وتضع برامجها وتنفذها بطريقة ديمقراطية تعاونية تتاح فيها لكل عضو فرص التعبير عن رأيه وممارسة النشاط الذي يرغب فيه أو يميل إليه.

ومن أجل تحقيق الترابط ودعم الصلات من أجل الوصول إلى الأهداف المجتمعية بعيدة المدى ،فإن الأخصائي الاجتماعي في المجال التعليمي، يستخدم **طريقة تنظيم المجتمع** لربط المؤسسة التعليمية بالمؤسسات الصحية والترويحية والثقافية المختلفة ،وكذلك مع أسر الطلبة (آباء وأمهات) والمؤسسات التعليمية الأخرى (مدارس ومعاهد وكليات وجامعات).

ثالثا: الخدمة الاجتماعية في المجال الطبي والصحي

يقصد بالخدمة الاجتماعية في المجال الطبي والصحي تلك الجهود المهنية التي يقوم الأخصائي الاجتماعي في المؤسسات الطبية والصحية بها تجاه المستفيدين من خدمات تلك المؤسسات من المرضى , وما يقوم به أيضا مع البيئات المختلفة لهؤلاء المرضى خارج المؤسسات الطبية والصحية , لكي تحقق للمرضى أقصى استفادة ممكنة من العلاج والتماثل للشفاء على يد الفريق الطبي الذي يتعامل معه . وبما يحقق بالتالي القدر الأوفر من الأداء الاجتماعي بأقصر وقت ممكن .

وتهتم الخدمة الاجتماعية في المجال الطبي والصحي بصفة خاصة في التغلب على مشكلات التكيف الاجتماعي والمشكلات الانفعالية التي تؤثر على سير العلاج, وقد تؤدى الى تطور المرض تطوراً سلبياً , وهي تهدف الى مساعدة المريض على الاستفادة الكاملة من العلاج , كما أنها تساعده وأسرته على التكيف في البيئة الاجتماعية في الأسرة وخارج البيت بعد خروجه من المستشفى .

ويبدأ الأخصائي الاجتماعي عمله مع المريض في المقابلة الأولى, فيحاول التعرف على قدرة العميل على مواجهة مشكلاته بنفسه , ويكشف عن درجة حاجته لمساعدة الأخصائي

الاجتماعي , ويحاول لمس المخاوف التي تعتري المريض, ليساعده على التخلص منها , كي لا تكون عاملاً من عوامل التأخر في الشفاء .

ويقوم الأخصائي الاجتماعي بعد ذلك بتبصير المريض بما يعانيه, وخاصة فيما يراه الطبيب المعالج ضرورياً لمواجهة الحالة المرضية , وخاصة في تلك الحالات التي تتطلب الجراحة بما فيه البتر لبعض الأعضاء في جسمه, وتستلزم شعور المريض بالاطمئنان على سلامة الإجراءات وإيجابيات النتائج .

ويدرس الأخصائي الاجتماعي مستقبل الحالة الخاصة بالمريض من الناحية الجسمية وإمكانية عودته الى عمله الذي كان يقوم به , أو تعديله أو تغييره أو تأهيله بما يتناسب مع عمله السابق أو العمل اللاحق الذي يناسبه بعد شفائه , كما أنه يدرس البيئة الأسرية تمهيداً لوضع خطة لاستقبال المريض فيها بعد شفائه وسط ظروف جسمية جديدة , وما يستتبع ذلك من أبعاد اقتصادية وتعليمية واجتماعية مع سائر أفراد الأسرة والأقارب والأصدقاء .

وتعود أهمية الخدمة الاجتماعية الطبية الى أن الإنسان السليم صحيح البنية, أكثر عطاء وأوفر إنتاجا , وإذا ما أديت هذه الخدمة في وقت مبكر ساعد ذلك في سرعة التماثل للشفاء والعودة الى ممارسة العمل المنتج . ولما كان تقدم المجتمع يقاس بصحة أعضائه , فإنها تحاول توفير الرعاية الصحية لهم , وتشكل الخدمة الاجتماعية في هذا المجال جزءاً من هذه الرعاية التي تستهدف أصلاً الوقاية من الأمراض والعاهات .

ولما كانت الوقاية تقوم على التوعية والثقافة الصحية فإن للخدمة الاجتماعية دور فيهما عن طريق الاتصال بالمواطنين مباشرة مما يجنبهم الإصابة بالمرض وانتشار العدوى . كما أن ثمة أعراض لا يؤثر فيها العلاج الطبي الدوائي وحده, وإنما هي ذات أبعاد اجتماعية حتى في أسباب حدوثها وانتشارها , فيكون للخدمة الاجتماعية دوراً تمهيدياً للدور العلاجي والدوائي في التعامل معها .

كما أن الخدمة الاجتماعية في المجال الطبي والصحي تتعامل مع الظروف المصاحبة للمرض , والتي قد تشكل خطراً على المريض أكثر من المرض نفسه, ويصاحب ذلك بعض الانعكاسات على الأسرة وتكيفها وأداء أعضائها وعلاقاتهم بالمريض نفسه .

ويحاول الأخصائيون الاجتماعيون في المؤسسات الطبية والصحية ربط هذه المؤسسات بالمجتمع وسائر هيئاته التطوعية ومؤسساته الرسمية , لإحداث التكامل في إمكانياتها وخدماتها وتوظيف هذه الإمكانيات والخدمات لخلق حالة بيئية صحية سليمة للأصحاء والمرضى على السواء .

ويتجلى دور الأخصائي الاجتماعي في ذلك النوع من المرضى الذين تترك مشكلاتهم الاجتماعية والنفسية تأثيرها الواضح على حالاتهم الصحية . ولا يقل دوره الاجتماعي على دور الطبيب المعالج مع هذه الحالات . أما في الحالات التي تتطلب ظروفها الاجتماعية والبيئية رعاية خاصة كالحالات ذات الأمراض المعدية, فإن دور الأخصائي الاجتماعي يمتد ليعمل مع الأسرة والبيئة,وبشكل لا يعرضهما لخطر العدوى, ويبدد الخوف والقلق لديهما . ويعمل الأخصائي الاجتماعي كذلك مع المرضى الذي تتطلب حالاتهم رعاية اجتماعية خاصة ولضمان نجاح العلاج الطبي مثل إقناع المريض بالانتظام في مراجعة الطبيب, وتناول الدواء, واتباع الإرشادات الطبية والسلوكية المتعلقة بمرضه , لان عكس ذلك سيلحق به مضاعفات صحية حادة .

وللخدمة الاجتماعية في المجال الطبي والصحي أهداف بعيدة المدى تتمثل في توفير الرعاية الصحية الاجتماعية للناس, والمحافظة على سلامة حياتهم وسلوكهم, ووقايتهم من الأمراض , ليقوموا بواجباتهم الاجتماعية تجاه مجتمعهم وأسرهم بالشكل اللائق. كما أن للخدمة الاجتماعية في هذا المجال أهداف قصيرة المدى, تتمثل بتوفير شروط الوقاية أولاً وأسباب العلاج ثانياً لمن يحتاج الى ذلك من السكان, كأن تتعامل مع المرضى وأسرهم وبيئتهم, ومن أجل ذلك, تعمل مع الفريق المعالج من الأطباء والممرضين والمعالجين الآخرين كالعاملين في العلاج الطبيعي والكيماوي , وذلك تحقيقاً لتكامل العلاج في مختلف أبعاده .

ولما كان المريض وحدة نفسية جسمية اجتماعية متكاملة مترابطة , فإنها تهتم بالمريض مثلما تهتم بالمرض . فيكون المريض من مسؤولية الأخصائي الاجتماعي ويكون المرض من مسؤولية الطبيب , الأمر الذي يتطلب تعاون الطرفين قبل العلاج أو أثناءه أو ما يعقبه في فترة النقاهة .

وحيث أن الخدمات الطبية والعلاج الحديث أصبحت باهظة التكاليف تثقل كاهل الكثيرين من المرضى , فإن الأخصائي الاجتماعي المعني بكل حالة يتولى توفير الإمكانيات اللازمة و وخاصة تغطية التكاليف عن طريق نظام التأمين الصحي أو صناديق التكافل الاجتماعي أو الهيئات التطوعية التي تقدم مساعدتها في هذا المجال .

ولا شك أن للعلاقة المهنية أثر كبير في نجاح عمل الأخصائي الاجتماعي مع المرضى , من حيث الاحاطه بظروفهم ومشكلاتهم , والتي تسهم في إنجاح خطة العلاج وخاصة من تمتد حالاتهم الى الاضطراب النفسي . وهي تساعد المرضى على اختيار العلاج الأفضل وعلى سلوك الطريق الأنسب في تطبيق العلاج ومن ثم التماثل للشفاء . ويصاحب هذه العلاقة أطمئنان المرضى الى سرية المعلومات الخاصة بحالاتهم وتجاوبهم مع الأخصائي الاجتماعي في الإدلاء بالمعلومات اللازمة والمناسبة لكل ما يحيط بالحالة.

رابعاً: الخدمة الاجتماعية لذوي الاحتياجات الخاصة

لما كانت الخدمة الاجتماعية تسعى لزيادة فاعلية الأفراد ولزيادة تأثير الأنساق الاجتماعية في حياة الأفراد تأثيراً إيجابيا, من خلال أدوارها في سد احتياجاتهم وحل مشكلاتهم ومساعدتهم على مواجهة الأعباء والمتطلبات , فإن دور الخدمة الاجتماعية يبرز بشكل واضح وملح مع فئات المعوقين جسدياً وحسياً وعقليا ً كالصم والمكفوفين والمشلولين والمتخلفين ذهنياً , لاسيما وإن هذه الفئات بحاجة الى عون الآخرين, والى تفهم المجتمع والى اهتمام الدولة .

ولذلك فإن الخدمة الاجتماعية حينما تنشط في العمل مع هذه الفئات ومن أجل هذه الفئات ، فإنها بالحقيقة تقوم بأدوار متعددة ومتشعبة تبدأ بالفرد المعوق نفسه، ثم تمر على الأسرة التي يعيش فيها وينتمي إليها أو المؤسسة التي تأويه وترعاه، وتنتهي بالمجتمع الذي تتعاظم مسؤولياته تجاه المعوقين بمجموعهم ،ويطلب منه أخلاقيا وقانونيا العمل على إدماجهم وصهرهم في موارده البشرية وقواه العاملة.

فعلى **المستوى الفردي** يوجه الأخصائي الاجتماعي جهوده إلى المعوق ذاته، ويتعامل معه من خلال علاقة مهنية هادفة تقوم على أساس تطبيق المبادئ المهنية للتدخل في الخدمة الاجتماعية، فيشجعه على التعبير عن مشاعره السلبية المصاحبة للإعاقة ، والحد منها بالتدريج ، بمقابل إبداء الاهتمام به ,وتقبله كإنسان وعضو فعال بالمجتمع، له الحب والتقدير من قبل الآخرين, مما يشجعه ويزيد الثقة بنفسه وشعوره بتقبل الآخرين له .

ويواصل الأخصائي الاجتماعي تدخله عندما يصل إلى هذا المستوى من المشاعر وردود الفعل الإيجابية من قبل المعوق ، فيعمل على تقوية شعور المعوق بكفاءته من خلال زيادة قدراته, ودفعه إلى أداء أدواره الاجتماعية بقدر المستطاع، بحيث تبدو لصاحبها نفسه أنها بدأت تتطور وتتزايد .

يصاحب ذلك بذل الأخصائي الاجتماعي جهوده لتعديل اتجاهات المعاق وجذبها نحو الايجابية تجاه نفسه وأسرته ومجتمعه. مقابل نزع الميول العدوانية أو الميول الانطوائية لديه
.

مما يهيئ الأمر بعد ذلك لتنمية الدوافع الذاتية للمعوق و لمواصلة تعليمه , أو العودة الى المدرسة إن كان انقطع عنها , أو دفع المعوقين الكبار لممارسة أعمال تناسبهم أو التدريب أو التأهيل المهني في إحدى المهن أو الحرف المناسبة. ومواصلة دفع المعوق وتعزيز ثقته بنفسه وبدوره في إيجاد عمل له أو إيجاد مشروع إنتاجي خاص به, يدعم ثقته بأدائه الإنتاجي, ويعود عليه بالنفع المادي من خلال الإنتاج والعمل .

أما على **المستوى الأسري** , فالبيت يشكل الحقل المناسب لتنمية شخصية المعوق عند البداية ويشكل الأهل الشركاء الرئيسيين في التدخل المهني للأخصائي الاجتماعي مع المعوق, وفي الوقت نفسه فإن العمل مع الأسرة يأخذ بعداً علاجياً مع الوالدين اللذين تتكون لديهما مشاعر السخط أو الغضب أو الحزن وقد تمتد الى الندم والشعور بالذنب , مما يتطلب من الأخصائي الاجتماعي التدخل المهني معها للتخفيف من هذه المشاعر السالبة , وخاصة عند تأكيده للوالدين أن تعاونهما وإيجابيتهما سوف تسهمان في التخفيف من معاناة المعوق ,وفي التخلص من الصعوبات المصاحبة لحالة الإعاقة ووجودها داخل الأسرة , وكذلك من خلال تقوية الإيمان بمشيئة الله وسنة الحياة .

ولذلك فإن الأخصائي الاجتماعي يوفر الفرصة لاطلاع الأسرة على المعلومات الخاصة بالإعاقة وآثارها السالبة على نفسية المعوق ومشاعره وعلاقاته بالآخرين وتكيفه داخل الأسرة. ويطلعها على أهم احتياجاته وكيفية مواجهتها بشكل يحقق للمعوق الرضا عن نفسه والتوافق مع محيطه , وضرورة الإيمان بمشيئة الله.

ولا يتوقف الأخصائي الاجتماعي عند هذه النقطة ,وإنما يتعداها الى تعريف الأسرة بأساليب التعامل مع المعوق بطريقة متوازنة تتضمن التعليم التدريجي وتطوير الخبرات ,مع زيادة ثقته بنفسه وإقدامه على تحقيق ذاته ,ومبادرته على إقامة علاقات اجتماعية مع الآخرين .

كما أنه يدّل الأسرة على مصادر المعلومات والخدمات والمساعدات المتوفرة بالمجتمع, ومن خلال المؤسسات والمراكز والجمعيات , والتي تقدم تسهيلات وفرصاً لتنمية القدرات وإشباع الاحتياجات الخاصة بالمعوقين .

وقد يلجأ الأخصائي الاجتماعي الى جمع آباء وأمهات لديهم أبناء تتشابه حالاتهم من حيث الإعاقة , مما يوفر فرصة لتبادل الخبرات في التعامل مع هذه الحالات وحل مشكلاتها والتخفيف من المعاناة الأسرية تجاهها .

أما على **المستوى الجماعي**, فأن الخدمة الاجتماعية تلجا الى العمل الجماعي في سياق اهتمامها بالمعوقين , لان الحياة الجماعية تكون في كثير من الاحيان ذات أثر كبير في تعديل السلوك السلبي وغرس الاتجاهات الإيجابية, من خلال الأنشطة الجماعية للجماعات الصغيرة ,والتي يمكن أن تشكل مقتصرة على المعوقين أو مفتوحة, تتوخى دمج المعوقين مع الأسوياء في أنشطة جماعية, تستخدم الأوقات الحرة وبصورة حرّة في ممارسة برامج متعددة ثقافية واجتماعية وفنية ورياضية, تنعكس بالتالي على شخصية المعوق بصورة إيجابية , حيث يكتسب مهارات أو يتقنها , ويستمتع بالوقت نفسه بصحبة الآخرين , ويعتمد فيها على نفسه ويؤكد ذاته, ويصرف طاقاته بما يفيد , ويشعر بالسعادة , ويخرج من عزلته .

ويجد المعوق من خلال الجماعة وسائل عدة لاكتشاف الأشياء من حوله أو ينمي حواسه فيدرب الأصم على السمع والمخاطبة , ويدرب الكفيف على اللمس والسمع والحركة واستخدام الأدوات , ويدرب المتخلف ذهنياً على أدراك ما حوله وعلى الحكم على الأشياء وعلى التعامل مع الآخرين , وذلك بشكل تدريجي وبصورة محببة وبأسلوب مشجع , يلقى القبول والحماس من قبل المعوقين .

وينشط الأخصائي الاجتماعي في عمله مع المعوقين من خلال **مؤسسات رعاية المعوقين** , والتي يطلق عليها في بعض المجتمعات **مؤسسات التربية الخاصة** . والتي تختلف من حيث أوجه الرعاية لهم .

فهناك **مراكز الرعاية النهارية** ,والتي تأخذ شكل المدارس وتنصب جهودها على الوظيفة التعليمية بصورة رئيسية وفق منهاج مقرر , ويكون الأخصائي الاجتماعي أول شخص مهني في المركز (المدرسة) يقابله الفرد المعوق . والذي عادة ما يأتي بصحبة أحد من أسرته . وهنا يتولى الأخصائي الاجتماعي مسؤولية الترحيب بهم ثم الحصول على البيانات الأولية اللازمة عن المعوق, وحياته الأسرية وظروفه المختلفة , ثم يضع الفروض التشخيصية لحالة الإعاقة وتحديد البرنامج التربوي المناسب لها , ويزود الأسرة بالتعليمات والأنظمة التي

يتقيد بها المركز (المدرسة), ويتفق معها على البرامج والخدمات الإرشادية اللازمة لها, بينما يشارك المعلمات أو المعلمين في وضع البرنامج التعليمي التدريبي المناسب للحالة, ويواصل الأخصائي الاجتماعي متابعة الحالة بصورة فردية دورية يلاحظ فيه مدى التقدم الذي أحرز على الصعيدين التعليمي والاجتماعي.

وفي نفس الوقت يواصل اتصاله **بالأسرة** , فيزودها بالمعلومات عن الإعاقة وكيفية التعامل معها وبالإرشادات التربوية التعليمية التي يتطلبها البرنامج المطبق مع ابنها المعوق . كما يعمل على تشكيل مجلس الآباء والمعلمين أو مجلس الأمهات والمعلمات ليكون فرصة للحوار بين المدرسة والبيت ولتطوير البرامج والإمكانيات في ضوء الاحتياجات الفعلية للأبناء . ويواصل الأخصائي الاجتماعي جهوده مع الأسرة من خلال المحاضرات والندوات والأيام المدرسية المفتوحة ,وما يستجد من معلومات في مجال رعاية المعوقين وتدريبهم وحقوقهم والمزايا الممنوحة لهم ,والخدمات المقدمة المستجدة واللوازم المستحدثة لتسهيل تعليمهم أو تحركهم ,أو ما شابه ذلك .

ويسعى الأخصائي الاجتماعي لتعزيز التفاعل البناء بين المركز (المدرسة) والمجتمع المحلي ,فيدرس اتجاهات الأهالي نحو الإعاقة والمعوق ويستمع الى آرائهم بخدمات المركز (المدرسة) واقتراحاتهم لتطويرها , ويعمل بشكل مواز لإدماج المعوقين في المجتمع من خلال الزيارات واللقاءات الثقافية والاجتماعية والجولات والأعمال التطوعية وبرامج التوعية .

وهناك موقع آخر الى جانب المراكز النهارية (المدارس), ويركز فيه على المهارات المهنية , بما يتماشى مع القدرات والميول الخاصة بالمعوق , وذلك استعداداً لدخول سوق العمل وتحصيل دخل مادي يستقل بالعيش بموجبه ويعتمد فيه على نفسه , الا وهو **مركز التأهيل المهني** .

ويقوم الأخصائي الاجتماعي العامل في مثل هذا المركز باستقبال المعوق والحصول منه على البيانات اللازمة عنه وعن تحصيله العلمي وقدراته . ثم يحاول التعرف على الميول

المهنية للمعوق , ثم يحدد الخطوات الأولية لبرنامج تهيئة مهنية , وفقاً لاختبارات الميول والقدرات المهنية . ويعرف المعوق في هذه المقابلة على مرافق المركز ونظمه وتعليماته,ثم يتابع الأخصائي الاجتماعي مع العميل مرحلة التهيئة المهنية التي يتعرف المعوق أثناءها على مختلف الورش المهنية في المركز,ويتعرض خلال فترة لخبرات عملية يبقى فيها تحت المراقبة, لمعرفة مدى تفاعله في كل ورشه . ليدخل المعوق بعدها مرحلة التدريب والتأهيل المهني: التي يثبت فيها في إحدى الورش, ليتأهل على المهنة التي يتدرب عليها تلك الورشة, بما يتناسب مع قدراته وميوله. ثم يضع الأخصائي الاجتماعي بمشاورة المدرب المهني برنامجاً خاصاً بالتكيف المهني لكل حالة , ومن ثم متابعتها,مع التنسيق مع المدرب المهني لمواجهة أية مشكلات يمكن أن تبرز في تلك الفترة ، وفي النهاية يقوم الأخصائي الاجتماعي بتحليل العمل وليتأكد من التزام المعوق بالخطوات المهنية والشروط الموضوعة .

يلي ذلك **مرحلة التشغيل** ، حيث يقوم الأخصائي الاجتماعي بدراسة سوق العمل ويتصل بمراكز العمل وأرباب العمل ، تمهيدا لتشغيل المعوق بعد انتهائه من مرحلة التأهيل ، فيهيئ الأخصائي الاجتماعي مكان العمل لاستقبال المعوق، كأن يزودهم بمعلومات عن أساليب التعامل معه ، بما في ذلك إحداث تعديلات بيئية لتسهيل انتقال المعوق في مبنى المركز . وكذلك تدريبه على شروط وأساليب العمل والإجراءات المتبعة بما يحقق تكيفه السريع بدون أية عراقيل ،على أن يدرك صاحب العمل ضرورة إعطاء المعوق فرصة للتكيف مع أجواء العمل، ويصاحب ذلك تدريب المعوق على كيفية الوصول إلى العمل وخاصة استخدام الوصول إليه بالوسائط المتاحة, .يبقى أن يتابع الأخصائي الاجتماعي الحالة سواء بالزيارات أو بالاتصالات الهاتفية ، للاطمئنان على سيره المهني وتطوره وتكيفه ورضا المشرفين عن أدائه.

وينشط الأخصائي الاجتماعي مع المعوقين في **مراكز الرعاية الداخلية (الشاملة)** ، وهي تتطلب من الاخصائي مهارات ومعارف خاصة بهذه الفئة من النزلاء وهم عادة من شديدي الإعاقات أو متعددي الإعاقات ، وهي تتطلب رعاية صحية اجتماعية مباشرة.

فعلى المستوى الفردي يحصل الأخصائي الاجتماعي على البيانات والوثائق المطلوبة وفقا لشروط المراكز ، ويزود أهل المعوق بالمعلومات الوافية عن خدمات المركز ومتطلبات الرعاية فيه،مؤكدا على دور الأسرة وضرورة بقائها على اتصال مستمر بالمركز ، ومن بينها الاتفاق على مواعيد للزيارات وللإجازات بدون إهمال أو نسيان ، ومن ثم تعريف الأهل على مرافق المركز والعاملين فيه وطرق الرعاية المتبعة و ظروف المعيشة .

ثم يهيئ الأخصائي الاجتماعي بالتعاون مع فريق العمل بالمركز أمور الإقامة للمعوق، ويضع برنامجه العلاجي التدريبي ، ويشرف على تنفيذ برامج الرعاية الصحية والعلاج الطبيعي والعلاج الوظيفي و البرنامج الغذائي ، والتدريب على المهارات الاجتماعية والعناية بالذات ومهارات الاتصال . ويمكن ان يسهل تقديم المساعدات اللازمة لأسرة المعوق لمواجهة الاحتياطات الطارئة لأبنها ، مثل أن يعطيها معلومات عن المؤسسات المعنية بذلك وكيفية الحصول على مساعداتها بهذا الخصوص.

ويركز الأخصائي الاجتماعي إلى جانب تلك الجهود المتركزة على الفرد على **الأنشطة الجماعية** للمعوقين المقيمين بالمركز ، والتي يهيئ لها الأجواء المناسبة ويخطط لها بالتعاون مع الهيئة التدريبية لتتماشى مع البرامج التعليمية ، وهي تستهدف إدخال البهجة إلى نفوس النزلاء والتمتع بأوقاتهم وتنمية مهاراتهم وتعويدهم على التفاعل الاجتماعي، ويعد الأخصائي الاجتماعي عضوا في فريق عمل المركز (سواء النهاري أو الداخلي) هذا الفريق الذي يضم الطبيب ، الأخصائي النفسي ، أخصائي العلاج الطبيعي ، أخصائي القياس والتشخيص ، المعلم،المدرب المهني، أخصائي العلاج الوظيفي. ويتطلب دوره في طريق العمل، من الأخصائي الاجتماعي ان يتحلى بالكفاءة المهنية والكفاية العلمية والمعرفية ، قادرا على استخدام مهارات الاتصال بالأخصائيين الآخرين وقبول كفاءاتهم وأدوارهم واحترام آرائهم ، ومشاركتهم بصورة فعالة واتخاذ القرارات اللازمة لحسن سير العمل وتنفيذ البرنامج المناسب لكل معوق.

خامسا: الخدمة الاجتماعية مع الشباب

يتزايد اهتمام الدول برعاية شبابها باعتبارها تشكل شكلا من أشكال الاستثمار للموارد البشرية، وتضعها في أولوياتها في خططها التنموية المرحلية حيث تنظر إليها كخطوة تأمين لمستقبل البلاد بما تملكه من جيل قادر على العطاء والإنتاج مبتعدا عن السلبية والانحراف.

وقد تجاوزت الاتجاهات الحديثة برعاية الشباب المعنى التقليدي لهذا المفهوم والذي كان يعبر عن تنظيم نشاطات الشباب في أوقات فراغه، وأصبحت تركز على اعتباره مجموعة عمليات تربوية ذات طابع اجتماعي تعمل على تحقيق النمو المتوازن للشباب وتلبي احتياجاته وتقضي على مشكلاته وتنأى به عن الضياع والانحراف ، وذلك من خلال التفاعل الإيجابي للشباب مع المجتمع.

ولذلك فإن رعاية الشباب قد تحررت من حدود المجال المحدد للعمل والممارسة ، إلى الدخول في انساق متعددة يوجد فيها الشباب ، وان كانت تنظيمات الشباب وأجهزتها واحدة منها ، إلا ان الأسرة والمدرسة والجامعة ومختلف المؤسسات الاجتماعية والثقافية تشكل مجالا لها، حيث ان الشباب يوجد فيها، وله طاقة تتفاعل فيها، وله أهداف تحقق من خلالها ، وله احتياجات تلبى بواسطتها.

من هنا نبعت عناية هذه المؤسسات بالأدوار الاجتماعية للشباب من خلال جهدها في تنمية شخصية الشباب وإعداده للحياة ، وتشكيل قوة دافعة من الشباب تدفع المجتمع إلى مستوى أفضل من التقدم والتطور، على الصعيدين الثقافي والاقتصادي.

ولما كانت الخدمة الاجتماعية النظام المهيأ للتدخل المهني على المستوى الفردي والجماعي والمجتمعي ، لتوجيه هذه الوحدات الإنسانية نحو التغيير الذي ينشد التقدم والتطور، فإن الخدمة الاجتماعية تتخذ من رعاية الشباب ميدانا لنشاطها مع هذه الفئة الحيوية في المجتمع وفي مختلف المنظمات الشبابية والمؤسسات الاجتماعية ، لتعاون في زيادة

اطلاعه ومعرفته وتكتشف طاقاته وقدراته ، وتنمي مهاراته أو تزوده بمهارات جديدة فنية وثقافية وإتصالية ، وتدربه على ممارسات المواطنة وتحمل المسؤولية وأداء الأمانة واحترام الوقت وصيانة الموارد وحسن استخدامها والصدق في التعامل وتغليب المصلحة العامة على الخاصة والعمل بروح الفريق.

والواقع أن الخدمة الاجتماعية في تدخلها المهني مع الشباب ، ترسخ قناعاتها الأساسية تجاه الإنسان ،وتصبح هذه القناعات أكثر تجليا ووضوحا في ميدان العمل مع الشباب، مثل أن تؤمن بأن الإنسان ينمي إنسانيته الإيجابية من خلال تفاعله مع البيئة البشرية والمادية التي يعيش فيها .الأمر الذي يقتضي من الخدمة الاجتماعية أن تعمل (وأن تجعل النظم الاجتماعية الأخرى أن تعمل كذلك) على تطوير الظروف البيئية لتناسب مع الجهود المبذولة لنمو الشباب نموا سليما متوازنا. وتؤمن الخدمة الاجتماعية كذلك بأن خصائص الشباب قابلة للتغير والتشكل أو للاستبدال . وتؤثر تجاربه ومواقف حياته في إحداث هذا التغير والتشكل والاستبدال وفي طبيعته , ولذلك فإن الخدمة الاجتماعية تستفيد من هذه الحقيقة في العمل مع الشباب خاصة ، لكي تتمكن من إحلال خصال إيجابية محل صفات سلبية غير صالحة أو غير ملائمة لمستجدات المجتمع والعصر. كما تؤمن الخدمة الاجتماعية بأن الجماعات التي ينتمي إليها الشباب لها كبير الأثر في توجيهه بالحياة سلوكا وقناعة واتجاهات ، ولذلك فإن الجماعات تشكل إطارا مناسبا لتنشط الخدمة الاجتماعية في العمل مع الشباب لتوجيه هذا الأثر لكي يكون تنموياً إيجابيا صالحاً ينعكس على سلوك الشباب وقناعاتهم واتجاهاتهم بصورة مرضية للشباب والأسرة والمجتمع . ولهذا نجد أن العمل مع الجماعات تبرز كطريقة مثلى للعمل مع الشباب في إطار التدخل المهني للخدمة الاجتماعية .

في ضوء هذه الحقائق يمكن أن نتناول دور الخدمة الاجتماعية في العمل مع الشباب أكثر تحديداً لتؤكد على اهتمامها في تقوية روح المسؤولية لدى الشباب تجاه مجتمعهم

ووطنهم وأمتهم , عن طريق زيادة وعيهم بقضايا المجتمع والوطن والأمة ووعيهم بدورهم في نهضتها وتقدمها كطاقة خلاقة ومجددة .

ولذلك فإنها تسعى لاكتساب الشباب القدرة على العمل الجماعي, وتساعدهم على إقامة علاقات اجتماعية طيبة مع ذوي الصلة بهم, كالآباء والأمهات والمعلمين والمشرفين والزملاء . كما تسعى على الصعيد المادي الى تنمية الوعي الاقتصادي ,وزيادة الخبرات الإنتاجية ,وما يرتبط بذلك من تقدير الزمن واحترام العمل ونظمه.

وإذا كانت الخدمة الاجتماعية تدعو الشباب وتساعدهم للتكيف مع النظم الاجتماعية القائمة كالأسرة والتعليم , فإنها تدعوهم إلى القيام بجهود لتغيير بعض جوانب هذه النظم أو إصلاح الخلل فيها، بما لا يخل بقيم المجتمع وتشريعاته الموضوعية.

ولما كانت الخدمة الاجتماعية تتبنى الفلسفة الديمقراطية في التدخل، فانها تسعى الى فهم ما يفكر به الشباب ,وما يحتاجون إليه ,وما هي أهدافهم بالحياة ,وتطالبهم بأن يمارسوا التخاطب الديمقراطي القائم على الصراحة والوضوح والحرية فيما بينهم ومع غيرهم , للوصول الى خطوات علمية تحقق ما يصبون إليه من غايات مشروعة وطموحات مقبولة , ولا يقتصر ذلك على التخاطب الديمقراطي في المناقشات، بل يتعدى ذلك الى اكتساب الأسلوب الديمقراطي في السلوك والتعامل عن طريق الممارسة داخل جماعات الشباب التي يعمل معها الأخصائيون الاجتماعيون .

وتواصل الخدمة الاجتماعية جهودها مع الشباب فتجري البحوث والدراسات ذات الصلة باحتياجاتهم ومشكلاتهم , وتتابع ما يتجلى من ظواهر مستجدة تتعلق بأوضاعهم أو تصرفاتهم داخل المجتمع , وخاصة ما يشكل منها انحرافاً اجتماعياً عن ثقافة المجتمع ومعتقداته وأخلاقياته .

هذا مع أيمان الخدمة الاجتماعية بمبدأ التغيير والاختلاف , إذ أن لكل جيل ظروفه وقيمه , وأن ما يصلح لجيل قد لا يصلح لجيل آخر , كما أن الاحتياجات والرغبات لدى

الشباب (كما هم سواهم) تختلف من فترة الى أخرى , مما يتطلب تجديد النظرة وتطوير الدراسات والوقوف على ما يستجد من رؤى ووجهات نظر ومواقف .

لقد قادت التجربة الخدمة الاجتماعية الى أن وجودها في مضمار التدخل المهني مع الشباب , بشكل فاعل ومؤثر يتطلب منها أن تقترب ما أمكن من تفكير الشباب ومعاناته وانفعالاته وتصرفاته في المواقف الحياتية المختلفة هذا الأمر أوجب على الخدمة الاجتماعية أن تشارك في رسم السياسة العامة للعمل مع الشباب, واقتراح الخطط وتنفيذ البرامج والمشاركة في إنجاز المشروعات الخاصة برعاية الشباب إن هذه المشاركة لا يجوز أن تتم بصورة ارتجالية من وحي الصدفة والموقف الراهن , وإنما يجب أن تتم في ضوء الحقائق التي تظهرها البحوث والدراسات المنجزة عن أوضاع الشباب وفحوى تفكيرهم ومشاعرهم. وأن وضع الخطط وتنفيذها وان تم بمشاركة الشباب وبمساعدة الأخصائيين الاجتماعيين معهم, فأن قيمة هذه المشاركة لا تكتمل إلا بمشاركة الشباب أنفسهم في تقويم الخطط التي وضعوها والبرامج التي نفذوها . وأن يعملوا على تعديل بعض أجزائها التي تتضح ضرورة تعديلها نتيجة المتابعة والتقويم المستمرين , بما ينسجم مع مبدأ حق تقرير المصير الذي تتبناه الخدمة الاجتماعية في تدخلها المهني مع الأفراد والجماعات.

وحرصاً من الخدمة الاجتماعية على وضع مختلف الحقائق عن أوضاع الشباب وتطلعاتهم, عند تخطيط البرامج لرعايتهم, فأنها تتعرف على ميول الشباب وتدرس احتياجاتهم وتحصرها وتصنفها , وتجعل منها مادة للخطط التي تتبنى تنفيذ ما يمكن من برامج لتنمية الميول وسد الاحتياجات , حسب الأولويات التي تحتمها ضرورة المواءمة بين الموارد المتاحة والاحتياجات المحددة .

يمارس التدخل مع الشباب على المستويات الفردية والجماعية والمجتمعية, ويتبع في كل مستوى إحدى الطرق كما هو معروف ، طرق خدمة الفرد , خدمة الجماعة , تنظيم المجتمع .

فخدمة الفرد تهدف الى مساعدة الشاب لمواجهة مشكلاته الشخصية التي تعيق أداءه الاجتماعي . وهي طريقة علاجية أساساً وإن كانت تحقق في ثنايا ذلك أهدافاً وقائية وإنمائية . إذ يصبح الشاب أكثر تفهماً للمشكلات وأكثر قدرة على حلّها، وتمده بالخبرات والاتجاهات والقيم التي تنأى به عن المشكلات .

وتتعدد مشكلات الشباب الفردية وتتنوع , فمنها ما يرجع الى سلوك الشاب وخبراته وقيمه وتأثره بسلوك الآخرين واتجاهاتهم ومنها ما يعود الى الأسرة أو الزملاء أو الأصدقاء, أو يرجع الى المدرسة (إن كان طالباً) أو الى العمل (إن كان يعمل) , أو الى أية جماعة ينتمي إليها .

ويتبع الأخصائي الاجتماعي خطوات خدمة الفرد عند تعامله مع الشباب كحالات فردية، فيبدأ بدراسة الحالة عندما تبدأ بينه وبين الشاب علاقة مهنية يقف الأخصائي فيها على حقيقة حالة الشاب أو موقفه الإشكالي ، ويجمع فيها كل ما يلزم، من معلومات للكشف عن عوامل الموقف والمؤثرات التي أثرت على أدائه لدوره الاجتماعي الذي يتوقع منه , واستجابته للموقف .

يتبع الأخصائي الاجتماعي ذلك بتحليل الحقائق التي توصل إليها ويحلل أسبابها، للكشف عن أكثر العوامل قابلية لان تعالج ، ويعين مناطق القوة والضعف والإمكانيات التي يمكن استخدامها للحل . وبعبارة أخرى ، يجيب التشخيص على تساؤلات الأخصائي التي تمثلها النقاط الآتية :

المشكلة بالضبط , العوامل المسببة لها، علاقة العوامل ببعضها , المراحل التي مرت المشكلة بها منذ نشوئها , الجوانب التي يجب تغييرها في الموقف, كيفية إحداث التغيير المرغوب ، قابلية الشاب وأسرته للتغيير, رغبة الشاب في المشاركة بإحداث التغيير,وقدراته التي يمكن الاستفادة منها في تحقيق المطلوب .

يلي ذلك العلاج والذي يعنى تحديد الإجراءات التي تتبع ليستعيد الشاب نشاطه الاعتيادي , والتي تركز على استثمار قدرات الشاب واستخدام إمكانيات المؤسسة والبيئة لتذليل العقبات التي تحول دون القيام بنشاطه لأداء دوره الاجتماعية المتوقع.

يتحقق عن طريق علاج الحالة تنمية شخصية الشاب وتطوير قدراته في إدارة أموره بنفسه وهو واثق من نفسه ومن الآخرين , مصمما على الاعتماد على ذاته, وتوفير إمكانيات افضل لإحساس الشاب بمتعة الحياة وقيمتها , وخلق الأجواء المناسبة ليكون الشاب أكثر عطاء وإنتاجا وتجاوباً بعيداً عن الصعوبات والمعوقات.

أما المشكلات الفردية التي تتعامل معها طريقة خدمة الفرد فهي مشكلات اجتماعية تتعلق بالظروف الاجتماعية للشاب كالسلوك الانحرافي , التفكك الأسرى, صحبة أقران السوء , قسوة الأبوين , أو مشكلات اقتصادية كالحرمان أو العجز المادي للإيفاء بالاحتياجات الحياتية , أو مشكلات صحية كالإصابة بالأمراض أو الإعاقات الجسمية ,أو مشكلات تعليمية تتمثل بسوء التكيف في المدرسة مما ينتج عنه التأخر الدراسي أو عدم المواظبة أو الخروج على النظام المدرسي , أو مشكلات نفسية كالخجل والانطواء والقلق والتوتر .

وتأتي **خدمة الجماعة** كطريقة ثانية للتعامل مع الشباب وفي الإطار الجماعي, تعتبر الجماعات الشكل الأساسي لتنظيمات الشباب كما تعتبر "الجماعة" ركناً أساسياً للعمل في الخدمة الاجتماعية الى جانب "البرنامج" و"الأخصائي الاجتماعي" كثلاثة أركان يتوقف عليها نجاح خدمة الجماعة في تحقيق النمو الاجتماعي للأفراد .

ويتوخى الأخصائي الاجتماعي عند عمله مع الشباب, تشكيل جماعات تتوفر فيها معايير تساعد على نجاحها , كأن تكون الجماعة صغيرة العدد (ما بين 15و30 عضواً), وأن تكون متجانسة بقدر الإمكان من حيث العمر , الجنس, المستوى التعليمي, الانتماء

لمجتمع محلي معين , هوايات ورغبات متقاربة , وأن تكون محددة الاهداف ولها شروطها الواضحة للعضوية فيها ولائحتها التنظيمية الداخلية التي تتقيد بها .

وعادة ما تأخذ الجماعات داخل مؤسسات الشباب شكلاً من الأشكال الآتية: جماعات النشاط المتعدد (وقد تسمى الأسرة), جماعات النشاط المتخصص (وقد تسمى الفرقة أو جماعة الهواية) , جماعات العمل , ومجلس ممثلي الجماعات الذي ينسق بين الجماعات المكونة داخل مؤسسة الشباب .

أما **البرنامج** فهو مجموعة النشاطات التي يضعها الشباب وتوفر المؤسسة لهم فرصة ممارستها إشباعاً لحاجاتهم وصقلاً لشخصياتهم من حيث القيم الاجتماعية المرغوبة والاتجاهات السليمة والمهارات المتعددة وصفات المواطنة الصالحة, المتمثلة بالإيمان بالله والوطن والثقة بالذات , والانفتاح على تحديد واحترام الحقوق وأداء الواجبات والتقيد بالنظم العامة ومعايير المجتمع وتقدير الفروق الفردية وتكوين الرأي عن طريق الحوار الهادئ واعتماد الديمقراطية والعدالة في التعامل والحفاظ على المصلحة العامة للمجتمع.

ويتم كل ما تقدم من خلال التفاعل الجماعي الموجه من قبل الأخصائي الاجتماعي وفي اللقاءات المنتظمة للجماعة , وفقاً للبرنامج الموضوع بطريقة ديمقراطية , وفي مناخ يساعد على تنمية القدرات الابتكارية الإبداعية ويطلق الطاقات الكامنة لدى الشباب.

وكنا قد فصلنا الجوانب المتعلقة بهذا الموضوع عند الحديث عن خدمة الجماعة كإحدى طرق الخدمة الاجتماعية .

أما **طريقة تنظيم المجتمع** فأنها تستخدم مع الشباب كجماعات من الناس تجمعهم اهتمامات مشتركة أو وظيفة مشتركة , وهذه الاهتمامات لا تتوفر عند كل فرد في المجتمع المحلي ولكنها تتوفر عند الأفراد والجماعات ذات الاهتمامات الخاصة أو الوظيفة المعينة التي تجمعهم .. وهي ما تعرف اصطلاحاً بـ((المجتمع الوظيفي)).

وتتوخى طريقة تنظيم المجتمع هنا تنادي الشباب للعمل من أجل مجتمعهم وفقاً لمشاعرهم واهتماماتهم , وليحلوا مشكلاتهم التي تعيق مشاركتهم في الحياة العامة للمجتمع.

وتضع هذه الطريقة في هذا المجال أهدافا إنجازية وأهدافا عملية . فالأهداف الإنجازية هي التي يحققها الشباب لإنجاز مشروعات مفيدة لهم ولمجتمعهم ضمن مشروعات خدمة البيئة (وعن طريق المعسكرات أو المخيمات مثلاً). أما الاهداف العملية فهي التي تحقق تنمية القدرات لدى الشباب بحيث يعملون معاً بشكل تعاوني تضامني متكامل هدفه حل مشكلات الشباب وإشباع احتياجاتهم .

أما المقصود بمشكلات الشباب المجتمعية فهي تنقسم الى قسمين الأول منها يتصل بالبناء الاجتماعي ,والثاني يتصل بالانحراف الاجتماعي, فمشكلة البطالة والفقر والامية مشكلات بنائية, تتصل بعديد من العوامل التي ترجع الى طبيعة بناء المجتمع وتطوره عبر الزمن , أما مشكلات الجريمة والإدمان والتشرد فهي مشكلات انحرافية تتصل بالسلوك الذي تؤثر فيه عوامل أخلاقية قيميه بيئية مختلفة.

ويتدخل الأخصائي الاجتماعي في العمل مع الشباب على **المستوى المجتمعي** ليساعد على تحديد المشكلة المجتمعية , ثم لبناء شبكة الاتصالات اللازمة لحل المشكلة, ووضع البدائل بين الحلول واختيار المناسب لها , ثم اتخاذ خطوات العمل الضرورية للوصول الى الحل المنشود .

ويعمد الأخصائي الاجتماعي الى استثارة الشباب حول الظروف التي تحتاج الى تغيير , ومن ثم يشجع قيام الشباب بتنظيم أنفسهم للقيام بعمليات التغيير التي تشكل بمجملها حلاً للمشكلة التي يعاني الشباب منها , ويواصل الأخصائي الاجتماعي خلال ذلك المتابعة والتقويم , للتأكد من سلامة الخطوات وامكانية وصولها الى الاهداف الموضوعية .

بالإضافة لما سبق فان الأخصائي (المنظم) يعمل على **التنسيق بين المؤسسات المعنية بالشباب** ويشارك بالمؤتمرات والندوات التي تناقش قضايا الشباب , ويساعد في اكتشاف العناصر القيادية من الشباب ويعمل على تدريبها, ويشرف على البحوث الميدانية التي تقوم المؤسسات المعنية باجرائها للتعرف على مشكلات الشباب واتجاهاتهم ومطالبهم .

أما على صعيد **التخطيط لرعاية الشباب** , فإن التوجه العام في هذا الشأن يتوجه نحو الاهداف التنموية والوقائية أكثر من الاهداف العلاجية , ونحو مشاركة الشباب في التخطيط لبرامجهم, كي تعبر تلك البرامج عن ظروفهم ومطالبهم واحتياجاتهم .

لذلك فإن **البحوث في ميدان رعاية الشباب** تركز على تقييم المشروعات أو دراسة المشكلات , أو تحليل الظواهر الخاصة بالشباب ، وذلك للاستفادة منها في التخطيط لبرامج رعاية الشباب والعمل معهم .

سادساً: الخدمة الاجتماعية في المنشآت الإنتاجية

يشهد العالم منذ بداية الثورة الصناعية الكبرى تطورات سريعة متلاحقة في الإنتاج وخاصة في قطاع الصناعة , وما تبعه من تنامٍ حاد في قطاع الخدمات وقطاع إدارة الأعمال والأموال ، والذي نشهده الآن في مختلف أنحاء العالم سواء منها المجتمعات المتطورة أو المجتمعات النامية .

ولكن هذا النمو المتسارع لم يكن وليد الصدفة , بل كان نتاجاً للتوجه نحو التصنيع وزيادة الاعتماد على الآلات في الإنتاج ، وما تبعه من توجه الى تطوير الآلات وأساليب الإنتاج , حتى حققت أشواطاً هائلة من التطور في العصر الحديث الذي يتوجُّه إلى الاعتماد الكبير على الإلكترونيات والكمبيوتر والذي خلق جواً من الملاحقة المستمرة لمستحدثات العصر ومستجدات الصناعة في هذا القطاع .

لقد أتاح هذا الجو الإنتاجي الفرص الكبيرة لمجموعات كبيرة من الناس قي مقتبل العمر الى التوجه الى المدن وترك الأرياف وهجر الزراعة , وزاد من توجه الشباب في الجامعات للانخراط في تخصصات علمية فنية تتناسب مع متطلبات السوق ,كعلم الحاسوب وهندسته والهندسة الكهربائية والكيماوية, وإدارة الأعمال والاستثمار والتمويل والسكرتارية الفنية ونظم المعلومات .

ولكن هذا التطور للقطاع الإنتاجي لم يكن رحلة سهلة للمنتمين لهذا القطاع, إذ عاش العمال وخاصة في بداية عهد التصنيع ظروفاً قاسية من حيث التعامل مع أرباب العمل , والحصول على الحقوق أو حتى المطالبة بها , والتعرض للبطالة والطرد من العمل.

هذا , مما حدى العمال لأن يحاولوا جمع الكلمة وتوحيد الصفوف ليشكلوا قوة مؤثرة للمطالبة والمتابعة وتعزيز المواقف والمكانة . ومن هنا جاء تشكيل التنظيمات النقابية والاتحادات العمالية , وكانت تلك وراء إحراز الطبقة العاملة مكانة متقدمة في القطاع الإنتاجي , نبهت فيما بعد الى الكثير من الإجراءات والاستحداثات لتعزيز هذه المكانة وإبعاد أي شبح للاستغلال تجاهها .

عزز ذلك سلسلة الأبحاث والدراسات الميدانية في المجتمع العمالي , التي أظهرت نتائجها أن معدل الإنتاج يرتفع كلما ارتقت نوعية الخدمات المقدمة للقوى العاملة بالإنتاج , وليست هذه الخدمات مجرد رعاية صحية أو أولية أو تحسين ظروف العمل بالإضافة الى الأجور , وإنما كانت خدمات تنمية اجتماعية للقوى الإنتاجية في مختلف مواقع الإنتاج .

هذه التنمية الاجتماعية للقوى الإنتاجية التي تشتمل على الخدمات الصحية والثقافية والترويحية والنفسية والاجتماعية , والتي كانت الخدمة الاجتماعية المهنة الأجدر للتدخل لصالح القوى الإنتاجية في توفير هذه الخدمات ليس في إطارها المادي فحسب بل في إطارها المعنوي أيضاً .

زاد التطلع الى الخدمة الاجتماعية لتسهم بدورها في زيادة الكفاية الإنتاجية داخل المنشأة , وفي تهيئة قوى الإنتاج لتؤدي واجباتها داخل المنشأة , وهي تتمتع بمزايا التكيف والاستقرار والاطمئنان حتى ولو امتدت الجهود في سبيل ذلك الى الأسرة والمجتمع المحلي .

ومن هنا نشطت الخدمة الاجتماعية في القطاع الإنتاجي لتسعى الى رفع المستوى الاجتماعي للعمال وأسرهم , وبحث مشكلاتهم ومعالجتها أو وقايتهم من الوقوع في المشكلات , والتخفيف من الانعكاسات السالبة للعملية الإنتاجية وعلاقات العمل , والعمل على توفير الخدمات الاجتماعية ذات الأثر النفسي والاجتماعي الإيجابي لدى القوة العاملة , مثل التعليم , التدريب , الصحة,الغذاء, الإسكان, والأمن الصناعي .

ويراعي الأخصائيون الاجتماعيون في تدخلهم المهني في القطاع الإنتاجي أن يكون تقديم الخدمات المنوه عنها منسجماً مع الاهداف العامة للمجتمع , وأن يتم تقديمها في إطار الخطة الشاملة للدولة , وخاصة الخطة الاقتصادية منها , وأن لا تتعارض مع أهداف المنشأة لا بل تعمل على تحقيق تلك الاهداف , وأن تقابل فعلاً حاجات العاملين ورغباتهم .

كما يراعي الأخصائيون الاجتماعيون في تلك الخدمات الأولويات التي يبدى العمال اهتمامهم بها , وذلك من خلال استطلاع آرائهم حول الممكن منها , في إطار عملي وواقعي , وعلى أساس من العدالة والمساواة بين العمال المستفيدين منها .

لا شك إن ثمة عوامل تؤثر في حجم الخدمات الاجتماعية ونوعيتها مثل : حجم المنشأة الإنتاجية , نوع الإنتاج , عدد العاملين , بيئة العمل , المجتمع الذي توجد فيه , المستوى الثقافي والوعي لدى العاملين , ومستوى الأجور وحجم الاستثمار وكلفة التشغيل .

وتساعد التشريعات الاجتماعية على إيجاد مجموعة من الخدمات الاجتماعية للعاملين, مثل قوانين وأنظمة الضمان الاجتماعي , التأمين الصحي, الإسكان, السلامة المهنية , ظروف العمل , الإجازات والاستراحات , الظروف الطارئة, المزايا والحوافز والمكافآت .

وهناك خدمات أخرى تحتمها أجواء العلاقات الاجتماعية الإنسانية, مثل الحفلات وأحياء المناسبات والمسابقات الثقافية والفنية والرياضية , والألعاب والمباريات , والرحلات الجماعية والمخيمات الترفيهية , وتشجيع الإبداع الشخصي الفني والأدبي والرياضي , والصلة مع البيئة ومع المنشآت والمؤسسات الأخرى .

سابعا: الخدمة الاجتماعية في مجال الدفاع الاجتماعي

كان للعلوم الاجتماعية الفضل في إعادة النظر الى الجريمة والانحراف من الناحيتين الاجتماعية والقانونية ,حلت بموجبها فكرة الاهتمام بشخصية الفرد المجرم أو المنحرف محل فكرة المسؤولية الجنائية التي تستحق الحق العقابي . وتبعاً لذلك أخذ التعامل مع المسؤولية الجنائية ينحسر في المجتمعات الحديثة أمام بدء التعامل مع منظومة الدفاع الاجتماعي , وهي التي تنظر الى شخصية الفرد بوصفها القيمة الأساسية التي تتأثر بعوامل اجتماعية نفسية .

وعلى هذا الأساس قامت نظرية الدفاع الاجتماعي على ثلاث أركان هي: الإصلاح، التقويم ، التأهيل .

ففي **الركن الإصلاحي** ، يتم تطبيق القانون لإثبات السلوك الانحرافي وفقاً للبيانات المتحصلة عن الحالة , ثم إقامة الدعوى وإجراء المحاكمة لتحديد المجرم وعقوبته, ثم يدار الحكم الصادر من منطق الإصلاح الذي يعني بإبقاء سلوك المحكوم في الحدود المقبولة اجتماعيا وإدخال ما يمكن من تعديلات على البيئة بمساعدة المحكوم على التكيف. ومن هنا غيرت صفة المؤسسة التي يقضي فيها محكوميته من السجن الى مركز الإصلاح .

أما **الركن التقويمي** , فهو الذي يعني بالجوانب المؤثرة (تقوية أو إضعاف) في شخصية المحكوم وفي البيئة على حد سواء . بقصد الاستفادة من جوانب القوة في علاج السلوك الانحرافي . وأما **الركن التأهيلي** فهو الذي يعني بإعادة اندماج المحكوم الذي أمضى مدة

محكوميته في المجتمع، عن طريق إحداث التقبل المتبادل بينه وبين أسرته ومجتمعه , وإيجاد افضل الظروف التي تحول دون عودته الى الانحراف ثانيه .

لم تقم هذه الأركان الثلاثة إلا على اعتبار أن الدولة مسؤولة مسؤولية مباشرة عن الوقاية أو الإزالة لأسباب الانحراف ودوافعه , وهي وفقاً لهذا المفهوم تضع سياسة وطنية للدفاع الاجتماعي تركز على الحد من الجريمة ولا تقوم على إيقاع العقوبة . بالإضافة الى ذلك وفي نفس الوقت على أجهزة الدفاع الاجتماعي أن تنظر إلى حالة كل منحرف أو مُذنب كحالة منفردة حتى يتم التعامل معها وعلاجها بصورتها الخاصة المتفردة .

وتتلخص الإجراءات بعد ذلك وفقاً لفلسفة الدفاع الاجتماعي , بالتقريب بين الانحراف الفردي وبين القبول الاجتماعي من خلال عملية التقويم وعملية إعادة الإدماج, ليعود الفرد المنحرف أو المذنب الى الحياة الطبيعية قادراً على أداء أدواره الاجتماعية المتوقعة كسائر الناس .

ينبري لتطبيق تلك المبادئ والقيام بتلك الإجراءات فريق اجتماعي تربوي يعاون القضاة , يكون دور الأخصائي الاجتماعي فيه دور المنسق بين تلك الأطراف والتعامل مع المحكومين والمنحرفين بصورة مباشرة لتحقيق هدف الإدماج والتفاعل والقدرة على الأداء ، وذلك على النحو التالي:

1- الخدمة الاجتماعية ورعاية الأحداث المذنبين

تمارس الخدمة الاجتماعية مع الأحداث المذنبين, والذين تشكل رعايتهم مجالاً فرعياً من مجالات الدفاع الاجتماعي , ولعله من أبرز هذه المجالات, حيث تنصب فيه الجهود على الفئة العمرية التي تبدأ من أواخر مرحلة الطفولة الى أوائل مرحلة المراهقة ,وهي مرحلة تتطلب الرعاية الفائقة والتوجيه المباشر والحرص الشديد, وإن كانت الرعاية أثناءها تركز أساسا على الجانب الوقائي , لكي لا يقع الأحداث ضحية الانحراف , فإنها توجه جهودها العلاجية على الأحداث المشردين لكي لا يستمروا في تشردهم ويندفعوا الى السلوك الانحرافي , وعلى

الأحداث المذنبين الذي أودعوا المؤسسات الاجتماعية الخاصة بهذه الفئة , لتكون فترة أيداعهم فترة رعاية وتوجيه وإعادة تأهيل للخروج الى الحياة الطبيعيه يتبادلون التقبل مع الآخرين في المجتمع .

ولالقاء الضوء على دور الأخصائي الاجتماعي مع الأحداث , يحسن بنا أن نشير الى المراحل التي يمر الحدث المذنب بها ثم مثوله أمام المحكمة , وإصدار الحكم بحقه , وإيداعه بدار الملاحظة , ثم ممارسة المراقبة الاجتماعية عليه وعلى بيئته .

وننوه في البداية الى أن الدول قد اتجهت حديثاً الى تشكيل شرطة خاصة بالأحداث المذنبين والمشردين , تعد إعداداً خاصاً يركز على أساليب التعامل معاملة خاصة مع الأحداث, ويتفهمون خلال إعدادهم عوامل الانحراف وطرق العلاج وفلسفة الدفاع الاجتماعي وأسس رعاية الأحداث , والطابع التربوي الاجتماعي لهذه الرعاية .

عند إلقاء القبض على الحدث بوضعية مخالفة للقانون كالسرقة من قبل شرطة الأحداث , تقوده هذه الجهة الى مركز الاستقبال, حيث يستقبل الأخصائي الاجتماعي هذه الحالة في مرحلة جمع الأدلة , ويشارك رجال الشرطة فيها في معرفة ظروف القضية ووضع التنسيب المناسب لحل المشكلة ، الى جانب إيجاد جو من الاطمئنان والثقة لدى الحدث وأسرته , والتحفظ على هذا الحدث في مكان مخصص للحالات المشابهة, بعيداً عن من هم أكبر سناً من الموقوفين .

ويحضر الأخصائي الاجتماعي الجلسة الأولى لدى محكمة الأحداث عند النظر في الحالة, يساعد في اتخاذ قرار التوقيف أو الإفراج تبعاً لظروف الحالة , ثم دراسة الحالة اجتماعياً بصورة سريعة ومكثفة للتعرف على الدوافع الحقيقية للانحراف , من خلال التعرف على شخصية الحدث, من الجوانب الجسمية والعقلية والنفسية والاجتماعية ,وعلى بيئته الأسرية, من حيث مدى التماسك فيها ووضعيتها الاقتصادية وأثرها على الحدث, وعلى الأوساط التي يتعامل الحدث معها خارج الأسرة .

ويدرس الأخصائي الاجتماعي كذلك عوامل الانحراف, ومدى مساهمة الحدث في العملية الانحرافية , والآخرين المشاركين معه والمحرضين له , والظروف التي أحاطت به, ونوع المشكلات السلوكية الناجمة عنه , ليقوم بتحليلها بعد ذلك, ويحدد نوع العوامل الذاتية والأسرية والخارجية المسؤولة عن ظهور الانحراف .

وإذا ما رأى القاضي إحالة الحدث الى إحدى المؤسسات العلاجية,تمهيداً لتكملة إجراءات المحاكمة , فمهمة الأخصائي الاجتماعي عند ذلك ملاحظة سلوك الحدث ومراقبته في مختلف أوجه النشاط لمعرفة نوع علاقاته مع أفراد المجموعة التي ضم إليها داخل المؤسسة ,وملاحظة مدى تفاعله وتأثيره عليهم ,وتأثره بهم وقدرته على اكتساب ثقة الآخرين وتقبلهم له .

ويوضح الأخصائي الاجتماعي في تقريره عن الحالة, مدى اهتمام أسرة الحدث به وقيامها بزيارته واطمئنانها على أحواله , وكذلك المدرسة التي كان يدرس فيها,أو مكان العمل الذي كان يعمل فيه.

ومن ثم يعمل الأخصائي الاجتماعي على إعداد خطة العلاج للحالة, بالتعاون مع المشرفين النفسيين والتربويين بالمؤسسة , لتقديمها مع التقرير الختامي الى المحكمة, و يحضر الأخصائي الاجتماعي (مراقب السلوك) إجراءات المحاكمة, وبوجود ولي أمر الحدث , ويناقشهما القاضي بما جاء بالتقرير ,ليتوصل في النهاية الى الحكم المناسب في ضوء إحاطته بجوانب الحالة .

هنالك دور مؤسسي آخر للأخصائي الاجتماعي يمارسه داخل مؤسسات رعاية الأحداث. سواء المؤسسات العلاجية فيها أو الوقائية . ففي **المؤسسات العلاجية** , وهي التي ترعى الموقوفين والمحكومين من الأحداث المذنبين , يستقبل الأخصائي الاجتماعي الحدث الموقوف أو المحكوم فيعرفه على المؤسسة وعلى زملائه من النزلاء , تمهيداً لإقامة علاقات اجتماعية إيجابية , وبث الاطمئنان في نفسه , ومساعدته على التكيف , الى جانب ملاحظته

أثناء النشاطات التي يمارسها وفقاً لبرنامج جماعي مخطط له , ومتابعة تحصيله التعليمي والمهني , وعرضه على المهن المتوفرة لاختيار ما يتناسب مع ميوله وقدراته , وليكتسب مهارات في إحداها . ويصاحب ذلك بالمحصلة تعديل السلوك والاتجاهات والنظرة الى الحياة, بما يساعد على عودة الحدث الى المجتمع بصورة سليمة إيجابية .

أما في **المؤسسات الوقائية** , فيستقبل الأخصائي الاجتماعي الأحداث المشردين المحولين من الأجهزة القضائية والتنفيذية (كالشؤون الاجتماعية أو الشرطة) , ويعمل على إلحاقهم في المدارس وبالمرحلة المناسبة وينظم لهم برامج تدريب مهني وبرامج أنشطة ترويحية تثقيفية , وفي نفس الوقت يعمل على إعادة التماسك الأسرى وحل مشكلات الأسرة بقدر المستطاع , بالاستعانة بالموارد المتاحة تمهيداً لإعادة الحدث الى أسرته الطبيعية .

ويمتد دور الأخصائي الاجتماعي الى **الرعاية اللاحقة** , التي تتمثل بالقيام بجهود مهنية تنموية وقائية لعدم معاودة الحدث للإنحراف أو للتشرد . وتشكل تلك متابعة فنية تربوية اجتماعية مع الحدث وأسرته, بما يساعد على سير الحياة الأسرية واندماج الحدث فيها وفي المجتمع بصورة طبيعية .

وفي ضوء ما سبق , يمكن تقسيم رعاية الحدث داخل المؤسسة الى مراحل أساسية متتابعة على النحو التالي :

مرحلة استلام الحدث وما بحوزته من قبل الشرطة, مرحلة الاستقبال وطمأنة الحدث, مرحلة المقابلة الاستطلاعية , مرحلة الحصول على المعلومات وتبويبها, مرحلة التعريف بالمركز ونظامه وتعليماته, مرحلة الفحص الطبي, مرحلة الإصلاح والتأهيل, ومرحلة المتابعة.

والخلاصة هي الوصول الى إعداد الحدث للحياة الطبيعية في المجتمع, مزوداً بقوة المقاومة للانحراف ومتقيداً بقواعد الضبط الاجتماعي .

ومن القواعد المهنية التي يراعيها الأخصائي الاجتماعي في مستهل التعامل مع الحدث, هو استلام الحدث من رجل الشرطة ,وفك قيده وتدقيق المعلومات الواردة عنه والتأكد من مطابقتها لشروط القبول بالمركز ,على أن لا يشرع الأخصائي بالكتابة منذ الوهلة الأولى للاستقبال , وان يصغى الى الحدث أكثر مما يطرح عليه من أسئلة , ويتجنب أن يبدو كصاحب سلطة أو كمصدر للعقاب, وعدم التدخل بحياة الحدث إلا بالحدود التي يفضلها الحدث نفسه , وأن تتم المقابلة بصورة منفردة بعيداً عن الأماكن التي يكثر تردد الآخرين في المركز عليها . مظهراً رغبته في مساعدة الحدث .

ومن القواعد المهنية التي يجب أن يراعيها الأخصائي الاجتماعي الظهور بالمظهر اللائق من حيث الجلوس والاستماع والملبس والاستقبال ,وأن لا يطيل في المقابلة , مقدراً الفترة التي أمضاها الحدث في التحقيق والاستجواب والانتظار. وذلك حتى لا يتخذ موقفاً سلبياً من الأخصائي الاجتماعي نفسه ومن دوره المهني معه ومن المركز الذي سيقوم بتعديل سلوكه وإعداده للحياة المقبلة بعد إصلاحه وتأهيله .

2- الخدمة الاجتماعية للمسجونين :

أصبح الاتجاه الحديث المعروف عالمياً في التعامل مع المحكوم عليهم بالسجن لمدد مختلفة , يركز على علاج المسجون وتأهيله اجتماعياً . ولذلك فقد أصبح التعامل مع المسجونين يمر بعدة إجراءات لضمان الوصول الى التأهيل الاجتماعي لهم تمهيداً لخروجهم من السجن واندماجهم في حياة المجتمع .

تبدأ هذه الإجراءات بإجراء الفحوصات اللازمة لكل سجين من الجوانب الجسمية والعقلية والنفسية والاجتماعية للشخصية , يقوم بها الأطباء والأطباء النفسيون والأخصائيون الاجتماعيون , وذلك لمعرفة قدراته البدنية وسلامته من الأمراض الجسمية والعقلية وحالته النفسية ودرجة ذكائه ودراسة بيئته ووسطه الأسرى وكذلك رصد تطوره التعليمي والمهني .

ثم تجرى عملية التصنيف التي يقسم فيها السجناء الى فئات متشابهة ومتجانسة من حيث السن والجنس ونوع الجريمة ونوع العقوبة ومدتها . ويراعى في التصنيف قواعد الحد الأدنى لمعاملة المسجونين التي تدعو الى فصل المسجونين الذين يحتمل أن يكون لهم تأثير سيئ على زملائهم, بسبب فساد الأخلاق أو سيرتهم الجرمية , كما تدعو الى تقسيم المسجونين الى فئات لتيسير علاجهم وتأهيلهم .

وبعد ذلك يفسح المجال للمسجونين للاستفادة من فرصة التعليم داخل السجن , سواء كانوا من الأميين أو من المتعلمين. ويراد لهم أن يزدادوا تعليماً. حتى أن قواعد الحد الأدنى تدعوا الى أن يكون التعليم إلزاميا للاميين وصغار السن. ويتوخى في التعليم داخل السجن أن يكون متناسقاً ومتكاملاً مع نظم التعليم السائد .

يصاحب عملية التعليم عملية التهذيب الديني والخلقي , ليشكل الأيمان والوعي الديني دعامة لسلوك السجناء واتجاهاتهم ورعايتهم , ويتم ذلك على يد المرشدين الدينيين, ليبرزوا الحقائق الإيمانية التي تحصن أخلاق المؤمن وتدله على السلوك القويم . ومن جانب آخر يدعم التهذيب الأخلاقي انعكاسات القيم على نفوس السجناء وعلى موقفهم من الآخرين , وتنمية قيم التعاون والصدق والاستقامة والأمانة والتآلف .

وتتوجه الجهود داخل السجن بعد ذلك الى التدريب المهني والتأهيل المهني الى جانب العمل اليدوي والفني داخل السجن, بحيث تحول مدة الإقامة في السجن النزلاء الى أشخاص عاملين منتجين ومهنيين مؤهلين .

هذا الى جانب الرعاية الصحية والرعاية الاجتماعية , التي تهتم الأولى منهما بالوقاية أولاً وبالعلاج ثانياً , لضمان تمتع السجناء بصحة سليمة وظروف صحية جيدة أيضا . أما الثانية فهي تهدف الى تكيف السجناء مع الحياة داخل السجن مع استمرار صلاتهم بذويهم وبالمجتمع . وهي تركز في البداية على التخفيف من قسوة الظروف الجديدة التي جاء المحكوم للعيش فيها بعيداً عن أسرته وعن الحياة الطبيعية , كما أنها تتعرف على المشكلات

التي يشكو السجناء منها بصورة فردية للتعامل معها للتخلص منها والتخفيف من آثارها عليهم. وتشمل كذلك الأنشطة الجماعية الترويحية والثقافية والفنية والرياضية والتي تتاح للسجناء فيها فرصة الاختيار بما يتناسب مع قدراتهم وميولهم واحتياجاتهم .

ويقع العبء الأكبر على الأخصائي الاجتماعي في تقديم أوجه الرعاية الاجتماعية ومتابعة برامجها داخل السجن .

ويقوم الأخصائي الاجتماعي في السجن ببحث حالات السجناء بصورة منفردة ودراسة مشكلاتهم الأسرية والاقتصادية , ويوجههم الى الخدمات المتاحة داخل السجن ويساعدهم في الاستفادة من هذه الخدمات , وهو يسهل عليهم التراسل مع ذويهم . كما أن الأخصائي الاجتماعي يساعد السجناء على ممارسة النشاطات المتاحة بما يتناسب مع قدراتهم وميولهم.

ومن جانب آخر , فإن الأخصائي الاجتماعي يواصل الاتصال مع المفرج عنهم من النزلاء حتى يساعدهم على التكيف الاجتماعي مع الأسرة ومع المجتمع, ويساعدهم كذلك على إيجاد العمل لهم , ليعينهم ذلك على التكيف والاندماج والإنتاج بصورة طبيعية . ويطلق على الجهود التي تبذل في هذا الإطار مفهوم **"الرعاية اللاحقة"** .

وتقوم الخدمة الاجتماعية بعبء الرعاية اللاحقة من خلال الأجهزة الحكومية والهيئات التطوعية , حيث تتضافر الجهود لاستقرار المفرج عنهم واندماجهم وتكيفهم, وتقيهم هذه الجهود من الانتكاس والعودة الى الانحراف , ولذلك تعنى هذه الجهود بسد احتياجات المفرج عنهم وفتح آفاق جديدة أمامهم للتعاون مع الآخرين وتبادل الثقة معهم .

3- الخدمة الاجتماعية للمسنين :

يأخذ التدخل المهني للخدمة الاجتماعية مع المسنين ثلاثة مستويات الفردي والجماعي والمجتمعي , وتستخدم مع كل مستوى طريقة من طرق الخدمة الاجتماعية الرئيسية التي سبق أن تعرضنا لتفاصيلها.

إذ يعمل الأخصائي الاجتماعي مع **المسنين كأفراد** بممارسته لطريقة خدمة الفرد , وذلك من خلال مؤسسات إيواء المسنين أو من خلال البيت والأسرة التي ينتمي إليها والمسن أو من خلال المصحات النفسية التي تعنى بالمسنين أيضاً .

فإن كثيراً من المسنين وخاصة في المجتمع الحديث , أصبحوا يقضون سني حياتهم المتقدمة في دور خاصة لإيوائهم , بعيداً عن البيت الطبيعي والأسرة الأصلية , وذلك لأسباب تتعلق بهم أو بذويهم ,ومن أهمها عدم وجود أحد من الأبناء أو الأقارب من يتولى العناية بهؤلاء المسنين في بيوتهم وضمن الأسرة .

ففي هذه المؤسسات الإيوائية يقوم الأخصائي الاجتماعي بالدراسة الاجتماعية, للمسن والتي يتعرف من خلالها على المسن وأسرته وسماته الشخصية وأوضاعه الاقتصادية وحالته الصحية وأوجه المعاناة لديه ,وتعيين الشخص أو العائلة التي يتصل بها بصورة شرعية وطبيعية . وبعد أن يقوم بتشخيص الحالة في ضوء البيانات المتوفرة, ويلقى الضوء على احتياجاته الملحة ومشكلاته ومعاناته الجسمية والنفسية والاجتماعية ، وذلك تمهيداً لخطة العلاج التي يستهدي بها الأخصائي الاجتماعي في متابعة الحالة ، سواء بالتركيز على شخصية المسن أو على بيئته وظروفه المحيطة.

ويحرص الأخصائي الاجتماعي على إقامة العلاقة المهنية السليمة والقوية مع المسن, بما يساعد على التخفيف من قلقه ومخاوفه وتعوضه عن الرفيق الذي فقده وهو الزوج أو الزوجه في غالب الأحيان . ويبدى الأخصائي الاجتماعي التعاطف مع المسن من خلال هذه

العلاقة , في الوقت الذي يحتاج المسن فيه الى المشاركة الوجدانية التي تخفف عنه الضغوط النفسية بسبب توقفه عن العمل وتركه لأجواء البيت والمحيط الأسرى .

ولذلك فإن الأخصائي الاجتماعي يحاول أثناء ذلك أن يشجع المسن على التعبير عن مشاعره المكبوتة بصورة تلقائية دون قيود , وحتى يجعل من هذه المشاعر إيجابية في اتجاهها , رغم أن المسن بدأ يعاني من العجز وتدهور حالته الصحية وتراجع مكانته الاجتماعية . كما أن الأخصائي الاجتماعي يحاول في هذه الأثناء أن يزيد من تبصر المسن لحالته بما فيها من حدوث تغييرات جسمية ونفسية واجتماعية ,وهي التي تنعكس على قدراته الذاتية بالضعف , مما يقتضي أن يبحث عن وسائل جديدة لإشباع رغباته وتحقيق الرضا عن ذاته والشعور بالارتياح والسعادة .

يصاحب ذلك دور الأخصائي الاجتماعي في اتخاذ المسن لقرارات جديدة مهمة في حياته مثل أن يعمل عملاً جديداً يتوافق مع قدراته أو أن يقيم مشروعاً استثمارياً يتوافق مع إمكانياته . ومن هذا القبيل أيضاً لأن يحصل على مساعدة مالية من جهة حكومية أو أهلية خيرية أو أن يستخدم أجهزة طبية مساعدة للسمع أو النظر أو التنفس أو للمشي أو أن يجري عملية جراحية معينة .

وعلى محور آخر, يعمل الأخصائي الاجتماعي مع أهل المسن كزوجته وأبنائه , ليبقوا على صلة به ,وليلتزموا بمتابعة حالته والإنفاق عليه ؛ وعدم الوقوف موقفاً سلبياً منه كالتجاهل أو الإهمال أو النكران . كما أنه (أي الأخصائي الاجتماعي) يتصل بالمؤسسات التي تتيح برامج وخدمات للمسنين داخل الأسر الطبيعية , ومن شأنها أن تسد احتياجاتهم في ضوء المرحلة العمرية المتقدمة التي وصلوا إليها .

ويتدخل الأخصائي الاجتماعي مع الأفراد المسنين الذين يعانون من أمراض نفسية وعقلية, نتيجة لما ألت إليه أوضاعهم الأسرية وظروفهم الصحية والاقتصادية والاجتماعية ,وهو هنا يركز بداية على الجانب الوقائي لدى عموم المسنين الذين يعمل في مجال سكناهم

وعبر المؤسسات الموجودة في محيطهم البيئي , حتى لا يقع هؤلاء المسنين في تلك الأمراض النفسية والعقلية . بينما يشارك الأخصائي الاجتماعي في عمل الفريق العلاجي للذين قد وقعوا ضحية تلك الأمراض. هذا الفريق الذي يضم الأطباء المختصين بالجوانب الجسمية والعقلية والنفسية , بينما يقع العلاج الاجتماعي كجزء مكمل على عاتق الأخصائي الاجتماعي, كما أنه يعمل على فاعلية العلاج المتكامل تجاه المسن .

أما على **المستوى الجماعي** , فتتجلى أهمية خدمة جماعات المسنين من خلال إدراك أهمية الحياة الجماعية للمسن. فعن طريق الجماعات تتجدد الصداقات أو يضاف إليها صداقات جديدة , وفيها تعزز مكانة المسن , ويشعر بالانتماء الى إطار اجتماعي يتجاوز ذاته وأسرته . ويعرض من خلال الجماعات ما افتقده من توقعات الآخرين لدوره الاجتماعي الذي بدأ يتقلص بعد بلوغه سناً متقدمة من العمر.

وتسعى جماعات المسنين الى تخليصهم من العزلة وتساعدهم على التعرف الى آخرين وتبادل الأحاديث معهم , حتى لا ينشغل فكرهم بمعاناتهم وعجزهم المتزايد . علاوة على أنها تعطيهم الدليل على قدرتهم على أداء أدوارهم في خدمة المجتمع والتعامل مع الآخرين بصورة تطوعية تزيد من تقدير الآخرين لهم .

هذا بالإضافة الى أن خدمة الجماعة للمسنين تنظم الأنشطة الترويحية لهم, بما يتناسب مع قدراتهم وبما يزيد من تمتعهم بأوقاتهم بعد أن توقفوا عن العمل وقلت فرص احتكاكهم بالناس . وبهذه الأنشطة تتاح لهم الفرص لتقديم خبراتهم ومهاراتهم وتبادلها وتعميمها , مما يغني حياة الجماعة بالنشاط ,ومما يشعر المسنين بأهمية أدوارهم وتقديرها من قبل الآخرين.

وتتنوع هذه الأنشطة ,ومن أهمها التطوع لخدمة البيئة في المجالات الصحية والتثقيفية والتعليمية والتنظيمية والفنون والأشغال اليدوية والمناقشات العامة والرحلات والحفلات

والاحتفال بالمناسبات وإبراز جهود الأجيال السابقة, ويصاحبها ديمقراطية التخطيط والتنظيم والتنفيذ بمشاركة المسنين أنفسهم وبمساعدة الأخصائيين الاجتماعيين .

ويستخدم الأخصائي الاجتماعي **طريقة تنظيم المجتمع** في مجال رعاية المسنين بمختلف مسؤولياتها التخطيطية والتنسيقية والتدعيمية والشمولية على مستوى المجتمع المحلي والمجتمع الوطني .

ففي المسؤولية التخطيطية ,يعمل الأخصائي الاجتماعي على إنجاز الدراسات العلمية لأوضاع المسنين بالمجتمع , وعلى تقديم تصورات تخدم أغراض وضع السياسات الاجتماعية والتخطيط الاجتماعي فيما يخص المسنين والتوعية بقضايا المسنين و تنبيه المجتمع لمواجهة التغيير المتوقع في التركيب السكاني ,وازدياد الأهمية الكمية والنوعية لقطاع المسنين في المجتمع . والتأكيد على أهمية التقدير المجتمعي لكبار السن ,واعتبارهم جزءاً من ثروة البلاد . وكذلك يعنى الأخصائي الاجتماعي بدور الأسرة وأهمية اندماج المسن والسعي لتوفير برامج تدريبية أو تنشيطية لمهارات المسنين .

ويعمل الأخصائي الاجتماعي على إحداث التنسيق الفعال بين الهيئات الرسمية والأهلية العاملة في مجال رعاية المسنين , بحيث تكون جهودها متناسقة غير متضاربة ومتماسكة غير ضعيفة أو قاصرة . بما في ذلك توفير البرامج التدريبية للعاملين في هذا المجال وتوفير اطلاعهم على ما يستجد من معلومات وتجارب خبرات علمية وعملية على المستوى العالمي .

وتعمل الخدمة الاجتماعية في مجال رعاية المسنين كذلك على دعوة الجهات المحلية المعنية الى تحسين الظروف البيئية للحد من المخاطر والاستفادة من وسائل الإعلام والهيئات التطوعية للتوعية بقضايا المسنين وبالمسؤولية الاجتماعية تجاههم.

وللخدمة الاجتماعية الطبية دور تجاه المسنين من خلال نظام التأمينات الاجتماعية ومن خلال المراكز الصحية , كالإسهام في التثقيف الصحي للمسنين وأهاليهم والكشف الطبي المنظم لأمراض الشيخوخة وبرامج الإعداد للتقاعد ومصحات المسنين العلاجية وأندية المسنين وتنظيمات الأحياء والجيرة ومراكز تعليم الكبار .

ثامناً: الخدمة الاجتماعية في المجال البيئي

أصبح التدخل المهني للخدمة الاجتماعية في قضايا البيئة من حيث صونها وحمايتها ووقايتها من الهدر والتلوث ، من المجالات الهامة التي بدأ الأخصائيون الاجتماعيون ينشطون فيها ، انطلاقا من الأساس المهني لعملهم ,الذي يركز على السلوك الإنساني لتحقيق الرفاهية, بالاعتماد على الجهد الذاتي, وبكامل الشعور بالمسؤولية وإدراك المصلحة العامة للمجتمع.

ولذلك فقد أثارت قضية التلوث البيئي ، إلى جانب الاعتداء على البيئة وتدمير طاقاتها وإمكانياتها ،بوعي أو من غير وعي، وبقصد أو من غير قصد ، أثارت هذه القضايا اهتمام القائمين بالخدمة الاجتماعية ليضموا جهودهم إلى المعنين بالبيئة من مهنيين وخبراء من جهة، ومن متطوعين من المهتمين بالبيئة من المواطنين .

فمن خلال الممارسة المهنية للخدمة الاجتماعية نشطت جهود هذه المهن في تنمية الوعي البيئي لدى الناس وفي إكسابهم مهارات وقدرات للتعامل مع البيئة بالشكل الصحيح ، وفي زيادة الاهتمام بإقامة علاقة إيجابية بين الإنسان والبيئة, عن طريق ممارسة العادات والقيم التي يحترم الإنسان فيها بيئته ويحافظ على نظافة البيئة وسلامتها وتوافر الشروط الصحية للعيش فيها .

ويأخذ التدخل المهني للخدمة الاجتماعية في البيئة ثلاثة أبعاد ، كما هو الحال في مختلف المجالات التي يتم التدخل فيها ، ألا وهي الأبعاد التنموية والوقائية والعلاجية . إذ يركز **البعد التنموي** على تنمية الوعي بأهمية الحفاظ على البيئة وعلى إدخال برامج لحمايتها

ضمن برامج تنمية المجتمع المحلي.. بينما يركز **البعد الوقائي** على وقاية أهالي المجتمع من أخطار التلوث وعلى إتباعهم أنماطا سلوكية إيجابية تجاه البيئة بعيدة عن الهدر والتدمير والتلوث ، ويركز **البعد العلاجي** أخيرا على علاج المشكلات الاجتماعية الناجمة عن تلوث البيئة وهدرها وإهمالها، وذلك ضمن فريق متكامل يضم المختصين والمعنيين من ذوي العلاقة.

ولذلك فإن مهنة الخدمة الاجتماعية أخذت تسعى من خلال مؤسساتها التعليمية والتدريبية إلى زيادة حصيلة الممارسين والدارسين للخدمة الاجتماعية من المعرفة حول البيئة وأهميتها وطاقاتها وعلاقاتها بالإنسان من جهة، وإدراك المشكلات الاجتماعية الناجمة عن سوء التعامل مع البيئة والمشكلات البيئية الطبيعية المؤثرة على الإنسان .

ويقوم التدخل المهني للخدمة الاجتماعية في المجال البيئي على ثلاثة أركان هي الركن المعرفي والركن المهاري والركن القيمي شأنه كشأن التدخل المهني في المجالات الأخرى.

وهو في هذا المجال يستمد **ركنه المعرفي** من العلوم الطبيعية والبيولوجية من حيث مكونات البيئة وطاقاتها ومصادر تلوثها ووسائل حمايتها من الهدر والتلوث، وأثر الهدر والتلوث على الإنسان أفرادا وجماعات ومجتمعات ، مثلما يستمد من العلوم الإنسانية وخاصة الآيكولوجيا وعلم الاجتماع الحضري وعلم السكان، جزءاً من هذا الركن .

ويستمد التدخل المهني **ركنه المهاري** من الأساليب والأدوات الفنية التي يتدرب عليها الدارسون للخدمة الاجتماعية ,وتتنامى قدراتهم على استخدامها بعد الممارسة ، وهي تنصب على القدرة على التعامل مع المجتمعات والجماعات والأفراد ,وعلى تنمية العلاقات وزيادة الوعي .

وهذا الركن لابد وان يقوم في المجال البيئي من أجل توفير جهد متكامل يشترك فيه المواطنون إلى جانب الأجهزة الحكومية والمنظمات غير الحكومية والمنظمات الإقليمية والدولية؛ وهي التي تحتاج أساسا إلى تفهم المواطنين لعملها، وتقبلهم لما تطرحه من أفكار

لحماية البيئة، بالإضافة إلى التجاوب والمشاركة في أنشطتها على الصعيدين المحلي والوطني.

أما **الركن القيمي** فهو الذي يترجم عمليا ما نادت به مبادئ الخدمة الاجتماعية وخاصة بإقامة علاقة مهنية موضوعية على أساس ديمقراطي يحترم الإنسان ويصون كرامته ويقدر جهوده ويتطلع لمصلحته ومستقبله، من خلال الاعتماد المتبادل بين الإنسان وبيئته .

تمكن الأركان الثلاثة السالفة الإخصائي الاجتماعي من القيام بدوره في المجال البيئي ، حيث يأخذ دوره أحيانا شكلا تنفيذيا وأحيانا أخرى شكلا تخطيطيا وأحيانا ثالثة شكلا تحليليا.

فالأخصائي الاجتماعي يدرس العلاقة القائمة بين الإنسان والبيئة، وكيفية تأثير كل طرف من طرفي العلاقة على الآخر ، وكيف يمكن أن يكون هذا التأثير إيجابيا يعود بالخير على الطرفين ، وكيف يمكن ان يكون هذا التأثير سلبيا يتضرر منه الطرفان ، ويتمعن بالمشكلات الاجتماعية الناجمة عن عدم إدراك الإنسان لأهمية البيئة, لأسباب تتعلق بوعيه وإدراكه لمصلحته الشخصية ولمصلحة المجتمع في نفس الوقت ، ويتعرف على العلاقة بين البيئة والتكنولوجيا والإنسان كعناصر ثلاثة يمكن أن تلعب دورا في التقدم ,أو تسيء إلى هذا الدور, لأسباب تتعلق بالجهل أو الإهمال أو عدم تقدير العواقب.

ويسعى الأخصائيون الاجتماعيون في تدخلهم المهني في البيئة مع المهنيين الآخرين على استثارة المجتمع للقيام بأنشطة تساعد على تنمية الوعي والتوجه الإيجابي نحو البيئة ، كإقامة تنظيمات رسمية و أهلية للعناية بالبيئة، والقيام بدراسات ميدانية للتعرف على الآراء و الاتجاهات والاحتياجات والمطالب التي يعبر المواطنون عنها تجاه البيئة ، وإعداد برامج اتصال جماهيري عبر التلفاز والإذاعة والصحافة والمحاضرات والندوات لتتناول قضايا البيئة بتفصيلاتها وأبعادها.

وخلاصة القول أن التدخل المهني للخدمة الاجتماعية في المجال البيئي يتم عبر النسق الآيكولوجي الذي ينظر إلى "الإنسان" و"البيئة" كعنصرين متفاعلين في الحياة. تربطهما علاقات مترابطة متلازمة ، هذه العلاقات التي يجب إدراكها وتقديرها عند دراسة الموقف وتقديره في اختيار أنماط التدخل المهني المناسبة لمعالجته .

ولهذا ينشط الأخصائيون الاجتماعيون في المجال البيئي في أكثر من موقع للعمل في المؤسسات التعليمية والإنتاجية والتنموية وعلى الصعيدين المحلي والوطني.

تاسعاً : الخدمة الاجتماعية مع المتفوقين

تؤمن الخدمة الاجتماعية بأن المتفوقين يشكلون جزءاً ثميناً من الثروة البشرية للمجتمع التي تحقق للمجتمع تقدمه وتطوره على أسس علمية ثابتة تتماشى مع التقدم العالمي للبشرية . ولهذا فإن الخدمة الاجتماعية تعتبر إن العمل مع هذه الفئة المتفوقة والخلاقة من شباب المجتمع ضرورة تحتمها حقيقة الاعتماد الذاتي في التنمية وحقيقة الانطلاق التنموي من قاعدة علمية متينه .

وقد اختطت الخدمة الاجتماعية دورها في هذا المجال على أساس الاهتمام باحتياجات المتفوقين ومشكلاتهم بالعمل على تلبية تلك الاحتياجات وحل تلك المشكلات , الى جانب العمل على توفير المناخ المناسب لهؤلاء المتفوقين من مختلف الجوانب المادية والمعنوية , ليبقى هؤلاء على تفوقهم وليطوروا هذا التفوق الى العديد من صور الإبداع والابتكار في مختلف جوانب الحياة وعلى مختلف مستويات حياتهم وخاصة في مراحل دراستهم الثانوية والجامعية .

وتتعامل الخدمة الاجتماعية في هذا المجال , كما هو شأنها في مختلف المجالات , مع الاستعداد والقدرة والملكه الخاصة لاستثمارها في برامج تعليم المتفوقين وإعدادهم وتطويرها لخدمة التفوق والإبداع ليس في صالح الفرد فحسب وإنما لصالح المجتمع بأكمله.

وهم في هذا الوضع يحتاجون من الأخصائيين الاجتماعيين وسواهم من المعنيين الى التشجيع والدعم ليستمروا في تطوير قدراتهم ومن أجل الخلق والإبداع .

وينشط الأخصائيون الاجتماعيون في العمل مع المتفوقين من خلال عدة مؤسسات , منها المؤسسات التي تعنى بهذه الفئة مباشرة وبشكل خاص مثل نوادي العلوم ومراكز البحوث للعلماء الشبان أو الجمعيات التطوعية لتشجيع الاختراع والابتكار , أو تعنى بالعملية التعليمية التربوية بشكل شامل كالمدارس والجامعات ومراكز الشباب , أو من خلال مواقع عمل هؤلاء المتفوقين كالمصانع والمختبرات ومراكز البحوث والدراسات الميدانية .

وتستخدم الخدمة الاجتماعية في تدخلها الطرائق المناسبة للتعامل على مستوى الأفراد المبدعين أو جماعات المبدعين أو المجتمعات المحلية . وهي لا تقف في تدخلها عند التعامل مع الذين برزوا كمتفوقين أو مبدعين , ولكنها كذلك تساعد الهيئات المعنية في اكتشافهم تمهيدا لتكثيف البرامج الخاصة برعايتهم والاهتمام بهم, كما أنها تقوم ببرامج لاستثارة الإبداع والتفوق والتميز في صفوف الشباب, سواء في المؤسسات الرسمية كالمدارس و الجامعات ,أو غير الرسمية كالأندية والجمعيات ومراكز الشباب ومخيماتهم المختلفة .

عاشراً: الخدمة الاجتماعية في حالات الأزمات والطوارئ

تواجه المجتمعات الإنسانية في مختلف الأماكن والأزمنة , كوارث وأزمات تختلف في حجمها وآثارها أو في نوعيتها وأسبابها , كأن تكون بسبب الحروب أو الزلازل أو البراكين أو الفيضانات أو الجفاف والقحط , وتؤدى الى حالات من التشرد والقتل والجرح والبتر , ويصاحبها الكثير من الجوع والعطش والنوم بالعراء وتدمير البيوت والممتلكات ونقص الغذاء والماء والدواء و صعوبة في الإسعاف والعون والمؤونه .

الى جانب ما تقدم يتعرض السكان الذين يمرون بمثل هذه الأزمات والكوارث الى انهيار معنوي يتمثل بالخوف والهلع والقلق والمعاناة والشكوى . لاسيما في الحالات التي يفقد

المنكوبون فيها بعض أفراد الأسرة ,أو يشاهدوا حدوث حالات الوفاة للأعزاء أمام أعينهم, فضلاً عن مشاهدة الدمار والتخريب .

وتعمل الخدمة الاجتماعية في هذه الحالات من خلال استراتيجية مهنية تحقق استعادة التوازن للوحدات المتأثرة بأسرع وقت , ومن ثم المبادرة الى التعامل مع المشكلات التي تقع في إطار الحالات التي ذكرناها آنفاً .

ويعمد الأخصائيون الاجتماعيون في مثل هذه الظروف الى **أن تكون الإجراءات مبسطة** ومختصرة بحيث تتجنب الروتين والبطء وتتم بالسرعة والحماس , وتقوم على تفويض السلطات للأشخاص العاملين في الميدان ومع المنكوبين بشكل مباشر , مع الاهتمام باتباع سياسة الباب المفتوح والحوار المستمر دون أية قيود بيروقراطية مع المواطنين , على **أن تكون الخدمات مستمرة** على مدى الأربع والعشرين ساعة يومياً , بما يتطلب ذلك منا التأكد من إنجاز ما يتفق عليه أو ما تصدر فيه قرارات لازمة التنفيذ فوراً , بما يسرع في تحقيق الأمن والاستقرار واستعادة الحياة الطبيعية للمنكوبين, سواء في المناطق الأصلية لسكناهم, أو في أماكن بديلة رتبت لاستقبالهم وأقامتهم بصورة مؤقته أو دائمة .

ولا يمكن الادعاء أن هذا الإنجاز يقع العبء فيه على مهنة الخدمة الاجتماعية , وإنما تشكل باخصائيها الاجتماعيين جزءاً ناشطاً ضمن فريق عمل متعدد الاختصاصات يشكل لمواجهة الأزمة أو الكارثة , يضم الأطباء والمهندسين والمسؤولين عن الإسكان والغذاء والماء والكساء والإنفاق العام والمسؤولين عن المواصلات والاتصالات والإنارة وحماية البيئة , بالإضافة الى الأخصائيين الاجتماعيين . الذين يشكلون عادة همزة الوصل بين مصادر الخدمات والمستفيدين منها , الى جانب اهتمامهم بالقضايا الاجتماعية الناجمة عن الحالات الطارئة.

وهكذا نرى أن الممارسة المهنية للخدمة الاجتماعية يمكن أن تطرق مجالات حياتية عدة,وهي تلامس ظروف الإنسان ,وتستشعر معاناته في مختلف القطاعات, وتعمل على سد

احتياجاته, والكشف عن قدراته وتنمية إمكانياته, ليصبح أكثر قدرة على العطاء ,وفي نفس الوقت أكثر استفادة من الفرص المتاحة. غير أن ثمة أنشطة مهنية أخرى للخدمة الاجتماعية يتناولها الفصل التالي.

الفصل الخامس

الأنشطة المساندة لممارسة الخدمة

الاجتماعية

هناك أربعة أنشطه يقوم الأخصائي الاجتماعي بها أو يشارك في أعمالها، وتتصل بالخدمة الاجتماعية اتصالاً وثيقاً , حتى أن بعض المدارس الفكرية في الخدمة الاجتماعية اعتبرتها طرقاً من طرق الخدمة الاجتماعية ,أطلقت عليها تعبير الطرق الثانوية للمهنة على اعتبار طرق الخدمة الاجتماعية مع الأفراد والجماعات والمجتمعات المحلية طرقها الأساسية أو الأولية .

إن تلك الأنشطة التي اقصدها هي: السياسة الاجتماعية, التخطيط الاجتماعي, الإدارة الاجتماعية , والبحث الاجتماعي . ونحن هنا نطلق عليها تعبير أنشطة لأننا لا نعتبرها طرقاً من طرق الخدمة الاجتماعية ,وإنما هي أنشطة مصاحبة لها , وقد يقوم الأخصائيون الاجتماعيون بها مباشرة ,أو قد يساعدون في أدائها كسواهم ممن يقومون بها، فهي تقع أيضاً ضمن اهتمامات الباحثين والإداريين والمخططين وواضعي السياسات.

ولذلك فإن هذا الفصل سيتناول هذه الأنشطة كل منها يشكل محوراً من محاور هذا الفصل, ليتبين الأمر على حقيقته من جهتين, الأولى: مهمة الأخصائي الاجتماعي في هذه الأنشطة, والثانية: علاقة هذه الأنشطة بدور الخدمة الاجتماعية في المجتمع .

أولاً: السياسة الاجتماعية

قبل الخوض في ارتباط السياسة الاجتماعية بالخدمة الاجتماعية , يحسن أن نتحدث عن مفهوم السياسة الاجتماعية ذاته وهو الذي عرفها **اليوت** Eliot في دائرة المعارف الاجتماعية **باعتبارها اتجاهات منظمة وملزمة لتحقيق الاهداف الاجتماعية, توضح المجالات وتحدد الأساليب التي يجب ان تستخدم في العمل الاجتماعي. أو أن السياسة الاجتماعية كما يرى تتمس** Titmuss **خطه حكومية تقي المجتمع من الصعوبات والمتاعب المتوقع حدوثها وتتحكم في المواقف الحياتية لتحقق رفاهية المجتمع. والتي جاءت نتيجة لدراسة الموقف وتقدير المستقبل وتحديد الاتجاهات.**

وتقوم السياسة الاجتماعية أساساً على معطيات النظرية الاجتماعية التي تدل على الاجراءات العملية لرسم السياسة ,والتي تنطلق من تصور النظرية للحياة الاجتماعية ,وفهمها لديناميات الواقع وتشخيصها لمشكلاته . وبذلك تربط السياسة الاجتماعية بين الإطارين النظري والتطبيقي لحياة المجتمع .

فالسياسة الاجتماعية تنبع من واقع المجتمع وثقافته وحضارته وقيمه بما تتضمنه من معتقدات وتوجهات, وتوضح مجالات العمل الاجتماعي بمختلف مجالاته وفئاته, على المستويين الوطني والمحلي, وتوضح بأسلوب علمي موضوعي أهداف المجتمع الذي يسعى لتحقيقها والتي تتمثل بإشباع حاجات سكانه.

ولذلك فإن أهمية السياسة الاجتماعية تعود الى دورها في توضيح المعالم وتنسيق الأدوار وتحقيق التكامل بين الأجزاء والتعاون بين الأطراف, لتنصب الجهود جميعها في تحقيق الهدف البعيد, الذي يسعى إليه جميع المعنيين والمستفيدين في إطار المجتمع الواحد .

وهي بذلك تساعد المخططين على تحديد الأولويات عند وضع الخطط, وتوفر للمجتمع الصورة الأفضل لاستثمار الموارد البشرية والمادية المتوفرة, أو التي يمكن أن تتوفر في تحديد خطوط التعاون والعلاقات بين النظم والأنساق داخل المجتمع.

ومن خلال هذه الأبعاد تحقق السياسة الاجتماعية وظائفها الإنمائية والوقائية والعلاجية والادماجية, فهي **إنمائياً تركز على صقل القدرات البشرية واستخدام الطاقات المتوفرة. وهي وقائياً تقي الفئات المعرضة أو الأكثر عرضة للانحراف أو الحرمان أو العجز. وهي علاجياً تحاول إزالة المعوقات أمام الفئات المحرومة أو المعوقة أو المهملة.وهي إدماجياً تعمل على** إدماج مختلف فئات المجتمع وقطاعاته في عمليات التنمية الشاملة على الصعيدين المحلي والوطني.

وتشكل السياسة الاجتماعية تعبيراً واضحاً متبلوراً عن إرادة المجتمع وآماله وطموحاته , التي يسعى الى تحقيقها من خلال العمل الاجتماعي, ولذلك فإن السياسة

الاجتماعية تعكس الرغبة لدى القيادة السياسية في البلاد في تحقيق إنجاز معين يفيد المجتمع برمته وبمختلف فئاته ومناطقه, كما تعكس الإطار الفكري (العقيدي) للمجتمع , والذي يحكم أخلاق أهله وأفكارهم واتجاهاتهم وعلاقاتهم , كما تعين السياسة الاجتماعية الاهداف بعيدة المدى للمجتمع, والتي يتطلع الى تحقيقها, تلك التي تتمثل في تكافؤ الفرص والتساوي في الحصول على الحقوق وأداء الواجبات , وخاصة فيما يخص حق المواطن في التعليم والرعاية الصحية والمسكن والعمل وحرية الرأي والانتقاد وتحمل المسؤولية الاجتماعية تجاه المجتمع .

وهي (أي السياسة الاجتماعية) ترسم الاتجاهات العامة التي يجب أن يسير العمل الاجتماعي عليها وينظم نفسه على أساسها, فهي تشكل معالم طريقه ومناهجه المتبعة, وهذه الاتجاهات تتناسب مع الإطار الفكري والأهداف المرسومة, **وهي تؤكد على الجماعية والديمقراطية والموضوعية والانضباطية والقيم الإنسانية والأخلاقية, إذ أنها تتنافى مع الفردية والتسلطية والنزعة الشخصية والخروج على الآداب العامة والسلوك القويم .**

وتحدد السياسة الاجتماعية المجالات التي يتطرق العمل الاجتماعي إليها، ويتبع ذلك تحديد الفئات المستهدفة في العمل الاجتماعي ،وذلك بما يعين على تحديد الأولويات عند وضع الخطط الإنمائية الاجتماعية والاقتصادية، مثل الاهتمام بالأرياف والأحياء الحضرية المختلفة وقطاع المرأة والطفولة ، والفقراء والمعوقين والمسنين ، وكذلك الاهتمام بالمبدعين والموهوبين والشباب والقيادات الشعبية.

الخدمة الاجتماعية والسياسة الاجتماعية:

لم يتعدى الاهتمام المهني للخدمة الاجتماعية بالسياسات الاجتماعية طوال القرن العشرين، حدود تطور خدمات الرعاية الاجتماعية ووضع تصورات لشكلها الأفضل ولدور أكثر تأثيرا في حياة المجتمع ,وتعاملت الخدمة الاجتماعية على هذا الأساس مع السياسات الاجتماعية كمجال من مجالات الاهتمام .

ولكن تطور العلوم الاجتماعية وأتساع آفاق الخدمة الاجتماعية في العصر الحديث، نقلت هذا الاهتمام إلى حيز الممارسة ، لتأخذ السياسة الاجتماعية شكل العملية التي تتألف من خطوات متتابعة مترابطة وفق منهجية علمية ، تساعد على تصميم السياسات وتقود لتنفيذها لمواجهة المشكلات الاجتماعية وللوصول بالخدمات الاجتماعية إلى مستوى يتناسب مع طموحات المواطن وتطلعات الدولة.

ولذلك أصبح للأخصائيين الاجتماعيين دورهم في وضع السياسة الاجتماعية, من خلال تصميم مشروعات إصلاح الظروف والأوضاع الاجتماعية ,لتكون أكثر أهلية للقضاء على المشكلات الاجتماعية القائمة أو منع ظهور مشكلات اجتماعية أخرى غيرها، قد تنتج عن تعقيدات الحياة وتحدياتها وصعوبات العيش والتكيف.

وعلى هذا الأساس انتقل سياق السياسة الاجتماعية في الممارسة المهنية للخدمة الاجتماعية من مرحلة التوصيف والتأريخ للخدمات الخاصة بالرعاية الاجتماعية وحتى من مرحلة وضع التوجيهات والأطر المفاهيمية إلى مرحلة وضع منهج للتدخل يقوم على الممارسة الموجهة والإرشاد الصحيح لحل المشكلة، ويشمل هذا التدخل على برامج ومشروعات بهدف التغيير والإصلاح المجتمعي بصورة سليمة تلبي احتياجات المجتمع وتحقق تطوره وتقدمه .

ويقوم التدخل المهني للخدمة الاجتماعية في السياسة الاجتماعية على ذات المبادئ المهنية والتي تركز في جوهرها على المشاركة الشعبية والعدالة والمساواة والحرية وحق تقرير المصير وبالأسلوب الديمقراطي والإرادة الذاتية.

وإذا كنا نستعمل هنا كلمة "التدخل" إذ قد تعطي دلالة لمعنى الإجبار أو القسرية أو عدم الالتفات إلى رأي أو موقف لدى المتدخل من أجلهم من الناس، فإن حقيقة الأمر هي عكس ما تبدو عليه. إذ أن **حقيقة التدخل هنا، تأخذ شكل الاستشارة لبذل الجهود الشعبية الجماعية وشكل التبصير بالأوضاع و الظروف والمشكلات ، لتوفر بعد ذلك قوة دافعة مبعثها الحماس والتصميم والقناعة نحو إصلاح الأوضاع وتحسين الظروف وحل المشكلات .**

وتمر عملية التدخل المهني للخدمة الاجتماعية في السياسة الاجتماعية بعدة مراحل تبدأ بمرحلة الصياغة والتحليل، والتي تشمل على تحليل الأوضاع والظروف وتحديد المشكلات واقتراح الحلول . وفي تجزيء لهذه المرحلة نراها تتألف من الخطوات التالية:

التحقق من وجود المشكلة، تحديد طبيعة المشكلة، تعيين الأبعاد التي تتكون منها المشكلة، تتبع المعالجات السابقة لحل المشكلة، تحديد الجهات المتعاونة أو التي يمكن أن تعاون في معالجتها، وضع بدائل المواجهة والحل ، وضع التوقعات الناجمة عن تطبيق السياسات المقترحة.

أما المرحلة الثانية فهي مرحلة التنفيذ وهي نقل ما تمت بلورته في السياسات إلى حقائق ملموسة في الواقع الاجتماعي، وذلك عبر سلسلة من المعلومات واللوائح التنظيمية والبرامج والمشروعات، بالإضافة إلى تعبئة الموارد المادية والبشرية اللازمة .

يرافق هذه المرحلة عمليات المتابعة والمراقبة والتقويم، حتى تنتهي إلى تقويم المخرجات ووضع التوصيات اللازمة بشأنها لتصويب عملية التنفيذ أو تعديل أو تبديل الإجراءات.

ويقترح ديترخ Dittrich1994 نموذجا لوضع السياسات الاجتماعية يقوم على التحليل ، بحيث يغطي الجوانب التالية :

الطرق المستخدمة والقيم التي تتبناها السياسة الاجتماعية المقترحة ، الحاجات التي تسعى السياسة الاجتماعية لتلبيتها، الارتباط المنطقي بين الوسيلة أو الوسائل المستخدمة وبين الحاجات التي تسعى لتلبيتها ، التغطية المادية لمشروعات تنفيذ السياسة الاجتماعية ، الوسائل والأبعاد الخاصة بالتجديد والابتكار، مدى تحقيق السياسة الاجتماعية لمبدأ المساواة والعدالة في توزيع المكاسب والمزايا .

ولا يمكن الإدعاء أن السياسة الاجتماعية برمتها هي من صنع الأخصائيين الاجتماعيين وحدهم ، أو أن وضع السياسة الاجتماعية هي مسؤولية محصورة بمهنة

الخدمة الاجتماعية ، وإنما يشارك الأخصائيون الاجتماعيين ضمن الفريق المتكامل الذي يتألف من عدد من الأخصائيين في المجالات المتصلة بالسياسة الاجتماعية أو تعمل على تغطيتها .

ولهذا فإن واجب الخدمة الاجتماعية كمهنة ان تعمل على تطوير المهارات المتعلقة بهذه السياسة كالتحليل والتقدير والتنفيذ والتقييم، وكذلك تعيين مدى ارتباط السياسة الاجتماعية بممارسة الخدمة الاجتماعية في ثلاثة محاور: الخدمات المباشرة للإصلاح الاجتماعي، الخدمات المقدمة مباشرة للناس، تطوير النظم الاجتماعية والمؤسسات المجتمعية، وبما يؤثر بالتالي بصورة إيجابية على رفاهية الناس أفراداً أو جماعات .

وحصيلة الأمر ، أن بؤرة اهتمام الخدمة الاجتماعية في السياسة الاجتماعية يتمثل في زيادة الفعالية الاجتماعية، سواء من الأفراد أو المؤسسات أو النظم ،لتتوصل إلى أقصى حد ممكن من الرفاه الاجتماعي وبالتركيز على تغيير البيئة الاجتماعية الاقتصادية للمجتمع ، بما فيها تقوية إرادة التغيير عند الناس وسعيهم إلى تغيير المفاهيم والقيم التي تحول دون التطوير الثقافي والمادي للمجتمع.

ويشكل هذا المفهوم المتطور لدور الخدمة الاجتماعية في السياسات الاجتماعية تطويرا لفكرة تحقيق التكيف الفردي مع المحيط الاجتماعي بظروفه وشروطه إلى حالة من تناول هذه الظروف والشروط لتصبح أكثر ملائمة للأفراد ولروح العصر، لا يكون الفرد فيها راضخا لظروف صعبة ولأوضاع قاهرة، ولكن يكون الفرد فيها قادرا على مواجهتها وتغييرها إلى ظروف أسهل وأوضاع أفضل، في ظل السياسة الاجتماعية الجديدة.

وبذلك توجد الخدمة الاجتماعية في إطارها المهني المعاصر حالة من التوازن بين القوى الفردية والقوى المجتمعية التي يمتلكها الإنسان ، ولتحولها إلى طاقة خلاقة مفيدة للفرد والمجتمع في نفس الوقت .

ولذلك فإن وضع السياسة الاجتماعية من منظور الخدمة الاجتماعية ، يوجه اهتمامات الدولة بأجهزتها وتنظيماتها الأهلية والحكومية حول القضايا المجتمعية المعاصرة كالتحضّر والتحديث والعلمنة والعولمة ، لتدل على منافعها وتدرأ عن المجتمعات أخطارها وعواقبها .

ثانيا: التخطيط في الخدمة الاجتماعية

طرح التخطيط الاجتماعي كطريقة من طرق الخدمة الاجتماعية بعد مدة طويلة من ظهور المهنة بطرقها الرئيسية الثلاث: خدمة الفرد وخدمة الجماعة وتنظيم المجتمع ،واعتبر من طرق المهنة الفرعية إلى جانب البحث والإدارة .

وقد خضعت مكانة التخطيط الاجتماعي واعتباراتها ضمن إطار الخدمة الاجتماعية للنقاش والاجتهاد ، وذلك بين نظريتين الأولى تعتبر التخطيط الاجتماعي طريقة يستخدمها الأخصائيون الاجتماعيون عندما يؤدون أدوارا تخطيطية لخدمات الرعاية الاجتماعية, وهي الميدان الرئيسي الذي يؤدي الأخصائيون الاجتماعيون دورهم المهني فيه. والثانية تعتبر التخطيط الاجتماعي أسلوباً لمختلف المهن, يستخدم لبرمجة خدمات الرعاية الاجتماعية ,ويترجم السياسة الوطنية الموضوعة للرعاية الاجتماعية، ويكون للأخصائيين الاجتماعيين دورا هاما فيه إلى جانب غيرهم من المعنيين، وينصب دورهم هنا على التعرف على رغبات الناس وحاجات المستفيدين, ليكون التخطيط ناجحا في توفير خدمات للرعاية الاجتماعية أكثر فائدة وإيجابية على المستفيدين .

ترى النظرة الأولى أن **للتخطيط الاجتماعي مقومات الطريقة** كسائر طرق الخدمة الاجتماعية، فهو يقوم على المعرفة التي تقوم على أفكار ومبادئ ويقوم على فهم هذه الأفكار والمبادئ ومن ثم يقوم على المهارات اللازمة لممارسة الطريقة في ضوء فهم أفكارها ومبادئها.

وتحاول هذه النظرة مطابقة هذه المقومات على جزئيات عمليات التخطيط الاجتماعي، **فالبناء المعرفي** يحتوي على تعريف التخطيط وأهميته ومراحله وخطواته ومستوياته ومجالاته, ويركز على تحديد الأولويات كعملية أساسية للتخطيط، أما **الفهم** فهو يحيط بذلك البناء

المعرفي ،ليحقق بالتالي قيام المقوم الثالث الذي يشتمل على **مهارات** في البحث والإحصاء وجمع البيانات وتحديد الأولويات وتقييم البرامج والمشروعات، ولن يتحقق ذلك إلا من خلال **النظام التعليمي** كمقوم رابع تتاح دراسته في الكليات والمعاهد و الأقسام المتخصصة.

وقد بدأت هذه النظرة إلى التخطيط الاجتماعي أصلا في أحضان طريقة العمل مع المجتمع (تنظيم المجتمع) وعلى يد **جاك روثمان** أساسا ، حيث قسم الطريقة الثالثة للخدمة الاجتماعية إلى ثلاث طرق فرعية هي: تنمية المجتمع المحلي Comminity Development ، التخطيط الاجتماعي Social Planning،العمل الاجتماعيSocial Action، .

أما النظرة الثانية فهي تنظر إلى **التخطيط الاجتماعي كأسلوب علمي** يقوم على المهارة, تستخدمه مختلف المهن والاختصاصات ومن بينها مهنة الخدمة الاجتماعية،حتى ولو كان ذلك في إطار المهن الأخرى الإجتماعية والإقتصادية، والتى تستهدف رفع مستوى الإنتاجية وتعظيم المردود من أجل رفاهية الإنسان. ولذلك فإن أصحاب النظرة يرون أن التخطيط يمارس كأسلوب في عمليات الخدمة الاجتماعية وطرقها الرئيسية ، وذلك بغية رفع مستوى خدمات الرعاية الاجتماعية التي تمارس الخدمة الاجتماعية فيها.

ويكشف أصحاب هذه النظرة عن أسلوب التخطيط في عمليات العمل مع الأفراد في التخطيط لاستخدام المصادر للدراسة ,وفي إيجاد خطوط الارتباط بين الحقائق والآثار فيما بينها في عملية التشخيص . وفي وضع خطة فعالة للعلاج. وكذلك الأمر في عمليات العمل مع الجماعات التي تجعل من الجماعة أداة للتغيير المرغوب ولتحقيق الأهداف المنشودة على أساس وضع البرامج وتنفيذها ومتابعتها وتقييمها.

ويتجلى التخطيط كذلك عند سعي عمليات العمل مع المجتمعات لاستثمار الإمكانيات والموارد لمقابلة حاجات الناس، ولتوجيه التغير الاجتماعي الحتمي والمستمر بالوجهة الإيجابية, بما يتفق مع السياسة التنموية للمجتمع. مثلما يتجلى التخطيط في توصيل الخدمات وإدارتها, بما يكفل أن تترك أثرا في حياة المستفيدين منها.

ومهما يكن من أمر، فإن التخطيط الاجتماعي يقوم على مبادئ توفر للتنمية مقومات النجاح، فهو يقوم على مشاركة الناس بقياداتهم المحلية وبالاستعانة بالخبراء، ويعمل على تحقيق التكامل بين الجانبين الاقتصادي والاجتماعي في حياة المجتمع, وتحقيق التنسيق والتكامل بين المستويات المحلية والجهوية والوطنية جغرافيا واداريا ويعنى بالشمول لمختلف الاهتمامات والاحتياجات والمشكلات بحكم ارتباطها بالأسباب والنتائج . وهكذا حتى يتوصل إلى خطط طموحة لا ترتهن للحاضر والواقع المعاش, ولتحلق فوق رؤية المستقبل رؤية واقعية موضوعية ،وإنما تخضع تلك الخطط لحساب دقيق يعين الممكن ويطور القدرة للوصول إليه بالجهد المناسب والوقت المناسب.

ينقلنا هذا التصور إلى الحديث عن تحديد الأولويات كعملية أساسية في التخطيط الاجتماعي ، حيث الحاجات المعيشية بازدياد، والموارد المتوفرة لا تواكبها في هذا الازدياد إن لم تكن تأخذ بالنقصان . ويضع القائمون على التخطيط الاجتماعي لتحديد الأولويات عدة معايير تعين حدة المشكلة أو القضية، ومدى استعدادهم لحلها ،وكذلك مدى توفر الإمكانيات والموارد لمواجهتها.

وهناك مسميان مهنيان يرتبطان بالتخطيط الاجتماعي هما المخطط الاجتماعي والأخصائي الاجتماعي المخطط بالإضافة إلى مسمى المخطط العام.

فالمخطط العام هو الشخص الذي يعمل في التخطيط بمختلف أنواعه ومجالاته كالمخطط في مجال التعليم أو في مجال الصحة أو في مجال الإسكان مثلا.أما المخطط الاجتماعي فهو الشخص الذي يعمل في التخطيط بجوانبه الاجتماعية فقط، مثل أن يعمل في الجوانب الاجتماعية للإسكان أو الجوانب الاجتماعية دراسة وتدريبا ويمارس هذه المهنة بالتركيز على الجانب التخطيطي , فيما يقع ضمن اهتمامات الخدمة الاجتماعية.

أما على الصعيد العملي، فإن اهتمامات الأخصائي الاجتماعي أو ظروف موقعه الوظيفي قد تقوده لممارسة أعمال التخطيط في المؤسسة التي يعمل فيها ، أو أن إهتماماته

الأكاديمية أثناء دراسته العليا في كليات ومعاهد الخدمة الاجتماعية قد جعلته يختص في التخطيط كجزء من اهتمامات مهنة الخدمة الاجتماعية ووظائفها في المجتمع .

وعلى أي الأحوال فإن من يمارس التخطيط الاجتماعي أو يكون في عداد الأخصائيين الاجتماعيين المخططين، ينبغي أن يتميز بخصائص تنطوي على الاستعداد والقدرة على الإدارة والقيادة والقوة في إبداء الرأي والإقناع والتحلي بالمبادرة والتفاعل مع الآخرين والمرونة، والقدرة على التحليل المنطقي الموضوعي للأمور، ومواجهة المواقف بحلول سريعة وناجحة بما يتطلب ذلك من فطنة ووعي.

ويساعد الأخصائي الاجتماعي الذي يعمل في التخطيط الاجتماعي على تحديد أهداف المجتمع وفقا للسياسة الوطنية ,وعلى ترجمة السياسة الاجتماعية إلى أهداف عملية، ويشارك في تحليل التكلفة الاجتماعية والعائد الاجتماعي لما يقترح ولما يقر من برامج ومشروعات ، مثلما يشارك في تحديد سلم الأولويات ، وهو يقوم بدور ملموس في متابعة تنفيذ الخطط الموضوعة وتقييم نتائج تنفيذها على المجتمع ، بما في ذلك الكشف عن دورها في تحسين ظروف المجتمع اجتماعيا وثقافيا ، لاسيما وهو معني بمراعاة الجوانب الاجتماعية للتنمية الاقتصادية.

ويعمل الأخصائي الاجتماعي العامل في التخطيط الاجتماعي على اقتراح الخطط المناسبة لمواجهة المشكلات الاجتماعية ، ويتعامل من أجلها مع القيم السالبة السائدة في المجتمع, ويعمل على زيادة الوعي العام حول قضايا المجتمع ومشكلاته للتصدي لها بالجهد المحلي المناسب.

ويعتمد الأخصائي الاجتماعي العامل في التخطيط على حقائق نفسية/اجتماعية متداخلة ، يستخدم معها مقاييس كيفية لا كمية ، الأمر الذي يتطلب منه أن يكون دقيقا وواعيا في إختيارالأساليب المناسبة للعمليات التخطيطية التي يمكن أن تختلف تبعا لاختلاف

المواقف الإنسانية، ولا يصلح معها التعميم وافتراض التشابه في مختلف الحالات والأحوال تبعا لطبيعة البشر ولاختلاف المجتمعات, لأسباب ثقافية ونفسية متعددة.

وثمة ثلاث عوامل ذات اثر في مواجهة المشكلات الاجتماعية على الأخصائي الاجتماعي وسواه من العاملين في التخطيط الاجتماعي مراعاتها عند وضع الخطط وتنفيذها ، وهي:الموارد والإمكانيات المتوفرة للمجتمع، حجم ونوعية الأداء الذي تؤديه الخدمات الاجتماعية المتاحة كالتعليم والصحة والإسكان والضمان الاجتماعي والتدريب المهني، ومصدر القرار وقوته في إيجاد شبكة من الخدمات تستفيد من الإمكانيات للوصول إلى مستوى أفضل من الرفاه وحل أكثر فاعلية لمشكلات المجتمع ، وذلك من خلال تنمية العلاقات بين الناس وتنمية قدراتهم وزيادة استعدادهم لأحداث التغيير المناسب من أجل الوصول إلى الأهداف المرغوبة.

وفي الختام لهذا الموضوع، يقتضينا القول أن العوامل الاجتماعية المؤثرة في التنمية الشاملة للمجتمع والأهداف الاجتماعية الإنسانية لهذه التنمية من الأمور التي يجب أن لا تغفل ولايجوز إغفالها أصلا . وقد دلت التجارب التنموية في المجتمعات المتقدمة أن نجاح هذه التجارب لم يتم لو لا الأخذ بالاعتبار بتلك الجوانب الاجتماعية (عوامل مؤثرة) أم (أهداف مبتغاة) ، عند التخطيط لبرامج ومشروعات التنمية ، حتى ولو كانت في ظاهرها مشروعات اقتصادية ومادية.

وإذا كنا خلصنا إلى ضرورة وجود المخططين الاجتماعيين في فرق التخطيط ولجانه المتخصصة، من أجل تنمية محلية ووطنية ناجحة، وكذلك الإشارة إلى ضرورة إسهام الأخصائي الاجتماعيين في تلك الفرق التخصصية للتخطيط ؛ فإن عمل هؤلاء وأولئك يستند إلى السياسات الاجتماعية التي تضعها الدولة وتبلور فيها أهدافها الإستراتيجية وبمراعاة واقع البناء الاجتماعي للمجتمع واحتياجاته ومشكلاته، فضلا عن إمكانياته وطموحاته .

إن الدول المختلفة تعلن عن سعيها إلى تحقيق العدالة وإزالة ممارسات الظلم والقسوة والحرمان، ولكنها لا تنجح جميعها بنفس القدر في مسعاها، إذ تلعب الإرادة السياسية دورا في إحداث التغييرات اللازمة أو عدم إحداثها أو البقاء على مستوى الحد الأدنى منها ، وهذا ما يحدونا أن نستنتج أن الوسط الاجتماعي بما يحيطه من ظروف اقتصادية وقيود سياسية واعتبارات ثقافية يتحكم في طبيعة دور المخططين الاجتماعيين , وفي المساحة التي يتم فيها التدخل المهني للعمل الاجتماعي في مضمار التخطيط الاجتماعي للتنمية الوطنية.

ومن هنا تتحدد مواصفات المشاركة الشعبية في التنمية (تخطيطا وتنفيذا) والأساليب المتبعة في اتخاذ القرار(محليا ووطنيا) ، والقيادات الرسمية والشعبية (المحلية والوطنية)، ويتقرر دورها أو يرسم في ضوء تلك المواصفات والخصائص إلى جانب الرأي العام باتجاهاته المتعددة ووجهات نظره المتنوعة.

ثالثا: البحث في الخدمة الاجتماعية

اختلفت الاجتهادات حول مكانة البحث العلمي في الخدمة الاجتماعية ووظيفته تجاه المهنة. فمنها ما أعتبره طريقة من طرق المهنة ، ومنها ما أعتبره ضرورة لتطوير المهنة.

بطبيعة الحال لا يختلف البحث في الخدمة الاجتماعية عن البحث في المجالات الأخرى أو العلوم الأخرى، ومنها العلوم الاجتماعية عامة، من حيث الأصول والأسس والمناهج والأدوات. ولذلك فقد ظهرت في الكتابات الأولى والمبكرة عن الخدمة الاجتماعية تأكيدات على التقيد بأصول البحث العلمي وأسسه ومناهجه في إطار التأكيد على الخلفية العلمية التي تقوم عليها مهنة الخدمة الاجتماعية، والتي توضح الحقيقة التي يرددها القائمون على المهنة من أنها ذات علم وفن.

فهاهي ماري ريشموند (1917) تعتبر البحث الاجتماعي شيئاً هاماً وضرورياً لمهنة الخدمة الاجتماعية, وهو أمر أساسي لإتمام عملية التشخيص الاجتماعي. وها هي هيلين ويتمر (1937) تقول أن البحث في الخدمة الاجتماعية مرادف لمفهوم البحث الاجتماعي.

ولكن الأمر إزداد وضوحا في نهاية الأربعينات من القرن الماضي وبداية الخمسينات منه، خاصة من خلال الكتاب السنوي للخدمة الإجتماعية ، والمؤتمرات الدولية لمدارس الخدمة الإجتماعية ، عندما أبانت **أن البحث الاجتماعي في الخدمة الاجتماعية يقوم على تقصي المشكلات الاجتماعية وبيان الاحتياجات الاجتماعية، تمهيداً للقيام بعمليات الخدمة الاجتماعية والتي تخطط لمواجهتها .**

وزاد الأمر وضوحا في الستينات عندما ظهرت كتابات جديدة مثل ما أفادت به **ماري ماكدونالد (1960)** فأضافت إلى ذلك مساهمة البحث الاجتماعي في تنمية البناء المعرفي للمهنة لخدمة أهدافها العملية.

وعندما احتدم النقاش عن الفرق بين البحث الاجتماعي والبحث في الخدمة الاجتماعية , حاولت بعض الإنجازات النظرية أن توضح الفرق بينهما على أساس أن البحث الاجتماعي يحاول فهم الواقع الاجتماعي ؛ بغض النظر عن ظروف استخدام هذا الفهم لهذا الواقع , بينما يرصد البحث في الخدمة الاجتماعية الواقع الاجتماعي من خلال الحياة اليومية التي يتعامل معها مباشرة وفي الحال .

ولذلك فان نتائج البحث في الخدمة الاجتماعية توضع في إطار التشخيص والمعالجة الآنية للقضايا والمشكلات التي يتناولها الأخصائيون الاجتماعيون .

ولذلك نرى أن البحوث في الخدمة الاجتماعية تطبيقية الطابع إذ لا تكتفي بالحقيقة النظرية, وتحاول التوصل الى حلول عملية للمشكلات والمواقف داخل المجتمع.

ولم تكتفي البحوث الاجتماعية في الخدمة الاجتماعية تطبيقياً عند هذا الحد أيضاً , بل أضافت إليه وظيفة متابعة جدوى تطبيق الأصول والمبادئ المهنية في تحقيق أهداف الخدمة الاجتماعية .

وهذه النقطة تقودنا الى ما يشغل بال الباحثين في الخدمة الاجتماعية وفي إطارها النظري بالذات, ألا وهو قضية إيجاد نظرية في الخدمة الاجتماعية .

لقد تناول **حمزاوي و السروجي** (1998) هذا الموضوع على اعتبار بأن هناك علاقة تبادلية تفاعلية بين كل من النظرية وكل من المعرفة والمنهج والممارسة .

إذ تؤثر النظرية بالمعرفة , بتفسيرها لها وبتوخيها لقواعد وضوابط الأساس التجريدي للمعرفة . وتعتبر النظرية متغيراً مستقلا يؤثر في الممارسة كمتغير تابع, وهي تصلح في مواجهة مشكلات الواقع الاجتماعي, من خلال متغير وسيط هو المنهج .

وعلى هذا الأساس فان النظرية تلعب دوراً في تطوير مناهج الممارسة المهنية , أو في إيجاد مناهج جديدة لهذه الممارسة, كما أنها قد تضيف أدواراً مهنية وتقترح نماذج جديدة للممارسة .

ولكن ما يفتقد اليه الممارسون للمهنة وخاصة في المجتمع العربي وهو الذي يعنينا هنا – أنهم لا تتوفر لديهم باستمرار فرص الاطلاع على الانجاز العلمي في حيز نظريات الخدمة الاجتماعية من خلال المعاهد والكليات على مختلف المستويات , الامر الذي ابقى القديم على قدمه , وهو الذي كان يستند الى قاعدة نظرية مستمدة من معطيات علم الاجتماع وعلم النفس, أي في ذات الاطار الذي تشكلت الخدمة الاجتماعية فيه وتطورت على اساسه حتى نهايات القرن الماضي.

وتختلف بحوث الخدمة الاجتماعية بشكل تفصيلي عن بعضها البعض تبعاً لاهدافها أو بؤرة اهتمامها. ومن أبرز التفصيلات في هذا المجال تصنيف **فيليب كلين** الذي اعتمد فيه على الموضوعات, فصنفها الى خمسة انواع من البحوث تقيس الاحتياجات الاساسية للافراد والجماعات والمجتمعات, أو تقيس الخدمات التي تقابل تلك الاحتياجات, أو تقدم الخدمات, بالاضافة الى بحوث في الادوات والمناهج المستخدمة في البحوث, عن طريق المقارنة

بين تلك الادوات والمناهج للكشف عن ما يفضل منها على غيره في الحصول على بيانات أكثر دقة وثباتاً وبطريقة علمية مقننة .

أما فيما يتعلق بالتصميم المنهجي للبحوث في الخدمة الاجتماعية , فهي تاخذ ذات التصميم المطبق في البحوث الاجتماعية , والذي يتبع الخطوات التالية :

تحديد المشكلة وصياغتها, تحديد المفاهيم, وضع الفروض, تحديد نوع البحث, تحديد المنهج المستخدم, تحديد المجالات الزمنية والمكانية والبشرية, اختيار العينة, تحديد الادوات المناسبة لجمع البيانات, جمع البيانات نظرياً وميدانياً, تصنيف البيانات وتفريغها وتبويبها, تحليل البيانات والتعليق عليها, كتابة التقرير النهائي للبحث .

رابعا: الإدارة في الخدمة الاجتماعية

كان الموضوع الإداري من الموضوعات التي اهتمت الخدمة الاجتماعية بها في سياق عمليات التدخل المهني . حتى أن طائفة كبيرة من الناشطين في بناء فكر خاص بالخدمة الاجتماعية يرسم معالم الممارسة المهنية, قد اعتبر الإدارة الاجتماعية طريقة من طرق الخدمة الاجتماعية وربما تكون طريقة ثانوية لا رئيسية من بين الطرق المتعددة ,هذا الى استقر الأمر على التركيز على إدارة المؤسسات الاجتماعية التي تمارس الخدمة الاجتماعية بشكل رئيسي وتعتبر هذه المهمة مهمة رئيسية للعاملين في هذه المؤسسات .

عند ذلك نظر الى الإدارة في الخدمة الاجتماعية على أنها الأعمال أو الاختصاصات المتصلة بادراه المؤسسات الاجتماعية سواء كانت أهلية أو حكومية, يمارسها الأخصائيون الاجتماعيون الذين يقومون بأعمال إدارية , تهدف الى مساعدة العاملين في هذه المؤسسات على أداء متطلبات وظائفهم, ومساعدة المؤسسة كذلك على توفير أفضل خدمات اجتماعية لأهل المجتمع, بالاستخدام الأفضل للموارد والإمكانيات .

وكان **فايول** (1944) قد وضع المبادئ العامة للادارة على النحو التالي :

التخصص وتقسيم العمل, السلطة والمسؤولية, الانضباط, وحدة الأمر, وحدة التوجيه, إخضاع المصلحة الخاصة للمصلحة العامة , مكافأة العاملين, المركزية, التسلسل الهرمي وتدرج السلطات, الترتيب, المساواة, استقرار العاملين في وظائفهم, المبادرة والابتكار , التعاون والعمل بروح الفريق .

ثم حاول **تركر** (1971) الخروج بمبادئ خاصة بالإدارة في الخدمة الاجتماعية, تتصف بالمرونة عند مقابلة المواقف المختلفة في إدارة المؤسسات والمنظمات الاجتماعية , فكان ان بلورها على النحو التالي: الالتزام بقيم الخدمة الاجتماعية, مراعاة حاجات المستفيدين والمجتمع المحلى, مراعاة الإطار الثقافي للمجتمع, إقامة علاقات إيجابية هادفة داخل المنظمة, فهم المنظمة /المؤسسة كوحدة متكاملة, المسؤولية المهنية في تقديم خدمات مناسبة, المشاركة في الأداء من قبل مجلس الإدارة أو الهيئة المشرفة والجهاز الوظيفي والمستفيدين من المواطنين, الاتصال عبر قنوات مفتوحة حتى يتم ألأداء المطلوب أو المقرر, القيادة التي تسعى لتحقيق الاهداف وتوفير الخدمات, التخطيط من أجل خدمات مفيدة ومتطورة التنظيم للاستفادة من الطاقة والإمكانيات المتاحة, تفويض السلطة والمسؤولية لمختلف طبقات المسؤولية, التنسيق بين سلطات وإنجازات المسؤولين داخل المنظمة/ المؤسسة, استخدام الموارد والإمكانيات, التغير المستمر داخل المنظمة وفي المجتمع, التقييم المستمر للبرامج, تحقيق النمو لمنتسبي المؤسسة/ المنظمة بالتعليم والتدريب والخبرات والمسؤوليات والتوجيه المستمر .

وللإدارة عموماً وظائف أساسية, حددها علماء الإدارة ومن أبرزهم **لوثر جوليك** (1966) على النحو التالي :

التخطيط ،التنظيم ، التوظيف، التوجيه والقيادة، التنسيق ، التقدير والتبليغ، التمويل ووضع الميزانية , والتي جمعها بكلمة POSDCORB مستمدة من الأحرف الأولى للكلمات المذكورة وهي :

PIanning,Organization,Stafing.Directing.Co-ordination,Reporting, Budgeting

ويقتضينا الأمر أن ننتقل الى التقويم أو التقييم Evalution كموضوع مكمل للإدارة , إذ **أن التقويم كما عرفته الأمم المتحدة (UN.1983) عملية موضوعية للتعرف عـلى مـدى ملاءمة وفاعلية البرنامج أو المشروع في تحقيق أهدافه , وبمـا يسـاعد عـلى تعـديل وتطوير أداء الأنشطة المختلفة للبرامج أو المشروع وأهدافه.**

ويقوم تقويم دور المؤسسات الاجتماعية في خدمة المجتمع وتنميته على ثلاثة محاور هي: الاهداف , الأسس , المجالات, ففي **الأهداف** , يحاول التقويم الكشف عن مدى نجاح المؤسسة في رفع المستوى الاقتصادي والاجتماعية للمواطنين وزيادة معرفتهم بإدارة مشكلاتهم وأزماتهم , وتغيير نظرتهم الى الحياة , وإكسابهم قيماً واتجاهات مناسبة للتنمية والتطوير, وكذلك مدى نجاح برامج المؤسسة في إذكاء روح الانتماء لدى المواطنين وفي اكتشاف القيادات وتأهيلها , وكذلك دورها في استثمار الإمكانيات المحلية وبالتنسيق مع المؤسسات العامة في المجتمع .

أما في **الأسس** فيركز التقويم على النواحي المتعلقة بمشاركة المواطنين في مختلف خطوات العمل, وبمدى نجاح المؤسسة في الإقناع واكتساب الثقة, وفي اتباع طرق العمل المنظم, وفي الانطلاق من المستوى القائم للمواطنين ومن المشروعات التي تهتم أكثر من غيرها, وفق منظومة متكاملة للمشروعات, وبالاستعانة بالهيئات والمنظمات المحلية والوطنية في التخطيط والتنفيذ والتمويل .

أما في **الحالات**, فهي تركز على المجالات الاجتماعية والصحية والثقافية والاقتصادية .

فيهتم التقويم اجتماعياً بدور المؤسسة بتنظيم المجتمع المحلي من خلال المجالس والروابط والجمعيات واللجان , وبتشجيعها للعناصر القيادية من السكان, وبإعدادها للدراسات والبحوث الميدانية , وبتنظيمها للشباب وبتعليم النساء وتدريبهن وباهتمامها ببرامج رعاية الأطفال والمعوقين والمسنين .

ويهتم التقويم صحياً في معرفة سعي المؤسسة الى تحسين البيئة ومرافقها الصحية, ومكافحة الأمراض المعدية والسارية , تحسين المساكن ومحيطها , نشر الوعي الغذائي, توفير المياه النقية, برامج التثقيف الصحي , الاهتمام بالأطفال والأمهات الحوامل وتوفير مستلزمات العلاج والإسعاف ومواجهة الطوارئ .

ويهتم التقويم ثقافياً في الكشف عن مدى تعاون المؤسسة مع المدارس والجامعات وفي حملات مكافحة الأمية وتعليم الكبار, توفير الكتب وتشجيع المطالعة, تنظيم المحاضرات والندوات, والتشجيع على تنمية المعلومات والمواهب والإبداع .

مثلما يهتم اقتصادياً في معرفة اهتمامات المؤسسة الاقتصادية بما يتناسب مع طبيعة المجتمع المحلى, سعيها لتطوير أساليب الإنتاج, إسهامها في التسويق, الإرشاد الزراعي والسياحي والتجاري , ودعمها للمشروعات الصغيرة للمواطنين ,التأهيل والتدريب المهني, الحدائق المنزلية والإنتاج المنزلي القابل للتسويق, تربية الحيوان وإنتاجه وتسويقه, زراعة الزهور وإنتاجها وتسويقها .

وعلى هذا الأساس يسعى التقويم الى معرفة مدى تحقيق المؤسسة لأغراضها وأهدافها, وتحسينها لبرامجها وتطويرها لها, مراعاتها للتغير والاختلاف في الأفراد والجماعات والمجتمعات , ومن ثم اختبار المبادئ المهنية للعمل , عند تقويم الخدمات والتعامل مع المستفيدين والإسهام في تنمية المجتمع المحلي .

وفي الختام نشير الى أهمية تعرف الاتجاهات العامة لما لها من أثر في تقويم البرامج .

فان ثمة عوامل عديدة تدخل في تشكيل الاتجاهات منها: الدافعية Motivation, القدرة الفكرية Intellectual Abilityوالحافز والمكافأة Incentive & Reward والانتباه Attention والاستيعاب Comprehension والحفظ Retention.

وقد تبنت بحوث تغيير الاتجاهات لمدة طويلة نظرية التوافق Consistency Theory التي وضعها **هوفلاند** ورفاقه , وهي التي تقول بكفاح الإنسان من أجل التوافقين الذاتي والبيئي بأنماط مختلفة على شكل اتجاهات أو سلوك , يتصرف فيها الإنسان بشكل عقلاني Rational أو بشكل غير عقلاني Irrational.

وإذا ما عاش الفرد في حالة من عدم التوافق , فانه يقع في حالة من التوتر النفسي ويولد لديه ضعفاً داخلياً لإزالة هذه الحالة أو التخفيف من حدتها .

فالنموذج العقلاني يفترض أن الإنسان ذكي وناقد , يقدر على اتخاذ قرارات مناسبة إذا ما كانت لديه المعلومات المناسبة , على عكس النموذج اللاعقلاني الذي يفترض ان الإنسان لا يفكر , ويسهل التأثير عليه من المحيطين به في معتقداته وميوله ورغباته .

وفي محاولة للمزج بين النموذجين أنبثق النموذج الوظيفي لتغيير الاتجاهات Functional Approachالذي أخذ ينظر الى الإنسان بمنظارين في وقت واحد, على اعتبار أن تشكيل المواقف والاتجاهات أو تغييرها يتم عبر وظائف Functions تخدم المواقف أو الاتجاهات .

فهناك أربع وظائف تؤدي تجاه المواقف , صنفها كاتس Kats بالوظيفة التكيفية النفعية The Adjustive Functionالتي يتخذ فيها الناس مواقف معينة مقابل الحصول على المكافأة أو التقليل من الآثار السلبية في أنفسهم , والوظيفة الدفاعية The Defensive Function التي يتخذ الناس فيها مواقف يحمون فيها أنفسهم من خطر مشاعرهم غير المقبولة أو من خطر المؤثرات الخارجية والوظيفة القيمية The Value-expensive Function التي يتخذ الناس فيها مواقفهم ليعبروا عن قيمهم أو عن أشخاص يمثلون مثلهم

الأعلى وذلك بشكل إيجابي , والوظيفة المعرفية The Knowlede Function التي يتخذ الناس فيها مواقفهم ليلبوا رغباتهم في الحصول على المعرفة ضمن إطار معين لا يخرجون عنه , وإلاَّ شعروا بأنهم فوضويون غير منظمين .

وكنوع من الالتزام السلوكي بميل الإنسان الى مقاومة التغيير في اتجاهاته, وحتى لا يفقد مصداقيته, ولكن الخدمة الاجتماعية تسعى الى التغيير باتجاهات الناس وسلوكياتهم, لتساعدهم على مواكبة التغيير والتحديث والتجديد, ولذلك يحاول الأخصائيون الاجتماعيون التعرف على اتجاهات الناس نحو مختلف القضايا في مجتمعاتهم, لوضع استراتيجيات التدخل وخطط المعالجة وخط سير التعامل لكي يكون التأثير في اتجاهات الناس إيجابيا, وبالتالي لضمان نجاح عمليات التدخل المهني للخدمة الاجتماعية .

يتبين مما سبق, ان السياسة الاجتماعية والتخطيط الاجتماعي والإدارة الاجتماعية والبحث الاجتماعي أنشطة هامة ومستمرة في ممارسة الخدمة الاجتماعية من خلال المؤسسات التي تمارس فيها هذه المهنة. وان هذه الأنشطة لا تشكل طرقاً من طرائق الخدمة الاجتماعية , بقدر ما تشكل أداء داعماً ومكملاً لدور الخدمة الاجتماعية وأداء لازماً وضرورياً للأخصائي الاجتماعي, ينبغي عليه القيام به والحرص على إتقانه والالتزام بمبادئه ومقوماته الأساسية, حتى يكون أداؤه مستكملاً ووظيفته ذات أثر مع مختلف فئات المجتمع التي يتعامل معها ومن خلال مختلف المؤسسات الأولية والثانوية التي تمارس الخدمة الاجتماعية فيها .

الخاتمة

لقد أوكل المجتمع الى مهنة الخدمة الاجتماعية دوراً هاماً في خدمة الناس لمساعدتهم على الأداء الاجتماعي والمشاركة في المسؤولية الاجتماعية, وسط ظروف معيشية مريحة وبدرجة عالية من التكيف والتفاعل والكفاءة. هذا الدور الذي يوجب على الأخصائي الاجتماعي القيام بواجباته كوسيط للخدمات الإنسانية, وكمدرب على المهارات الاجتماعية والوظيفية, وكمساعد في تغيير الوظائف الاجتماعية, وكمخطط للسياسات والخدمات والبرامج المقدمة للمواطنين .

إن هذا الدور الكبير, واسع الآفاق وعميق الأبعاد لمهنة الخدمة الاجتماعية إذا ما أحسن إدراكه واتقن أداءه, فانه يشكل إسهاماً بارزاً في تحقيق أهداف المجتمعات بصفة عامة والمجتمع العربي بصفة خاصة , لان دور هذه المهنة سيعمل في هذا الإطار على زيادة الاستجابة الفاعلة والمؤثرة إزاء مستجدات العصر ومتغيراته المتسارعة. إذ اصبح المجتمع العربي اليوم أمام تحديات كبيرة وعديدة , شأنه في ذلك شأن سائر المجتمعات في عصر الاتصالات والمعلومات, الذي يمكن العولمة من نشر أفكارها ومؤثراتها الاقتصادية والثقافية والتكنولوجية, وفي خضم توجهات دول العالم الى الخصخصة وتقليص دور الدولة في التدخل حتى في مضمار الرعاية الاجتماعية .

يستتبع هذا وذاك تعدد للثقافات وتضارب في الأفكار وصراع بين الحضارات, مع ما يتمخض عن هذه التفاعلات من مشكلات اجتماعية اقتصادية ثقافية تتصل بتكاليف المعيشة والهجرة والإسكان والبيئة والتنمية المستدامة والغذاء والماء وحتى الهواء .

إزاء هذه الظروف والمجريات, يشعر المتابعون بان دور الخدمة الاجتماعية يحتاج إلى تقوية وأن موقف الاخصائيين الاجتماعيين في المجتمع العربي في مختلف أقطاره يحتاج

الى دعم , من خلال إغناء الجانب المعرفي في إعداد الاخصائيين الاجتماعيين بشكل يمكن ترجمته الى فعل ايجابي نافع من خلال الممارسة , ومضاعفة المهارة الفنية لديهم من خلال التدريب والتجريب, لتصل إلى الاتقان المؤثر في شخصية الفرد وبناء المجتمع ... وذلك بما يزيد من قدرة المهنة على القيام بدورها وبما يطور من وظائف العاملين فيها لخدمة أهداف التنمية وتطلعات المجتمع .

إن هذا الأمر ليقتضي مراجعة شاملة وعامة لمناهج تعليم الخدمة الاجتماعية واساليب تدريسها والتدريب عليها في مختلف كلياتها ومعاهدها المنتشرة على امتداد الوطن العربي , ويتطلب الأمر كذلك تقييماً دقيقاً جاداً لدرجة الربط بين النظرية والتطبيق , والكشف عن مدى " الفنية " و" المهنية " في الممارسة, ينبري لها المختصون المعنيون بمناهج الاعداد المهني وتدريسها, بما فيها مقررات التدريب الميداني وطريقة الإشراف عليه, وكذلك من يشارك في تأليف المراجع العلمية والكتب التدريسية في أصول الخدمة الاجتماعية وطرقها ومجالاتها, على أن تستفيد هذه الجهود من خبرات وتجارب الممارسين فعلاً والمتطوعين المستمرين بالتطوع , من خلال الهيئات الأهلية في مجال العمل الاجتماعي , ولا شك أن لديهم ما يكشف عن جوانب القصور في المناهج والتقصير في الإعداد .

إن مفهوم " المحاسبة المهنية" يشكل المرآة التي تعكس دور المهنة وتأثيرها في المجتمع , وهو ما يدفع مهنة الخدمة الاجتماعية الى العمل على تطوير كفاءتها بما يتماشى مع أهداف المجتمع ورغباته وطموحات أعضائه، وهي زوايا تتعرض دوماً للتغيير والتجديد , بما يتفق مع مستجدات العصر في تطوير الحياة الإنسانية, وتقويم مهنتنا لنفسها فرصة عملية موضوعية أمامها, تعرفها بمدى ملاءمتها وفاعليتها ، في إطارها الموضوع ونهجها المتبع , وهو فرصة كذلك لتعديل مسار الأداء وتطويره بما يتلاءم مع الاهداف .

إن هذه المحاسبية تتطلب تقويم عدة جوانب في مهنة الخدمة الاجتماعية ,من أبرزها تقويم العائد الذي يدلنا على تأثير المهنة من خلال جهودها على الاهداف التنموية للمجتمع، وتحليل العائد الاقتصادي والاجتماعي لتدخلها المهني , وتقويم الظروف المحيطة بالممارسة

المهنية, بما تتضمنه من مؤهلات الممارسين وقدراتهم وكفاءتهم, وكذلك تجاوب المتعاملين وتقبلهم وارتياحهم لتدخل الأخصائيين الاجتماعيين، وبالوجه الإجمالي تقدير مدى قدرة الممارسين للخدمة الاجتماعية على إحداث التغيير الإيجابي في المجتمع , من أجل أن تصبح الظروف المجتمعية والقدرات البشرية أكثر كفاءة في تطوير الحياة الخاصة والعامة نحو الأفضل .

لاشك إن جميع المعنيين بالعمل الاجتماعي يأملون أن تستفيد الجهود العربية في تطوير الخدمة الاجتماعية من المعلومات والأفكار التي تتدفق عبر قنوات الاتصال الحديثة, من مختلف المصادر والتجارب في سائر أنحاء العالم, لترسم معالم النهوض وخطوات التجديد ليكون للخدمة الاجتماعية الدور الأنسب في وضع خطط التنمية العربية الشاملة وتنفيذها, لاسيما في حقل التنمية الإنسانية بأبعاده الثلاثة التي حددها التقرير العالمي للأمم المتحدة ، عن التنمية ، والمتمثلة في تكوين القدرات البشرية عن طريق الصحة والتعليم والتدريب, وفي استخدام القدرات المتحصلة في الاستمتاع والإنتاج , وكذلك في الرفاهية الإنسانية التي يتم التوصل إليها .

ولاشك أن للخدمة الاجتماعية تدخلها المهني في تلك الحقول التي تنهض بتنمية القدرات البشرية كالصحة والتعليم والترويح والتوعية وفي الحقول الإنتاجية, إذ تعين القوى العاملة على الإنتاج وسط ظروف من التكيف والإبداع, عندما تكون متحررة من الضغوطات والتوترات, وتتمتع بالفرص المتكافئة والمردود العادل والضمان الاجتماعي؛ والخدمة الاجتماعية بالتالي تهدف الى تحقيق الرفاهية الإنسانية وتعمل على صيانتها وزيادتها الى أقصى حد مستطاع .

إن هذه الدعوة الى التغيير في المحيط المهني للخدمة الاجتماعية , لا تنطوي على المطالبة بان تغير الخدمة الاجتماعية دورها في المجتمع أو أن تلغي وظائفها تجاه الناس, وإنما تحمل هذه الدعوة ضرورة تحتمها طبيعة التغير الاجتماعي وآفاق التنمية والتطور, ألا وهي ان تعيد الخدمة الاجتماعية النظر في استراتيجياتها وتكتيكاتها لخدمة إيجابيات التغير

ولتحقيق أهداف التنمية وأبعاد التطور, وليس غريباً على المهن والأعمال أن تغير من أدواتها وأساليبها, مثلما أنه ليس من المستبعد ان يعدل الإنسان من اتجاهاته ويجدد من أفكاره في مضمار سعيه الى تحقيق مستقبل أفضل عبر الخبرة والتجربة والاطلاع والإبداع .

ويبدو أن المسيرة الحديثة لتعليم الخدمة الاجتماعية في الجامعات العربية سواء في وضع المناهج والخطط الدراسية أو في طرق التدريس والتدريب قد تماشت في استخداثاتها الجديدة مع هذه المعطيات، وأخذت بالرؤية التحديثية لتعليم هذه المهنة، ولعل أبرز نماذجها يتجلى في الجامعات الأردنية التي وضعت مناهجها وخططها على هذا الأساس .

المصطلحات المستخدمة في الخدمة الاجتماعية

Acceptance	قبول
Adaptation	تكييف
After-care	رعاية لاحقة
Aid	مساعدة، معونة
Aided voluntary agency	مؤسسة تطوعية معانة
All-round social work or services	خدمة اجتماعية شاملة
All-round social worker	أخصائي اجتماعي عام
Almoner	أخصائية صحية اجتماعية
Medical social work	خدمة اجتماعية طبية
Applied work	عمل تطبيقي
Association	جمعية
Baby farming	حضانة الأطفال
Behaviour, Behavior	سلوك
Beneficiary	مستفيد ، منتفع
Borstal Institution	دار إصلاح، إصلاحية
Broken home	أسرة متصدعة
Care	رعاية
Case history	تاريخ الحالة
Case record	سجل الحالة
Case study	دراسة الحالة
Case work	خدمة الفرد والأسرة
Certified social worker	أخصائي اجتماعي مؤهل
Charitable association	جمعية خيرية

Charity	إحسان
Field research	بحث ميداني
Field researcher	باحث ميداني
Field survey	مسح ميداني
Field training	تدريب ميداني
Foster care	رعاية بديلة
Foster family	أسرة بديلة أو حاضنة
Group instruction	تعليم الجماعات
Group therapy	علاج جماعي
Group work	عمل مع الجماعة، عمل جماعي
Group worker	أخصائي خدمة الجماعة
Handicapped	معوق
Hostel	دار الضيافة
Housing welfare officer	أخصائي اجتماعي بالرعاية السكنية
Industrial social worker	أخصائي اجتماعي في الصناعة
Job adjustment	تكيف مع العمل
Juveniles	أحداث
Juvenile delinquency	انحراف الأحداث، جنوح الأحداث
Mothernity welfare	رعاية الأمومة
Medical social work	خدمة اجتماعية طبية
Medico-social worker	زائرة اجتماعية صحية
Mental deficiency	تخلف عقلي
Mental health	صحة عقلية
Neighbourhood council	مجلس الحي
Neighbourhood social worker	أخصائي اجتماعي للحي
Observation home	دار ملاحظة
Old people's welfare	رعاية المسنين

Orphan's allowance	إعانة اليتيم
Orphanage	ملجأ أيتام
Parent-teacher association	جمعية الآباء والمعلمين
Peasant society	مجتمع قروي
Pollution	تلوث
Poverty	فقر، فاقة، خصاصة
Poverty line	كفاف
Pre-delinquency	تعرض للانحراف، ما قبل الانحراف
Probation	إشراف اجتماعي، مراقبة اجتماعية
Probation home	دار المراقبة
Probation officer	مشرف اجتماعي
Problem child	طفل مشاكس
Process	عملية
Programming	برمجة
Prosperity	رخاء
Psychiatric social work	خدمة اجتماعية طبية نفسية
Psychoanalytic therapy	علاج بالتحليل النفسي
Public opinion	رأي عام
Public relations	علاقات عامة
Reception centre	مركز استقبال
Receiving home	دار استقبال
Recipient	مستفيد
Recreation	ترويح
Reformatory school	مدرسة إصلاحية
Refresher training	تنشيط
Regional planning	تخطيط إقليمي
Rehabilitation centre	مركز التأهيل المهني

Rehabilitation of the disabled	تأهيل مهني للمعوقين
Relief	معونة، غوث
Remedial planning	تخطيط علاجي
Research	بحث

القائمة البيليوغرافية

1- المراجع العربية

أبو عباة، صالح بن عبدالله، **أساسيات ممارسة طريقة العمل مع الجماعات**، الرياض:مكتبة العبيكان،2000

أحمد، غريب محمد سيد، **المدخل في دراسة الجماعات الأجتماعية** ، الأسكندرية: دار المعرفة 1991

أحمد، محمد مصطفى، **الخدمة الإجتماعية في مجال السكان والأسرة**، الإسكندرية دار المعرفة 1995

أحمد، محمد مصطفى، **الخدمة الإجتماعية في مجال العلاقات العامة**، الإسكندرية2000 : دار المعرفة

باين، مالكولم، **نظرية الخدمة الإجتماعية المعاصرة** ، الاسكندرية: المكتب العلمى للنشر ـ 1998

بدوي،احمد زكي، **الخدمة الاجتماعية في مجال العمل** ، الاسكندرية: دار الجامعات المصرية

بدوي،هناء حافظ، **إدارة و تنظيم المؤسسات الاجتماعية في الخدمة الاجتماعية**، الإسكندرية : 2000المكتب الجامعي

بدوي، هناء حافظ، **العلاقات العامة والخدمة الإجتماعية : أسس نظرية**، الاسكندرية : المكتب الجامعي 2001

جمعة، سلمى محمود، **المدخل إلى طريقة العمل مع الجماعات**، الاسكندرية: المكتب الجامعي 1999 .

الجميلي، خيري خليل، **المدخل في الممارسة المهنية في مجال الأسرة والطفولة**، الاسكندرية: المكتب الجامعي1997

حسن، جابر عوض سيد، **الإنسان والبيئة : من منظور الخدمة الإجتماعية**، الإسكندرية : المكتب الجامعي،2001 .

خاطر، أحمد مصطفى، **تنمية المجتمع المحلي : الإتجاهات المعاصرة**، الإسكندرية :المكتب الجامعي 2000 .

خاطر ، احمد مصطفى، **الادارة وتقويم مشروعات الرعاية الاجتماعية**، الاسكندرية:المكتب الجامعي 1990 .

خاطر، أحمد مصطفى، **البحث الاجتماعي في محيط الخدمة الاجتماعية** ، الاسكندرية: المكتب الجامعي 2001 .

خاطر، أحمد مصطفى، **الخدمة الاجتماعية : نظرة تاريخية - مناهج الممارسة**، الاسكندرية : المكتب الجامعي 1998 .

رمزي، نبيل، **الأمن الاجتماعي و الرعاية الاجتماعية** ، الاسكندرية :دار الفكر الجامعي،2000 .

سليمان، عدلي، **قيادة الجماعات من منظور إجتماعي** ، القاهرة : مكتبة عين شمس، 1999 .

سليمان، عدلي، **الإشراف في العمل مع الجماعات**، القاهرة : مكتبة عين شمس، 1999

سليمان، عدلي، **الخدمة الاجتماعية المدرسية**، القاهرة: مكتبة عين شمس،1993

سليمان، عدلي، **قيادة الجماعات من منظور إجتماعي**، القاهرة : مكتبة عين شمس، 1999

سليمان، عدلي، **العمل مع الجماعات**، القاهرة: مكتبة عين شمس، 1999

سيد، حابر عوض، **العمل مع الجماعات : مدخل، مبادئ، نماذج**، الإسكندرية: المكتب الجامعي 2002

سيد، جابر عوض، **ممارسة العمل مع الجماعات**، الإسكندرية : المكتب الجامعي 2001

شوقي، عبدالمنعم، **الكتاب السنوي الأول في الخدمة الإجتماعية** / إشراف، القاهرة: مكتبة النهضة 1989

شوقي، عبد المنعم، **تنمية المجتمع و تنظيمه**، القاهرة : نهضة الشرق، 1994 .

صالح، عبدالحي محمود، **الخدمة الإجتماعية و مجالات الممارسة المهنية**، الإسكندرية : دار المعرفة 2000

صالح، عبدالحي محمود، **العلاقات العامة والاعلام في الخدمة الإجتماعية**، الإسكندرية : دار المعرفة 2000 .

الصديقي، سلوى عثمان، **الأسرة والسكان: من منظور الخدمة الاجتماعية**، الإسكندرية: دار المعرفة 2000 .

عبدالباقي، هدى سليم، **خدمة الجماعة: اسلوب وتطبيق** ، بيروت: مؤسسة بحسون للنشر. 1996 .

عبد الخالق، جلال الدين، **طريقة العمل مع الحالات الفردية (خدمة الفرد)**: الاسكندرية: المكتب الجامعي 2001 .

عبدالرحمن ، عبدالله محمد، **علم اجتماع التنظيم**، الاسكندرية: دار المعرفة 1988.

عبداللطيف، سوسن عثمان، **الاتصال في الخدمة الاجتماعية: اسس نظرية - مجالات** ، القاهرة: مكتبة عين شمس، 1993

عبداللطيف، سوسن عثمان، **وسائل الاتصال فى الخدمة الاجتماعية**، القاهرة: مكتبة عين شمس 1994 .

عبدالودود، رجاء محمد، **سوسيولوجيا العمل مع المجتمعات : الأسس النظرية**، الإسكندرية
:منشأة المعارف، 2000 .

عطية، السيد عبدالحميد، **التنظير والتطبيق في طريقة العمل مع الجماعات**، الإسكندرية :
المكتب الجامعي 1999 .

عطية، السيد عبد الحميد، **الخدمة الاجتماعية و مجالاتها التطبيقية**، الإسكندرية: المكتب
الجامعي 1998 .

عطية، السيد عبد الحميد، **العمل مع الجماعات : الدراسة والعمليات**، الإسكندرية: المكتب
الجامعي، 2001 .

عفيفي، عبد الخالق محمد، **مقدمة في الرعاية الاجتماعية المعاصرة**، القاهرة: مكتبة عين شمس،
1999 .

عفيفي، عبد الخالق محمد، **تنظيم المجتمع : النظرية و التطبيق**، القاهرة: مكتبة عين شمس،
1998 .

غباري، محمد سلامه، **الخدمة الاجتماعية ورعاية الشباب**، الإسكندرية: المكتب الجامعي 1989 .

الغزاوي، جلال الدين، **مهارات الممارسة في العمل الإجتماعي**، الإسكندرية: مكتبة ومطبعة
الإشعاع 2001 .

فهمى، محمد سيد، **الرعاية الاجتماعية والامن الاجتماعي**، الإسكندرية :المكتب الجامعي 2002 .

فهمى، محمد سيد، **الرعاية الاجتماعية والامن الاجتماعي**، الإسكندرية :المكتب الجامعي 1998 .

فهمى، محمد سيد، **مدخل إلى الرعاية الاجتماعية من منظور إسلامي**، الاسكندرية: المكتب
الجامعي 2000 .

فهمى، سيد محمد، **مدخل الى الرعاية الإجتماعية من المنظور الاسلامي**، الاسكندرية : المكتب
الجامعي 1988 .

فهمي، محمد سيد، **مدخل في الخدمة الإجتماعية** ، الإسكندرية: المكتب الجامعي 2001 .

فهمي، محمد سيد، **أسس طريقة العمل مع الجماعات**، الاسكندرية: المكتبة الجامعية، 2000 .

فهمي، محمد سيد، **أسس الخدمة الإجتماعية**، الإسكندرية: المكتب الجامعي 1998 .

قنصوة، عوني محمود، **تنظيم المجتمع**، الفجالة: دار الثقافة، 1992

متولي، عبدالعزيز، **الإعداد المهني وممارسة الخدمة الإجتماعية**، الإسكندرية: مكتبة ومطبعة الاشعاع 2001 .

محمد، سلامة منصور، **رعاية ذوي الامراض العقلية والنفسية**، الاسكندرية: المكتب العلمي 1998 .

محمد، عبدالفتاح محمد، **الممارسة المهنية لتنظيم المجتمع أجهزة وحالات**، الاسكندرية: المكتب العلمى للنشر 1999 .

محمد، محمد عبد الفتاح، **الأسس النظرية لأجهزة تنظيم المجتمع**، الإسكندرية: المكتب الجامعي 2002 .

مصطفي، محمد محمود، **خدمة الجماعة: العمليات والممارسة**، القاهرة : مكتبة عين شمس، 1997 .

المغلوث، فهد حمد، **تقويم البرامج والمشروعات الإجتماعية**، الرياض: جامعة الملك فهد، 1996 .

المليجي، إبراهيم عبد الهادي، تنظيم المجتمع : مداخل نظرية ورؤية واقعية، الإسكندرية : المكتب الجامعي 2001 .

منصـور ، سـمير حسـن، طريقـة العمـل مـع الجماعـات: مفـاهيم اساسـية ومواقـف، الاسكندرية: المكتب الجامعي 1991 .

مهدلي، محمد محمود، ممارسة السياسة الإجتماعية ودورها في التخطيط، د.م: د.ن،2001 .

نجم، ضياء الدين إبراهيم، المفهومات والعناصر الأساسية في طريقة العمل مع الجماعات، الإسكندرية :المكتبة الجامعية ،2000 .

2- المراجع باللغة الإنجليزية

Devenson, Anne. *Resilience*. Australia: Allen & Unwin, 2003.

Dominelli, Lena. *Anti-Oppressive Social Work Theory and Practice*. UK: Palgrave, 2002.

Dominelli, Lena. *Feminist Social Work Theory and Practice*. UK: Palgrave, 2002.

Dominelli, Lena. *Social Work: Professional Practice in a Changing Society*. UK: Polity Press, 2002.

Dupper. *School Social Work: Skills and Interventions for Effective Practice*. USA: John Wiley Inc, 2002.

Epstein, Irwin and Susan Blumenfield, eds. *Clinical Data Mining in Practice-Based*

Research: Social Work in Hospital Settings. USA: Haworth Social Work Practice Press, 2002.

Fabricant, Michael B. and Robert Fisher. *A Settlement Movement Besieged: Sustaining*

Neighborhoods and Organizations in New York City. USA: Columbia UP, 2002.

Floersch, Jerry E. *Meds, Money and Manners: The Case Management of Severe Mental Illness*. USA: Columbia UP, 2002.

Fook, Jan Oz. *Social Work: Critical Theory: Critical Theory and Practice*. UK: Sage London, 2002.

Giardino, Angelo P. and Md. Alexander. *Child Abuse*. USA: GW Medical Pub Inc, 2003.

Goldstein, Eda G. *Object Relations Theory and Self Psychology in Social Work Practice*. USA: Free Press, 2002.

Harper-Porton, Karen and Martin Herbert. *Working with Children, Adolescents and Their Families: A psychosocial Approach*. UK: BPS Blackwell, 2002.

Harper, John. *The Social Work Business*. The State of Welfare. UK: Routledge, 2002.

Herbert, Martin. *Social and Antisocial Development*. UK: BPS Blackwell, 2002.

Mays, Richard, , Veronica Strachan and Vicki Cuthbert. *Social Work Law in Scotland*. UK: W Green & Son, 2003.

Meacham. *Human Behavior and the Social Envirnonment*. USA: Allyn & Bacon, 2003.

Miley, Dubois. *The Social Work Field Experience*. USA: Allyn & Bacon, 2003.

Q & A: Social Work. A Questions & Answers Careers Book. UK: Trotman & Company, 2002.

Squirrell, Gillian. *Addressing Anti-Social Behaviour: A Learning Resource Manual for Trainers and Educators Working to Address Anti-Social Behaviour and Promote Individual Change*. UK: Russell Hse Publ, 2002.

Swain, Phillip A., ed. *In the Shadow of the Law: The Legal Context of Social Work Practise*. Australia: Federation Press, 2002.

Thomas, Martin and John Pierson. *Collins Dictionary of Social Work*. UK: HarperCollins, 2002.

Thompson, Neil. *Building the Future: Social Work with Children, Young People and their Families*. UK: Russell Hse Publ, 2002.

Thompson, Neil. *Loss and Grief: A Guide for Human Services Practitioners*. UK: Palgrave, 2002.

Tilbury, Derek. *Working with Mental Illness: A Community-Based Approach*. UK: Palgrave, 2002.

Timberlake, Elizabeth M., Michaela Zajicek Farber and Christin Sabatino. *The General Method of Social Work Practice: McMahon's Generalist Perspective*. USA: Allyn & Bacon, 2002.

Tolson, Eleanor Reardon, William J Reid and Charles D. Garvin. *Generalist Practice: A Task-Centered Approach*. USA: Columbia UP, 2003.

Truell, Rory and Leonie Nowland, eds. *Reflections on Current Practice in Social Work*. New Zealand, Dunmore Press, 2002.

Tse, John W.L. and Christopher Bagley, eds. *Suicidal Behaviour, Bereavement and Death Education in Chinese Adolescents.* UK: Ashgate, 2002.

Turner, Francis J. *Diagnosis in Social Work: New Imperatives.* USA: Haworth Press, 2002.

Whyman, Susan E. *Sociability and Power in Late Stuart England: The Cultural Worlds of the Verneys, 1660-1720.* UK: Oxford UP, 2002.

Wodarski, John S and Sophia F Dziegielewski, eds. *Human Behavior and the Social Environment: Integrating Theory and Evidence-Based Practice.* USA: Springer Pub, 2002.

Printed in the United States
By Bookmasters